我与孩子共同成长丛书

好家长携手好老师
——家校共育的 79 个案例

主　编　荣飞雪
副主编　王燕彤

学苑出版社

图书在版编目（CIP）数据

好家长携手好老师：家校共育的79个案例/荣飞雪主编.
—北京：学苑出版社，2019.9
（我与孩子共同成长丛书）
ISBN 978-7-5077-5852-8

Ⅰ.①好… Ⅱ.①荣… Ⅲ.①小学教育—学校教育—合作—家庭教育—案例 Ⅳ.① G626

中国版本图书馆 CIP 数据核字（2019）第 236604 号

责任编辑：任彦霞
出版发行：学苑出版社
社　　址：北京市丰台区南方庄 2 号院 1 号楼
邮政编码：100079
网　　址：www.book001.com
电子信箱：xueyuanpress@163.com
联系电话：010-67601101（营销部）、010-67603091（总编室）
印　刷　厂：北京工商事务印刷有限公司
开本尺寸：787×1092　1/16
印　　张：18.75
字　　数：355 千字
版　　次：2019 年 12 月第 1 版
印　　次：2019 年 12 月第 1 次印刷
定　　价：58.00 元

编委会

顾　问：赵忠心

主　编：荣飞雪

副主编：王燕彤

编　委：（以姓氏笔画排序）

卫　春　马　青　王　昕　王　菲　朱　奎　刘玉新

刘　艳　刘　晶　刘瑞连　李庆元　杨　芳　杨　曦

宋　群　张　洁　张　瑜　陈　艳　陈朝晖　林春腾

周兆红　胡东华　胡晓峰　胡　颖　钟　闻　贾旭姗

徐永梅　高　军　郭　蕾　黄　葵　梁振毅

序 言

作为社区学校家庭教育课题组的负责人,无论是申报课题,还是组织主编这套家庭教育系列丛书,都是源于对家庭教育始终不变的情怀。记得刚进学校时,我还是一个19岁的年青班主任,但家长的泪水和苦恼、家长会后不散的围谈、家长电话中的喋喋不休,就督促我成了一名倾听者,成了一名努力去探索儿童世界的老师——我报考了北师大心理系大专班和研究生班。过往做大队辅导员、做德育干部,在处理学生问题的过程中,在与家长的接触中,总是能看到、感受到家长的困惑、焦虑、无奈,甚至那种强烈的无力感,这些都给我留下了深刻的印象。

后来我调到少年宫之后,在开办学前班中努力做家长学校的管理工作。2015年,北京市西城区教委正式给西城各少年宫挂牌——家长学校,从此圆了我做家长学校的梦想。我开始大张旗鼓地每周六做家长讲座、做沙盘治疗。我们的家长学校从讲座发展到亲子活动、家长沙龙、家教咨询,内容涉及的范围也越来越广,从直面学生的幼小衔接、青春期教育、时间管理、学习能力提高、职业生涯规划等,到后来的亲子沟通、情绪管理、做好妈妈、做好爸爸、隔代教育,不但涉及亲子关系,还涉及夫妻关系、婆媳关系。从每周开办的一两百人大讲堂到上下午联办的能和专家面对面的精品课堂,从在少年宫开办讲座到送讲座进学校、进幼儿园,从单一讲座到后来的"情绪管理"系列讲座、"家庭幸福密码"系列讲座,从到校与专家互动听讲座,到实现了家长课程直播回放,我们做到了每年上一个台阶。

在这之中看到家长感动的泪水、感激的笑容,就焕发出我们无穷的动力。我们为帮助到每一个家庭而欣喜,为家庭的收获而满足,为家长的进步感到高兴。

为了与更多的家庭分享我们的成果，分享我们在家庭教育中的探索，让更多的家庭受益，我决定从做家长学校时就开始收集这方面的案例，请家长和教师共同记录成长的心得，于是就形成了这套丛书。这套丛书共分三个部分：专家指导篇《教养孩子的21个怎么办》、家长启示篇《我家孩子养成记》（上、下）、家校共育篇《好家长携手好老师》。

因为我也是一名普通的家长，切身地感受到家长困惑、焦虑之所在，了解那种面对孩子成长过程中各种问题的痛楚和彷徨，我愿意在这条道路上不断探索、不断前行。如果能借助这套丛书对各个家庭有所帮助和启迪，那将是我最大的欣慰。

荣飞雪

北京市西城区德胜少年宫主任

目 录

好老师的教育故事和感悟

1. 找到归属感的"齐天大圣" 马雪晶 / 003
2. 小荷才露尖尖角 杨 燕 / 008
3. 我的教育故事 郭倩文 / 012
4. 信赖、尊重和鼓励的魅力 张晓冉 / 014
5. 跳绳风波 李晋燕 / 016
6. 小评价促学生转变 王俊杰 / 019
7. 尊重的力量 吴 凡 / 022
8. 师爱与希望同行 王雅琪 / 024
9. 我的一个教育案例 王雅琪 / 027
10. 一把雨伞引发的思考 刘玉新 / 031
11. 扮演皮格马利翁 贾旭姗 / 035
12. 用爱心为学生撑起一片天 张凤宏 / 038
13. 爱的教育 聂 梦 / 041
14. "护蛋"点亮一盏心灯 李淑捷 / 045
15. 我愿陪伴你走一程 杨 曦 / 049
16. 孩子,我陪你一起长大 关 靖 / 052
17. 用包容之爱敲开孩子的心 乔 红 / 057

18. 真爱源于宽容	戴　路	/ 060
19. 全优生的"青春烦恼"	黄亚妹	/ 065
20. 孩子，请原谅我们的"爱"	崔美娟	/ 068
21. 错误是孩子成长的"勋章"	杨紫石	/ 072
22. 当家长的态度不统一时	王玲玲	/ 075
23. 一封"感动五（2）班的首席好妈妈"的信	马　嘉	/ 080
24. 摆渡人	秦梅君	/ 083
25. 浅谈家访策略	刘　静	/ 087
26. 打与不打都是爱	朱燕莉	/ 090
27. 让智慧在指尖上飞扬	柳　辛	/ 093
28. 穷养、富养，不如教养	李任仁	/ 097
29. "陪读"就是陪孩子爱上阅读	宋　群	/ 101
30. 和小豆包一起的点滴快乐	户子悦	/ 104
31. 育子故事	汤惠仪	/ 107
32. 平稳度过一年级的实践与思考	徐永梅	/ 109
33. 正面管教	任小红　卫　春	/ 116
34. 家书抵万金	王云雀	/ 125
35. 在活动中体现教育合力	张　坤	/ 131
36. 多一点沟通，多一点理解	董丽霞	/ 134
37. 教育始于了解	王　冠	/ 137
38. 改善学生攻击性行为之我见	李雪岩	/ 142
39. 充分沟通，艺术课教师做好家校互动	张乐融	/ 145
40. 找准切入点，增强学生自律性	梁洁清	/ 147
41. 小 M 不再抵触上学了	周兆红	/ 152
42. 做"教师妈妈"，用真心关爱受困学生	马　铮	/ 156
43. 家校共育，帮"茑"孩子融入集体	张梦琪	/ 159
44. 如何帮助"多动"的学生	王奕辉	/ 163
45. 家校合力，共促孩子健康成长	冯　静	/ 166

46. 家校合作的有效途径初探 　　　　　　　　　　　肖　军 / 171
47. 借助"希望谷"网络平台，让英语学习充满快乐　　赵　媛 / 174
48. 对智障学生社会适应能力的培养　　　　　　　　赵　岚 / 178
49. 育诚实之花，护幼小之心　　　　　　　　　　　张斯雅 / 181
50. 家校合作，共育守规矩的小雏鹰　　　　　　　　柳　晶 / 185
51. 引导家长做"教育路上的同行者"　　　　　　　苏姗姗 / 190
52. 牵一只蜗牛去散步　　　　　　　　　　　　　　黄新玉 / 194
53. 自信——点燃孩子成功的心灵明灯　　　　　　　殷园园 / 197
54. 家校合作丰满孩子的羽翼　　　　　　　　　　　刘　宇 / 202
55. "小霸王"的改变　　　　　　　　　　　　　　　李红艳 / 205
56. 用"心"播撒阳光　　　　　　　　　　　　　　姜海超 / 208
57. 以爱育爱，重塑学生规则意识　　　　　　　　　王林义 / 210

好家长的教育故事和感悟

58. 捕捉教育契机，家校共育促雏鹰成长　　　　　　韦　莹 / 217
59. 初一新生家长由焦虑到淡定的心路历程　　　　　李海霞 / 220
60. 家校协作，励字先行　　　　　　　　　　　　　黄晓亮 / 224
61. 借力"青春期"，让青春远航　　　　　　　　　高宏扬 / 228
62. 家庭、学校、社会共同育人　　　　　　　　　　张荣鲜 / 232
63. 得法于课内，得益于课外　　　　　　　　　　　秦迪泓 / 236
64. 给孩子一个加速度　　　　　　　　　　　　　　张莉平 / 239
65. 家校联手，助小鹰飞得更高　　　　　　　　　　苗钰奇 / 242
66. 让我们共同成为护航使者　　　　　　　　　　　孔德源 / 245
67. 家校携手，静等花开　　　　　　　　　　　　　唐　君 / 249

68. 孩子的进步离不开老师的精心教育　　　　　　　王淑红 / 252

69. 家校合作平稳度过三年级有感　　　　　　　　　庞小葵 / 257

70. 家校共育的故事　　　　　　　　　　　　　　　李　娜 / 260

71. 家校联合，育心飞翔　　　　　　　　　　　　　曾　虹 / 263

72. 教育路上，我与孩子共成长　　　　　　　　　　付晓静 / 265

73. 用心去爱　　　　　　　　　　　　　　　　　　范龙梅 / 269

74. 春风化雨　　　　　　　　　　　　　　　　　　王　婷 / 273

75. 从小小幼儿到少先队员　　　　　　　　　　　　王　勤 / 277

76. 每个孩子都有不同的花期　　　　　　　　　　　黄梦媛 / 279

77. 用心培育孩子　　　　　　　　　　　　　　　　祁　宁 / 281

78. 我是如何进行孩子的养成教育的　　　　　　　　黄　程 / 284

79. 孩子的闪光点需要我们来唤醒　　　　　　　　　由艳春 / 286

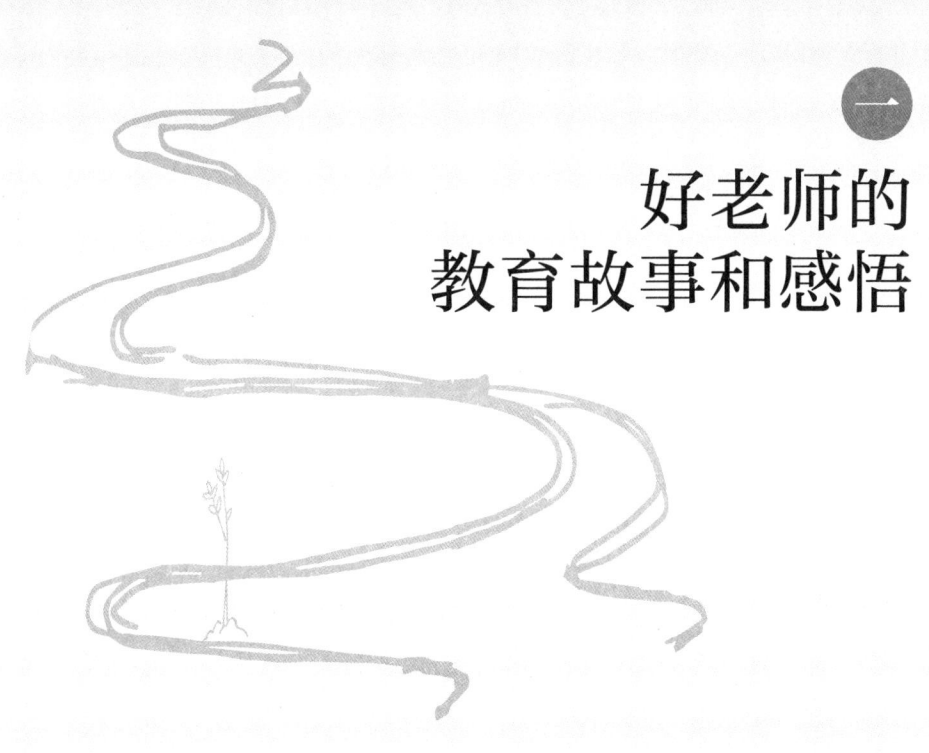

一

好老师的
教育故事和感悟

1
找到归属感的"齐天大圣"

北京市西城区三帆中学附属小学教师　马雪晶

相信大家的脑海中都有这样一个桥段：孙悟空从太上老君丹炉里蹦出来后一路打到灵霄殿，十万天兵天将收拿不住，来到天宫后上蹿下跳，大打出手，这就是耳熟能详的"大闹天宫"。

而这样一个爱闹事的"齐天大圣"竟然出现在了现实校园中。在某次公开班会上，一个小男孩在班会刚开始就跳上了桌子，大声嚷着："我就不让你们开班会！"老师同学多次劝说都不能平复他的情绪，场面一度难以控制，最后由前来听课的老师进行了劝说才得以收场。这个男孩上演了一场校园版的"大闹天宫"。

在我惊讶竟然有这样"无理取闹"的学生后不久，更让我惊讶的是我在新学期成了这个男孩的班主任……

初识——爱闹事的"问题男孩"

"我不！我就不！你能把我怎么样！"瞪大了眼睛看起来"恶狠狠"的洋洋大声地对我说，"我都已经收拾过一遍了，凭什么她还说我桌面不合格，烦死了。我就不收拾。"这就是我与洋洋的第一次正面"交锋"。

洋洋是一个不能够控制自己情绪的孩子，动不动就不高兴，经常发脾气，集体生活的秩序与纪律似乎对他没有丝毫约束，历来我行我素的洋洋从不允许别人对他说一个"不"字——即便是老师也如此。记得我刚接这个班时，总有孩子向我告状,洋洋又大发脾气了。经了解,他几乎与全班同学都发生过争执,甚至曾有推搡老师的过激举动。

引导——侧重治标的"止痛药"

通过一段时间的观察,我发现洋洋虽然容易激动,不能很好地控制自己的情绪,但也算是个讲道理的孩子。所以我在处理他的问题时选择了聆听和耐心引导。

一天中午,洋洋吃完饭把餐具放在袋子里后随手往地上一扔,我看见便提醒他让他把袋子捡起来,他拿起袋子只是往里面放了放,但仍是扔在地上。同桌的女孩看见后,说了一句:"洋洋你把袋子拿起来挂在桌子旁边,不要放在地上。"话音刚落,就听洋洋大声嚷道:"用得着你管吗?事儿死了!"听到这样的话,我赶紧把洋洋叫到前面来,询问他为什么要那么说。他一手指着同桌的女生,一边叫:"我放地上怎么了?又不碍她事。她管我干吗?"我看他情绪有些激动,便先停顿了一会儿,给他平复一下情绪的时间,然后耐心地引导他:"倩倩听到我让你把袋子拿起来,但是看你并没有按照要求做,就好心提醒你。""我已经把袋子往里面放了啊,为什么还要说我?"洋洋反问。"我是想提醒你让你把袋子挂在桌子旁边,放在地上容易绊到其他同学。"坐在一旁的女生听见我们的对话委屈地解释道。我赶紧对洋洋说:"你看,你并没有理解倩倩的用意,她不是批评你或者管你,只是觉得那样做容易绊到同学,这是善意的提醒。你误会倩倩了。"这时,我看到洋洋低下了头,不再是刚才那副趾高气扬的样子了。

我顺势说道:"洋洋你看,咱们是一个集体,你和其他同学已经相处两年多的时间了,我相信你们彼此感情已经很深厚了。你说对吗?"他点了点头。"在集体中,我们要友善地相处,并且要学会尊重和理解对方,这样大家才愿意和你做朋友。大家才能和谐共处。"听完这一番话,洋洋红着脸,低着头小声地说道:"老师,我知道该怎么做了。"听到他的话,我长舒一口气,心里想:不跟他硬碰硬、耐心地帮助他分析原因可以让洋洋有所改变。果然,接下来的几天洋洋没有再发过脾气……

可好景不长,没过多久,他又与其他同学发生了争执。我又耐心对他进行引导教育。一段时间下来,我发现,这样的方法只算是临时治标的"止痛药",并不能切到"病灶",洋洋的转变也只算是"三天打鱼两天晒网",引导和说教的药效一过,他依然是班里的火药桶。并且,洋洋渐渐地对我的劝说也变得"耐药"起来,甚至再次出现课堂上与老师发生争执的情况。

调整——思考治本的良方

针对洋洋这样的举动,我只能思考:对待这种行为上略显偏激、不受约束的孩子,我该如何帮他重塑行为和形象?显然,以硬碰硬或者简单的口头教育并不能解决他的问题。作为班主任,我需要真正探寻的是孩子行为背后的原因。

个体心理学创始人、现代自我心理学之父阿尔弗雷德·阿德勒曾指出:"一个行为不当的孩子,是一个丧失信心的孩子。当他们丧失信心时,他们会为自己选择不恰当或者错误的目的。"班主任的工作赋予了我审视学生行为的习惯。通过观察,我发现洋洋的种种举动都与他在班级中缺乏集体认同、缺少信心有关。在洋洋内心,感觉身边的老师、同学只看到他的不足之处,忽视了他性格中的优点,进而忽略了他在集体中的价值,觉得自己不能被大家认可。归属感和价值感在一个三年级孩子心中逐渐迷失:在他看来,只有在得到关注时,他才有归属感;只有在他说了算或者至少不能由其他人对他发号施令时,他才认为自己是集体中平等的一员——洋洋心中渴望被认可、被正面肯定,是导致他做出一系列过激与出格反应的根本原因。

作为班主任,我时常换位思考:如果我是"游离"在集体之外的学生,学校充其量是学习知识的地方,班级也只是听从班主任或者班干部下达命令的地方。因为缺乏集体归属感而抗拒参与班级活动,因为抗拒进而与集体越走越远……

因此,我认为不论在班级建设还是在儿童个体塑造中,都需要一个凝聚学生、团结集体的抓手——为此我选择用"文化建设"理念带班,通过形成鲜明的班风班貌与文化气质,进而促进良好班风的建设,积极培养班级正能量,让"班级文化"在每一名学生心中生根发芽。塑造班级文化的过程,就是育人、凝聚、约束和激励学生行为的过程。在班级文化的引领下,帮助学生形成对班级目标、准则的认同感、使命感、自豪感和归属感,从而激发学生强烈的凝聚力和群体意识。

蜕变——重塑信心的班级文化

在班级文化的建设中，我设计了班级"部委制度"——每人一岗，每个学生根据自己的兴趣和能力负责班内事务的一个岗位。结合班内例会的定期测评，对学生履职情况进行奖励，让每名学生都参与到班级的管理与建设中，真正成为集体的小主人。"部委制度"最大限度发掘了每个学生的潜力，提高了他们的自主能力和责任感，让学生能够在集体中体现自己的价值，真正找到归属感，树立责任感。

正是在与洋洋一段时间的接触后，我发现他很擅长绘画和设计，就开始给他创造机会发挥他的优势，"力排众议"让他进入板报小组。每次班级活动，让他承担宣传、制作海报的工作。每当他完成一次工作，我都在全班进行表扬和鼓励。渐渐地，他变得越来越积极和主动，经常主动问我需不需要帮忙，下次的活动是什么时候，他好提前计划如何宣传。他出色的表现得到了一致好评，他也看到了老师和同学们对他的肯定。其他同学看到他的变化，也开始慢慢地能够包容他。

在一次班内例会上，我向全体同学提问，最近谁进步最大或者谁表现最好？很多学生都提到了洋洋。有些孩子说："我觉得洋洋进步最大，他现在不再发脾气了，对待同学老师也特别友善，经常看到他为班集体服务。"听到这些话，我看到了洋洋脸上的笑容和一丝的不好意思。我便趁热打铁与他谈心，他说的话让我有些意外。"我知道我在发脾气和自控力方面还有些问题。"我紧接着问他，那你知道之后你努力的方向是什么了吗，他点了点头……那一刻，我相信他成长了。以前那个爱发脾气、爱打人的小男孩再也不见了。

一学年的板报工作让洋洋找到了归属感和价值感，也让他找到了自信。他不再是同学眼中大闹班级的那个"齐天大圣"了。当新学年到来时，洋洋参加了中队委的竞选。他一个学期的努力和转变让同学们越来越信任他，将手中的选票投给了他，他成了我班的宣传委员。我看在眼里乐在心里，为洋洋的进步和成长感到高兴。

蜕变之后——我对班级文化的思考

孩子的蜕变源于归属感和价值感的获得,以至于这是决定他们在学校表现的首要因素。班级文化建设为学生提供了实现自我价值的机会,发现和鼓励他们身上的闪光点让学生更加自信,也感染着每名学生"成为更好的自己"。

在班级文化的浸染和熏陶下,我班学生们的态度、作风等都在沿着正确的、健康的方向发展。除了洋洋外,我班还有一名孩子以前集体荣誉感较差,与同学在一起时也不能友善地对待他人。我班积极向上、充满朝气的班级文化氛围,使得他的心态以及对待他人的方式得到改善。学期末,在写本学期我的收获时,他写到:懂得了如何友善待人,人际关系变好了,朋友增多了。作为班中的一分子我感到了这是一个温暖的家。

在班级文化从设计、构建到逐步形成的这段时间里,我看着学生们收获了成长的喜悦,体验了成功的快乐,感受着自己的进步,实现了自我的进一步发展,达到了"不断感悟、不断思考、不断进步、不断提升"的目标。

在班主任工作实践中,我的班级文化的建设理念得到了学校领导和老师们的认可,有幸代表学校参加了区里组织的班主任培训。在培训会上将我班的班级文化建设的情况和点滴收获与全区各个学校的老师进行了分享,希望这种好的方式能够运用在更多的班级,帮助更多的孩子健康成长。

2 小荷才露尖尖角

北京师范大学第二附属中学西城实验学校教师　杨　燕

2015年7月中旬,学校安排我接一个新的普通班。我了解普通班和实验班是没法比的,班里的学生一般在小学属于班级成绩较靠后的,不仅学习能力不强,而且平时在班里也得不到老师的关注和肯定。我想,在班中找一个挑大梁的班长恐怕都很困难。

开学了,望着班里25张陌生且稚气未脱的面孔,我感到自己责任重大。

自荐,竞选,在组建班委会中崭露头角

我改变了以前大包大揽直接任命班干部的方式,决定采取先自荐、再全班竞选的形式组建班委会。这个决定在班里一宣布,我马上就有点儿后悔了。这些学生,在小学就没当过班委,他们有这个胆量、信心和能力来接受挑战吗?面对安静的25张面孔,我迷惘了,寻思着如何给自己找个台阶下。突然有个白嫩嫩、胖乎乎的男生站起来,大声地说:"老师,我能竞选班长吗?"我说:"当然可以,给你两分钟的时间准备一下。"两分钟之后,他大胆地走上了讲台,用洪亮的声音,自信地结束了竞选演讲,虽然内容讲得很一般,可是却得到了我的肯定。一石激起千层浪,班里的同学立刻活跃起来,有一半的同学举起了手。接下来,学生按照顺序上台演讲。这个男生的抛砖引玉,激发了同学的竞选热情。

在自荐演讲中,学生的才能得到了展示,班委会也顺利组建,白嫩嫩、胖乎乎的男生崭露头角,成了我们的班长。

班长姓高，以后我称他为高头儿。

潜质，自信，能力，顺利成为校播音员

语文课上，高头总是高举小手，发言时声音洪亮，娓娓道来，有时还能和我争辩争辩，为我的语文课增添了活力。一次偶然的机会，他慷慨激昂的朗读，让我为之一振，我班还是藏龙卧虎啊！

开学后的十月，他偷偷地告诉我："老师，学校广播站要招广播员，您看我能报名吗？"

我愣了一下说："我好像没听说，你从哪儿得到的消息？"他说："老师，您就说我能不能报名吧。"我当即就拍着他的肩说："你肯定能行的。"听到我的鼓励，他笑嘻嘻地走了。过了几天，果然学校广播传来了他被录取的消息。

潜质，自信和能力，让他顺利地成了校广播员。

大方，从容，不矜持，让人刮目相看

11月的一天，学校组织去顺义陶艺村参观活动，在回来的路上，兴奋了一天的学生们，都昏昏欲睡。突然我后边传来了悦耳的歌声，回头一看，是高头戴着耳机，边听歌边唱歌。坐在我旁边的德育主任说："你歌唱得这么好听，大家都昏昏欲睡的，你给大家唱首歌，让大家精神精神吧。"我想，在车上，这么多人，他肯定会不好意思，因为很多孩子都会这样。出人意料，他大方地说："没问题，我准备一下。"不一会儿，后面就传来了清亮的歌声，没有伴奏，纯粹的清唱，把车厢前面的人都吸引了，大家都情不自禁地跟着唱起来。

等到他唱完，我说，咱们五班唱歌好听的士涵同学接龙吧。没想到，这位同学扭捏半天最后也没唱。

给一个机会，就能抓住，有点阳光就能灿烂，有几个人能做到呢？大方地展示自己，让我们对高头刮目相看。

爱读，爱写，作文出类拔萃

一次家长会后，高头的父亲主动留了下来。在接待了一个又一个的家长后，天已

经完全黑了，我发现高头的家长还是在那儿执着地等着我，我最后一个接待了他。

他父亲非常郑重地告诉我："现在孩子特别能熬夜，看一些乱七八糟的书，写一些杂七杂八的随笔。"我赶忙问："什么书？"他说："关于屈原、李白、杜甫这些人的书，这会不会影响他的学习呢？"我笑了："孩子看这些书是好事，我们鼓励孩子看书还来不及呢，怎么能反对呢？再说，看这些书，写一些随笔，对孩子的作文很有帮助。只是咱们要告诫他，要把握好看书写随笔的时间。"他父亲好像吃了一颗定心丸，高兴地走了。

果然，过了不久，孩子的作文写得行云流水一般。不仅在平时，而且在考场上，他都能写出好文章来。

期中考试作文，他这样写屈原："悠扬歌声引来渔夫观望。'沧浪之水清兮，可以濯我缨！'竹棹划开碧波，波光闪闪。望着远山隔岸对出，望着天边日落西山，这一幕怎能不引起你遐思！思念婵娟，思念大王，思念昔日浩浩大楚。你不禁泪流满面。'举世皆浊我独清，众人皆醉我独醒！'抱起江边大石，双脚一纵，跃入江中。我屈原之初心至死不改！"

他这样写李白："金銮大殿就矗立在眼前，而脚下的汉白玉石阶却一眼望不到边。你站定了，心中无限澎湃。百官分立在大殿两侧，如此壮观，这一幕怎不引起你遐思！少年游览山水，你有着侠客一般的豪情；初入仕途，你又不肯摧眉折腰事权贵；三览天姥，司马承祯的劝言让你放下心中不安。如今，你被天子亲诏，定能让万生瞩目！'招李太白入殿！'百官三呼万岁，声势如同排山倒海。轻轻一笑，大步直入殿中。我李太白之壮志，今日酬矣。"

是平时的积累、平时的阅读给了他作文的行云流水！

学生会、班长、课代表，不知疲倦地为大家服务着

初一上学期快结束时，高头参加校学生会竞选，成功当选为校宣传部副部长，后来又当上了物理课代表，还兼任语文课代表。他早晨忙着为大家收作业，中午午休时经常在学生会忙碌，课间班里的事务还要向我汇报，及时处理。但我在他身上没有看到一丝的疲倦，他还是整天热情地穿梭于校园的各个场所，脸上总是挂着笑容，自己的学习还没耽误，在班里在年级都处于前列。我时常被他的热情

感染着，同学们也被他的热情感染着。

　　从接这个班开始，一路走来，高头和我的关系越来越亲近，他就是一棵小苗，在我的鼓励呵护中茁壮成长。虽然有时我也会为他剪剪枝叶，这会让他长得更直、更粗。

　　其实班里每个学生都有不同的潜质，他们各具才艺。作为班主任，我就是一名名副其实的园丁，肯定、鼓励、表扬是灌溉的法宝，呵护、引导、激励是我修剪的诀窍。"小荷才露尖尖角"，他们多么需要肯定、呵护的阳光，帮助他们进行光合作用，变幻出生活的热情、昂扬的自信……

3

我的教育故事

北京市西城区三帆中学附属小学教师 郭倩文

两年前,我大学毕业了,怀着无限的憧憬和热情来到了现在的学校——三帆中学附属小学。今年是我当班主任的第一个年头,这一年我品尝过失败的苦涩,也享受过成功的甘甜,在和孩子们相处的过程中我收获了很多。他们让我哭过,让我笑过,让我感动过,让我烦恼过,也让我骄傲过。在一次次和孩子们的沟通中,我和他们一起成长着。所以,我很庆幸选择了这个职业,这个让我幸福的职业——教师。

去年当我知道即将接管二(1)班的时候,为了了解班里孩子们的情况,我去和其他老师进行了沟通。有老师说:"你们班你要注意马雨萌!那可是个让人头疼的问题学生,他是单亲家庭,而且上课自控力差,随便插嘴,下课还喜欢动手!"另一位老师接着说道:"对对对,而且他还有个酒鬼爸爸,从不管他!"我听了,心想:这可是大问题生,我得好好会会他。

开学第一天,刚上课我就在37个孩子中找到了他:他和照片中一样,个子小小的,黑黑的,留着半长不短的头发。让我印象深刻的是他黑色的充满泥巴的指甲、黑黢黢的脖子和皱皱巴巴有些脏的衣服。他在教室里一会儿去后面溜达溜达,一会儿坐在座位上摆弄摆弄他的铅笔、橡皮。看到别的同学都三三两两地交流着假期生活,他一个人孤单地玩,我的心里有一种说不出的难受。不过难受不多久,我就看见他嘴里不停地吐着气去吹前面的同学,见那个同学没有反应,接着他又戳了一下站在他旁边正和别人聊天的另一个男生。接下来的一段时间里,只要一下课,就会有孩子向我告状,不是马雨萌打人了,就是马雨萌在大喊大叫……听着这些抱怨，我终于忍不住了。我把马雨萌从楼道里截住，叫到了办公室。到了办公室，他耷拉着脑袋，手里不安地揉着衣角。我能感觉到他知道自己闯祸了，我把他拉到我面前，温柔地说："刚刚我听同学说你无缘无故地打他，还追着他跑，是真的吗？"他继续耷拉着脑袋不说话。"你为什么这么做？你是讨厌他吗？""不是，我是想和他玩。"我很开心，马雨萌愿意和我交流他的想法，我知道他只是一个人太寂寞了，他不知道怎么交朋友，也不会和别人相处。我继续问："你问过他愿意和你玩吗？"我拉住他的手，抚平了他的衣角。"我发现你的手特别巧，能做出很厉害的纸枪！"马雨萌抬头看着我，没想到我会表扬他。"贾伯泽也特别喜欢折纸，他还有一本折纸大全呢，你下了课去找他，和他学学折纸，怎么样？你还能教他叠千纸鹤！咱们班里要出板报，你和贾伯泽一起帮我折一些好看的折纸，郭老师想把它们装饰到后黑板上。"之后的课间，果然马雨萌跑到了贾伯泽的座位上安安静静地折纸了，渐渐地他们两个的交流越来越多。马雨萌会兴奋地找我炫耀他的作品，腼腆的贾伯泽也渐渐有了笑容。一箭双雕，我暗暗地为自己的机智点赞。

在之后的观察中，我发现他还有很多小毛病，比如：出怪声、做小动作、插话，但我知道这些都是他为了吸引我的注意，所以，我采取了步步为营的方法，一件事一件事地和他沟通怎么做才是正确的，让他一点点改正。

日子一天天过去了，马雨萌变得越来越好了：在课上他的眼睛更亮了，课下主动交作业、改错，字越写越认真，他的成绩也渐渐提高了。上学期末他还被班里同学评为了飞跃生。

教师节那天我收到了他给我的小礼物，是他自己制作的信封，里面有一只小兔子和一支红笔，那是他求他妈妈给他买的。我特别感动，没想到，我红笔时常用没水，这件小事他都放在心上。这学期末，我们班进行体验邮局的活动，马雨萌把他第一次写的信寄给了我，让我和他一起分享寄信、收信的喜悦。这样的例子还有很多，也正是这些小事一次次地感动着我，温暖着我。

树林中有两条路，我选择了人迹罕至的那一条作为我一生的道路，然而我非常开心，也非常幸福。尽管我的力量是渺小的，但是我愿意在我力所能及的范围内去帮助更多的人，让他们变成自己喜欢的样子，把这份温暖在我们身边传递。

4

信赖、尊重和鼓励的魅力

北京市西城区三帆中学附属小学教师 张晓冉

俗话说世界上没有完全相同的两片叶子，学生亦是如此。由于遗传基因、生活环境等因素的影响，学生身上存在很多差异。有听话懂事的，有调皮捣蛋的；有聪明伶俐的，有迟钝呆板的。身为小学教师的我们想把工作做好，仅靠自己的热情是远远不够的。我们应该承认差异，尊重差异，在教育教学过程中要讲究方法，要善于抓住孩子的闪光点，学会信赖、鼓励和尊重孩子，这样才能真正走进孩子的心灵深处。下面是我教学中的一个事例。

2015年2月，我来到三帆附小工作，心里充满了激动，觉得这是实现个人梦想的时候，对未来充满了期待和憧憬。

那年我接手了当时的二年级2班的数学教学工作，当时在这个班有好几个让老师们感到束手无策的孩子。刚开始，我还信心十足，以为凭借我循循善诱的教学方式，兢兢业业的工作作风和风趣激励的谈吐，能够转变他们的学习态度；后来的事实是，对于这几个不听话的学生我使尽了浑身解数，情况也没有多大改变。

有句话说得好：态度决定一切，细节决定成败。于是，我从最活跃的小a入手。这个孩子很聪明，但是习惯非常不好，几乎不写作业。家长的教育观念也有很大问题，对于学习以及在校表现丝毫不过问，并且父母两人的教育观念有冲突，后来父母开始分居。为了改变他的学习态度和提高他的学习兴趣，每次上课我都会走到他身边，轻轻叩叩桌子，提醒他拿出学习用具，课下也会语重心长地提醒他是大小伙子了，要体谅妈妈，不能给妈妈找麻烦。他经常不写作业，需要个别辅导。有一次我很生气，要求他必须完成落下的作业，但是没想到他居然反问我："凭什么？用不着你管！"这一问彻底把我问蒙了，我说："你说不用我管不算数，你都没有行为能力呢，你妈也不可能允许你这样的学习态度。""哼，那你给我妈打电话，我跟她说。"我想这正是个好时机，他的家长肯定会督促他完成作业，听老师的话。于是拨通了他家长的电话，可是我想的太单纯了，他家长居然说小学这点知识一两个月就能补上，让我别跟他较劲了。显然在家长这里得不到支持，我只能找其他突破口了。这回的较量我转变了策略，听音乐王老师说他很想参加合奏所以他音乐课表现进步很大，我想我能不能也从这个方面入手？于是跟他说，如果他的表现有进步就去跟音乐老师说情让他参加合奏，如果还是这样就跟音乐老师说不让他参加。虽然好景不长，但是我意识到对待这样的孩子可以用他感兴趣的事跟他谈"条件"。至少他不再抵触我对他的教育。慢慢地，我找到了越来越多他感兴趣的事吸引他来完成作业，认真听讲。我也期待他更大的转变。

通过这件事我明白了一个道理：信赖、尊重和鼓励学生就是爱学生。作为教师，当学生犯了错误时，我们应该设身处地替他们想想，学生的心，敏感而脆弱，需要教师用自己一颗真诚、信赖、尊重、赏识的心去唤醒，去呵护，不能因为一时的冲动而失态，给学生的心灵造成伤害。所以，在教育学生时，我们决不能简单地压制他们，用纪律制度去逼他们就范，那样，学生往往会忘记为什么受罚，只为自己所受的待遇而难过、委屈，甚至愤怒。作为教师，在学生犯错误时，应该认真听取他们的申述，尊重他们的意愿，想方设法化解他们的抵触情绪，解开他们的心结，在心与心的交流中，教育才能取得应该有的效果。

在以后的教育中我可能还会遇到更多的难题，但是作为教师的我还是要继续坚持用自己的爱心唤醒学生的真情！首先要平等对待并尊重每一位学生，让每一位学生都拥有灿烂的笑容。其次，不吝啬简短的表扬。再次，对学生的要求因人而异。

5

跳绳风波

北京市西城区奋斗小学教师　李晋燕

案例背景

在我心中，每个孩子都是一朵终将盛开的花，或迟或早，或长或短；或迎风招展，潇潇洒洒；或含苞欲放，羞羞答答……他们需要的是我们用爱去呵护。尤其是孩子犯错误时，是责备、训斥、请家长，还是用一颗宽容、仁爱之心，耐心地去等待？我想说：送一缕阳光温暖他们，化一丝春风爱抚他们，就一定会听到世界上最美的声音——花开的声音！

案例描述

1. 跳绳风波

记得那是一个冬日的午后，我正坐在办公室里批改作业，门突然被推开了，只见希希已哭成了小泪人。"怎么啦？谁欺负你了？快告诉老师。"她伤心地哭着说："我今天刚带来的跳绳不见了，这是爸爸从国外给我买的……"我忙问："是什么样儿的？什么时候不见的？"和她同来的同桌连声说："她的跳绳可漂亮了，还是带计数器的，早上第四节体育课时，我和她还在一起比赛的。可中午到校后，就不见了。""你把它放在什么地方啦，会不会带回家了呀？""没有，放学时就把它放在了位斗里，我想下午来的时候再跳。"

"那我们快去班里找找，说不定放在角落里没发现呢？"于是，我来到教室发动全班孩子，对大家说："你们见过希希那根漂亮的跳绳吗？"同学们都叽叽喳喳

5
跳绳风波

地说见过。"希希想把跳绳借给大家玩,可是忘了把跳绳放在哪儿了,你们能帮忙找找吗?"立刻,全班孩子一起行动起来,大家找遍了教室的每个角落,但令人失望的是仍然没找到。看来不得不承认:是有人喜欢上了这根跳绳,把它悄悄"借"走了。我心里这样想着。

2. 出谋划策

怎么办?望着一张张天真可爱的小脸蛋儿,我实在找不出怀疑的对象。还是等等吧!兴许跳绳能自己出现呢!回到办公室,其他老师帮忙出谋划策:"你一个一个地仔细观察,也可让孩子互相观察,发现异常情况向你报告。""你干脆告诉孩子们教室里有监控……"看着好心的同事,我不免有些担忧:这些方法也许会有效,可也会给孩子们的心理造成一定的压力:互相揭发会使孩子们互相不信任,利用监控会让"借跳绳"的孩子心怀恐惧而不愿上学。他们可都是刚上一年级的小宝贝呀!

3. 灵犀一闪

思考再三,这些方法都不太理想。到底怎么办?总不能让这件事不了了之吧。忽然,我想起了著名特级教师李镇西老师的话:班主任最重要的不是管理,而是走进孩子的心灵,用"悄悄话"的方式可以解决很多问题。如果孩子都把我当成朋友了,跟我说实话,那么"跳绳事件"也就迎刃而解了。

虽然这么想,可我心里还是没底:先试试这种方法,看看能否奏效。于是,我立即在班里举行了一个"朋友,我想告诉你一个秘密"的讲悄悄话活动。我对大家说:"我们每个人都会犯错误,老师也会,如果老师做错了事,现在知道错了,很想改正错误,你们会原谅我吗?""会!""我也会"……孩子们回答得很真诚。眼看时机成熟,我赶紧揭示游戏主题——"知错就改",并宣布游戏要求:"下面我们就找自己要好的朋友,向他诉说藏在你心里的秘密。倾听秘密的朋友要做到:帮助他保守秘密,提醒他改正错误!悄悄话游戏现在开始!"

话音刚落,一些活泼可爱的孩子就离开了自己的座位,走向好朋友,开始轻声细语起来。看着孩子们一个一个从自己的身边走过,感觉有点失落:孩子能把他们的秘密告诉我吗?不一会儿,有许多孩子到我这里来承认自己犯过的一些小错误,他们都得到了我的表扬。

4. 等待花开

下课了，还是没有任何有关跳绳的消息，可我想：只要我把这个游戏坚持下去，相信会有更多的惊喜在等着我。第二天放学，我正在教室关门窗，一个平日里性格内向的孩子萍萍正慢吞吞地整理书包。"要不要老师帮忙？"她低着头，不说话。我轻轻地走到她身边，她红着脸低声说："老师，我也要告诉你一个秘密，希希的跳绳是……是我拿的，你不要告诉别人，行吗？"我心里长长地吁了一口气：经过漫长而又短暂的等待，"跳绳事件"终于可以结案了。"萍萍，做错了事，能够勇于承认，你真是个了不起的孩子！那你准备怎么办呢？""老师，我不敢自己还给她"。"那这样吧，明天你悄悄把跳绳放在老师讲台的抽屉里，我帮你还。不过，以后借东西时，一定要先征得别人的同意，好吗？"她使劲地点点头，我笑了，她也笑了……

案例反思

其实，一个孩子从幼稚走向成熟是一个漫长的心理过程，我们不能用成人的眼光来看待孩子，不能用同一个标准要求所有的孩子。对于有些孩子来说，成长的过程可能需要更多的时间。这就需要我们教师，放慢爱的脚步，用我们的真诚、宽容、耐心、期待、信任、尊重……学会慢慢地等待，在等待中守候静静的花开。

掩卷而思，教育是一个等待的过程，而等待也是一个教育的过程，在等待中付出爱必然能在等待中收获爱。种子会慢慢地发芽，花儿会悄悄地开放，我会静静地等待。我要用爱心浇灌校园沃土中的每一株植物，耐心等待每一朵鲜花芬芳吐艳、每一棵小草茵茵绿装。我将用我的等待引领每一个孩子都满怀自信，走向成功！让我们一起耐心等待，倾听花开的声音，守候花开的幸福……

6
小评价促学生转变

北京市西城区奋斗小学教师　王俊杰

什么是爱？小时候，妈妈会不断地给我们穿厚衣服，往我们的饭碗里夹菜，生怕我们吃不饱、穿不暖，这在她们看来就是爱。那究竟什么是爱呢？我认为爱孩子不是给他最好的，而是给他最需要的。心理学认为需要和动机是推动人从事各种活动的内部动力，那么如何通过评价机制找到学生最需要的，从而推动他们的心理变化、成长进步？

我所在的学校——北京市西城区奋斗小学，是著名爱国将领傅作义将军创办的，从黄河岸边的宁夏黄渠桥走来、积淀深厚的历史名校。骆驼作为沙漠之舟，同时也承载着奋斗人"质朴、平和、坚韧"的作风。因此，在学校的统一部署下，学生评价工作就选取了骆驼形象作为校园精神文化的象征，以积攒小骆驼奖票兑换校园景观拼图作为奖励措施，激励学生在日常学习、纪律、交友等方面严格要求自己、提升综合素质，同时也是在培养学生对学校的热爱之情。当今的学生在物质层面上相对富足，但在精神层面上却是匮乏的。因此，在此次评价中，我们着重考虑到了学校文化对学生的影响。那么这种活动形式是不是学生所需要的呢？就让事实来告诉我们答案吧。

每位授课教师、学校管理和后勤人员、家长的手中都有各色的小骆驼奖票或拼图小块，学生通过自己在学习、纪律、交友等各方面的努力，可以从这些长者那里得到小骆驼，每个中午都可以到大队部换取拼图小块。规则看似简单，但却囊括了学生在家、在校表现的方方面面。

开始时的轰轰烈烈

第一次兑换拼图时,在大队部,学生们拿着自己手中的小骆驼,如数家珍。"这块是我数学作业全对得到的!""这块是我上课听讲认真,音乐老师奖励给我的!""这是我语文课上回答问题好得到的!""这是我课堂纪律好,不追跑打闹,玩魔方得到的奖励!""这是我进步大,主动擦黑板得到的!"甚至有的同学说:"这是我整理东西快得到的!"……看着他们快乐的样子,真是让我觉得在设计小骆驼奖票、校园景观拼图过程中的艰辛已经不值得一提了。

过程中的小心翼翼

随着时间的推移,拼图兑换已经过去了好几个月,很多同学都已经兑换完拼图的第二行。有一天,来了一个小男孩,他怯生生地站在大队部门口,小声地问:"老师,我能换拼图吗?"这是一个平时非常淘气的孩子,我不止一次在楼道里看到他追跑,也因此多次对他批评教育。我站起身对他说:"当然可以!你有几个小骆驼?"他拿出一个小盒子,小心翼翼地打开,里面装满了小骆驼。我非常吃惊,就问他:"能告诉我你怎么得到这么多小骆驼的吗?你可真厉害!"听到我的夸奖,他抬起头,高兴地告诉我:"我妈妈告诉我三年以后我就要上中学,就不能在小学生活了。可是我非常喜欢学校里的长城,我最喜欢的就是和同学们一起在长城下玩儿,所以我想要长城的拼图,以后想学校的时候可以拿出来看看。所以我一回家就写作业,还让爸爸妈妈给我检查,第二天全都能对,老师就能奖励我小骆驼;课间的时候我多在教室里看书,老师说我进步特别大,也奖励给我好多小骆驼,还有……"他还说了很多很多,尽管我还有很多工作要做,但我还是耐心地听他说完了所有的话,最后给他兑换完了拼图。他一次用25个小骆驼兑换了5块拼图,紧紧地攥着自己的"战利品"走了。看着他的背影,我感慨万分,没有想到,小小的骆驼、小小的拼图在孩子的心里埋下了这么深的种子。以前那么多次的批评教育没有使他有任何的改变,而一次改变形式的兑换,却激发了他改变的动力,找到了他最需要的东西,还让他不断地努力,这是多么有意义的一件事。

结果中的风波不断

"老师，我的小骆驼丢了。""老师，现在很多老师都不发小骆驼了。""老师，我没有时间换小骆驼"……越来越多的孩子对我说了这样的话，这是一个评价活动在实施过程中必然出现的问题，但也反映了这种将校园文化融入评价之中的方式很受学生的欢迎，是他们需要的评价方式，这坚定了我继续坚持下去的决心。因此，在学生反映问题之后，我根据这些问题迅速作了调整：1. 广播提示自己妥善保管自己的小骆驼，这是自我管理能力的体现；2. 调整兑换时间，从一周一天扩展到每天中午，住宿生可以晚间来兑换，由大队委担任兑换员。3. 通过微信群、会议调动老师积极性，增加下发小骆驼的数量，合理下发，促进教育教学的可持续发展。

评价学生不是目的，我们的终极目标是能够促进学生能力和人格的全面发展，本评价就在于将学校文化渗透在评价中，以学生需求为出发点，促进学生行动力的执行。爱他就给他需要的，而不一定是最好的，评价亦是如此。

7

尊重的力量

北京市西城外国语学校附属小学教师　吴　凡

我一直相信这样一句话：你给孩子一个微笑，他会给你一个明媚的春天。

2014年9月，我担任了五年级二班的班主任、语文老师。初次见面，班上22名可爱的同学，一个个端正地坐在座位上，凝视着我。我满带热情地向同学们介绍了自己，谈了自己对班级规划的展望。同学们仿佛接受了我。

第三天，我在楼道里行进，快要到班里时，听到班里有吵闹的声音。这个声音打破了以往安静的早自习，使班里热闹起来。我进班一看，李健凯同学站在椅子上，手舞足蹈地对着做值日的同学调侃，对着其他同学指手画脚地聊天。忽然他发现周围的同学都坐好看书了，好奇地问："你们怎么不看我？一起聊天啊！"其他同学依旧默不作声。李健凯好像意识到了什么，他猛地回头看到了我。我以为他会坐下来看书，能意识到自己的问题，可是，他把刚才没说完的话继续跟我说："老师，昨天我回家路上看到两条狗。它们……"

我加重了语气说："请说话的同学安静，现在不是聊天的时候。"这样一说，倒是制止了他的话语。当我转身写完板书，发现李健凯捂着嘴，半拱着身子，屁股离开了座位，在小声跟周围的同学讲故事。

李健凯是这个班级群体中最突出的一位，第一次接触，他就给我留下了这样的印象：聪明、脑子活、反应快、爱运动、动手能力强。随着时间的推移，我发现，李健凯虽然上课发言积极，思维敏捷，但行为习惯却让人担忧。因为他不仅特别随意，而且争强好胜，对自己过于自信，常常惹是生非。当与同学发生口角时，总是据理力争，甚至无理搅三分，不肯吃亏，宽容在他眼中就是懦弱的表现。

有一天下午，教室里只剩下我和李健凯。我亲切地询问："你为什么总不接受老师对你的批评，总喜欢跟我顶着干呢？""你为什么总是指责我呢？"李健凯还是以他一贯的强硬语气回答我。听了他的话，我想起以前对他的态度，突然感到，我平时对他的指责过多，已经伤了他的自尊心。教育家爱默生说过："教育成功的秘密在于尊重学生。"的确，我以往对他的教育方法欠妥当。

通过观察，我了解到他十分爱看书。我就让他当了我们班的图书管理员。他非常热爱自己的工作，把图书整理得井井有条，并且能及时处理同学们借书、还书时发生的冲突；他上课积极发言，有一定的口头表达能力，于是每堂课我都不忘让他发言，并给予鼓励和反馈。当他得到了他十分渴望得到的"荣誉标兵"时，我看到他满脸笑容，十分自豪的样子，也感到欣慰了。

慢慢地，他变了。有一次，他看到两名同学在为一点小事吵架，就毫不犹豫地上去进行一番劝说，并帮他俩想了个好办法……不知怎的，我注视了他很久很久，发现他的眼神变了。一种崭新的情感，在我们之间滋长。

正如陶行知先生所说："不要你的金，不要你的银，只要你的心。"当我满怀爱心去对待学生时，我已在爱中获得了爱，那爱的滋味甜甜的，回味无穷。

8
师爱与希望同行

北京市西城外国语学校附属小学教师　王雅琪

我一直相信每个人心灵深处都有一个积极向上，从而获得成功的梦想，尤其是孩子。班主任工作就是要涉足个性天地，与学生心灵交融，排除他们成长的烦恼。身为一名小学教师，我也深深地体会到，孩子是多么需要老师给予的爱。

去年8月底，我迎来了43个活泼可爱的一年级小学生。与孩子们初次见面的那天，小平同学便给我留下了最为深刻的印象。开学后，根据他的表现，老师们一致认为对他的关注与帮助需要比对其他同学更多些。

在准备下节课要用的用具时，用具就在他书包里，他却总是告诉我找不到。上课的时候，他总是很随意，在课堂上摆出各种姿势。老师们一不留神，他就离开了座位，不是走到其他同学的座位上招惹别人，就是蹲在了地上，直到老师发现把他扶起。每次课上叫他回答问题时，他不是找不到书就是找不到正在讲哪篇课文。最可怜的要数他的学习用具们，它们总是会横七竖八地躺在他的课桌上，好像沙场上壮烈牺牲的战士。在我的施压下，他终于打扫完了战场，于是又开始无聊地为他的课桌增添一道道黑色笔痕。课堂作业字迹潦草，时常趁老师们不注意就把本子偷偷塞进书包不交。他总是会把自己的小手弄得脏兮兮的，美术课上会用绿色水彩笔为自己涂上指甲油。排队的时候，总是会在队伍中推搡前面的同学。在学校的走廊里，他曾因为追跑打闹被学校领导批评教育过很多次。在他身上我下了很多功夫，批评教育，给他辅导，可是他就是他，不曾改变。也许面对陌生又年轻的我，他的心中也有很多的疑惑吧。

对待教育，我们要坚持因材施教，循循善诱。每个孩子都是一颗花的种子，但是他们的花期会有所不同。当你看到别人种的花已经绚烂绽放时，不必心生焦虑，属于你的种子经过你细心地呵护与陪伴，他终会开花结果。

面对小平同学，我绞尽脑汁，想了许多办法。我认为我必须用行动告诉他，我很看好他。课上，当他不看我的时候，我会用语言提醒；当他又沉浸在自己的小世界中时，我会把他"拉"回到集体生活；当他把书放正坐好后，我就会及时表扬他。课下，我会耐心地辅导他没有记住的知识，几乎每天我都会对他说："在老师心中，你非常的聪明，只要集中注意力，按照老师的要求做，可以做得很好的，相信你。"他很诧异地看着我，说："王老师，我挺笨的。""孩子，你不笨，你才一年级，现在努力一切都来得及，而且老师会尽心尽力地帮你！"我很肯定地对他说。后来，他主动告诉我，其实他也想做个认真听讲的好孩子，但不知道自己为什么老是走神，也不知道自己在想什么。从此，我们两个定下一个约定，让他先试着每天提醒自己专心听课10分钟，然后随着时间的推移再一点点增多。我则在课下帮他辅导，也会每天都关注、关心他的一切。

经过我们的共同努力，终于在一次测试中他独自完成试卷并且考了80多分。对此我在班级隆重地表扬了他，他的脸上也露出了自信的笑容。我知道他很享受这份成功的喜悦，并且愿意不断努力。

对待教育工作我们需要奉献爱心，让学生们增强自信心。为此，我们首先要用一颗赤诚爱心滋润孩子们的心田，点燃一颗颗纯洁的心灵。每个学生身上都有优缺点，对于学生身上表现出来的哪怕很微弱的闪光点，很微小的进步，我们教师都要及时加以肯定，尽量挖掘其闪光点，使他们产生欣慰、幸福的内心体验，增强荣誉感、自信心，提高学习的兴趣与内在的动力。当一个孩子对学习有了兴趣与动力，他的提高就变得轻松、容易多了。

在做课间操的过程中，我观察到他认真做的时候动作很规范，但他总是不好好做，喜欢调皮，看看这个招招那个，以至于周围同学受其影响都无法专心做操。于是我想出了一个主意，继续和他约定。我和他说："小平呀，我觉得你认真做课间操的时候特别帅，我想让班里更多的同学向你学习，所以决定从下周起你当咱们班的领操员，带着大家一起做，你回家可要好好练呀。"小平又惊又喜："老师，真的吗？谢谢老师！"在孩子们的眼中，成为领操员是一件非常光荣的事情，站在班级前面大家都向自己学习着实很威风。从那以后他真的每天都非常认真地做操，从他的神态和动作中我看出他没有让我失望。现在无须督促，他的课间操比以前做得认真多了，虽然有时他还会很调皮，但是我知道他在进步，而且我也在一直坚持去关注他。

苏霍姆林斯基说得好："教育技巧的全部奥妙就在于如何爱护儿童。"学生犯了错误，老师要怀有爱护之心，帮助学生认识错误。学生在学习上退步了，缺乏信心，老师要怀有爱抚之心，一方面激励上进，一方面帮助他们找寻好的学习方法。学生对老师出言侵犯，老师要怀有宽容之心，该批评的善意批评，该规劝的好言相劝，该谅解的诚心谅解。要把对学生的爱倾注在对学生严要求的全部行动中。老师慈祥的面孔，温和的笑容，亲切的语言，文雅的举动以及善解人意的目光，都是对学生怀有爱心的外部表现，而爱心的本质就是老师内心深处对学生人格的尊重。

9
我的一个教育案例

北京市西城外国语学校附属小学教师　王雅琪

一、学生基本情况

我们班的小赵同学（一年级）十分任性，脾气暴躁，有些以自我为中心，遇到一点不顺自己心意的事情就要乱发脾气，大喊大叫；经常违反课堂纪律，爱搞小动作，不会与同学相处，小拳头也时常会发挥作用；有时甚至跟老师顶嘴，影响老师上课和周围的同学听课；课间爱欺负同学，经常有同学到老师处投诉他。他脑子灵活，识字量大，酷爱阅读，是一个聪明的男孩，但学习不勤奋，缺乏毅力和耐心，对自己的要求也不高，成绩中等。小赵这些不良习惯的形成，原因是多方面的，从主观上分析：小赵自尊心强，但心理承受能力较差；从客观上分析：家长因小赵是家中的独生子，十分宠爱甚至溺爱，在家比较任性，家长不能满足他的要求就大吵大闹。当发生问题后，家长总是一味地迁就或采取不了了之的态度，久而久之，小赵的坏习惯自然养成了。

二、学生行为与表现的分析

从一年级开始，我就担任了小赵的语文老师兼班主任。刚入学时，他聪明、活泼，一双大眼睛非常灵动可爱，老师们都很喜欢他。但对学校生活和学习环境熟悉了之后，他的一些不良行为习惯就慢慢地浮出水面了。具体表现在：好动，坐不住，上课精神不集中，不讲卫生，随地吐痰，不爱护公物，喜欢恶作剧。在发现小赵与其他同学的表现不同后，家长以为是身体上的原因，带他去医院检查。

医生说不用担心，孩子没有问题，建议家长回家后应给孩子立好规矩，培养良好的习惯。

通过对小赵的进一步观察，以及与小赵父母的多次交流，我对他的不良行为做了以下分析：

1. 个性活泼、好动，精力旺盛，自制力弱。由于精力旺盛的缘故使得他的脾气更加急躁，自我控制能力差。

2. 上课经常违反纪律，甚至和老师顶嘴，对老师没有足够的尊重；平常喜欢欺负同学，乱拿同学的东西，爱搞破坏。他的这些行为，一方面是不良的行为习惯所致，从另一方面来说，是想得到老师和同学的重视，其实也是自卑心理在作怪。

3. 任性，与生活环境和家庭教育有关，家长在教育孩子上的方式经常不一致。

对小赵行为和心理方面的分析，得到了家长的赞同。经过沟通，我决定对小赵进行一系列的辅导和帮助，希望能尽早帮他改正不良的行为习惯，轻松愉快地学习和生活。

三、教育过程和方法

1. 多关心他，保护其自尊心，让他轻松学习。小赵好面子，要让他的脾气有所改善，我们没有直接说教，而是从生活上无微不至地照料他。犯了错误，尽量不在同学面前批评，而是利用下课的时间对他细心开导。平常多找他谈心，通过这种方法了解他的思想变化，多鼓励，少打击，多表扬，少批评，多关心，少冷淡。目的是调整心理、平和心态，使他能正确地认识和看待自己及周围的人和事。各学科任课老师在学习上都主动给予帮助，让他既感受不到过大压力，又不会因上课分神而落下功课。

2. 言传身教，激发小赵的尊师情怀。小赵在课堂上违反纪律，有时甚至跟老师顶嘴，一方面是长期以来的任性、不讲规矩所致，另一方面也是因为他对老师没有足够的尊重。针对这一点，我特意在班上开展了"尊师"主题班会。班会上同学们畅所欲言，许多同学讲了老师为了给同学辅导功课，好几次的午饭都没时间吃；数学老师生病了，为了不影响同学们的学习，硬是带病上课……感人的事迹一件接着一件,有些同学说着、听着就流下了眼泪。主题班会开得非常成功,但在小赵心里又有多大的反响呢?课后,我又找了小赵聊天延续班会上的话题。在谈话中,他自己讲述了老师们对他的关怀。我们的谈话持续了一个多小时,到最后连他自己都不相信原来老师竟然为他付出了那么多的关心和爱。他对我说:"老师,我以后再也不顶撞老师了,请老师和同学们监督我。"我又提醒他,尊重老师就要上课认真听讲,积极举手回答问题,作业按时认真完成。这次谈话很有成效,小赵的课堂纪律有了明显的进步。

3. 调动班干部的力量,用集体的温暖让小赵摒弃自卑心理。由于小赵长期以来都欺负同学,大家都怕他,不愿和他交朋友。为了引起大家的注意,他就变本加厉地搞恶作剧,致使情况日渐严重。为了改变这种状况,必须调动班干部的力量,带头与小赵交朋友,一起学习和玩耍,让他的叛逆心理得到改善,也给其他同学起模范作用。大家都纷纷原谅小赵以前的行为,和小赵一起玩的同学渐渐多了,而他欺负同学的行为也少了。小赵的进步受到了老师和同学的一致肯定。

4. 指导家庭教育,建议家长教育孩子时要求要一致。经过多次与小赵家长的沟通,我发现他们都是明事理的人。但在教育孩子的问题上,严母慈父常常达不成共识,家里经常出现这样的一种情景:妈妈在严厉地训斥儿子,而爸爸就在一边说好话,做"和事佬"。儿子有了爸爸做靠山,妈妈说什么都没用了。做爸爸的认为,儿子也就是任性了一点,又没有犯下天大的错误,孩子还小,何必管得那么严呢?长期这样,小赵的不良行为不但没有好转,而且慢慢地就对妈妈的话不当一回事了。为了改变这种状况,我和学校德育主任首先做通了小赵爸爸的工作,让他认识到:对儿子的放纵不是爱他、疼他,反而是害了他,良好的行为习惯是受益一生的。得到了小赵爸爸的配合,学校和家庭教育双管齐下,小赵任性、刁蛮的行为得到了一定的控制和改进。

四、教育效果与评价

经过采取以上措施,家长与学校相配合,小赵的不良行为、任性的表现得到逐步改善。学习时注意力集中时间较以往延长，欺负同学的现象明显减少。当然，小赵的许多毛病不是一下子都能改过来的，经常还会反复，需要我们耐心帮助。我相信在老师与家长的密切配合下，随着年龄的增长，小赵的不良行为会得到矫正的。

  学生的健康成长，离不开教师情感的投入和爱的灌输。在辅导学生的过程中，教师要以爱的教育为主线，从激发爱的情感入手，采取适当的方法，这样方能收到预想的效果。

10
一把雨伞引发的思考

北京市西城外国语学校附属小学教师　刘玉新

受各种因素的影响，近年来青少年犯罪人数呈上升趋势，犯罪形式多样化。究其原因，主要包括社会因素、自身因素和家庭因素，其中最主要的是家庭因素。

家庭因素分为五种情况，分别是亲情过剩、家长疏于管理、家长管教不严、家庭暴力和单亲家庭，其中尤以单亲家庭的孩子出现问题最多。这给我们学校教育提出了更高的要求，在处理这部分学生问题时就需要教师有更多的耐心与细心。

一、事情的描述

一个雨天，我正在思教处办公，突然被一阵急促的电话铃声打断。这个电话是二年级一位班主任打来的，电话中班主任气愤地述说本班一位名叫杨×的学生，平时就爱拿同学的东西，今天下雨，竟把图书馆老师放在楼道内的雨伞拿走了，并且用伞与同学对打，把伞都打坏了。要不是图书馆老师偶然发现那把被遗弃在楼道内的破雨伞，进而追查到他，老师还不知道这件事。班主任希望学校出面，对该生进行严厉的批评，使他以后不再随便拿别人东西。我答应了。

二、事情的处理

（一）与孩子沟通

当这个孩子低着头来到我面前时，我看到他手里拿着那把打烂的雨伞，本是很白静的小脸蛋上一道一道的黑印，眼睛不敢看我，一副做了错事等着我严厉批评的样子。面对眼前这个孩子，我怎么也发不起火。首先，我态度和蔼地让他把事情的经过讲了一遍，然后问他错在哪里。他在我的亲切询问下，渐渐放松，把这件事的错处一一说来。我一听，感到这个孩子确实很聪明，并且对自己的言行对错一清二楚，可见在认知上没有问题，问题出在行为上，出在家庭教育跟不上。于是我告诉他，随便拿别人东西是一种不好的行为，会给别人带来麻烦，时间长了，也会被同学瞧不起，就会没有朋友，到时多孤单？经过教育，他表示以后一定改。当我问到这件事怎么处理时，他告诉我，买一把新伞，赔给老师，并向老师道歉。当即我表扬了他。作为一名教育者，同时作为一位孩子的母亲，我的内心感到很辛酸。八岁的孩子本应是天真烂漫，在父母亲怀里撒娇的年龄，却因为父母的离异，缺少了正常的家庭教育，养成了不好的习惯。我在心底发问，错误到底在谁？

（二）与班主任沟通

我又与班主任沟通，随着与班主任老师交谈的深入，我了解到其实这个孩子很聪明，动手能力非常强，热爱做手工，思想比较活跃，就是因为缺少家庭的关爱与管教，久而久之，孩子对自己要求比较松，养成了许多坏习气。于是我与老师协商，对于这个孩子要多给他时间，多包容。一方面要把他的优点在班中多表扬，把他的聪明劲、注意力牵引到学习上；另一方面要加强与家长的沟通，随时反馈孩子在校表现，积极争取家长的支持。

（三）与家长沟通

我与孩子的爸爸做了沟通。在与孩子爸爸的谈话中我了解到，因为离异，孩子随父亲生活，而父亲忙于工作，就把孩子托付给大伯，对于孩子的教育不够重视。孩子出了问题家长就打一顿，但不能从根本上解决，孩子也越来越疲沓。于是我与家长做了深入的沟通，告诉家长要多陪伴孩子，给孩子的不只是物质上的满足，还要关注孩子内心，要给予孩子家庭的关爱，多引导孩子做事，不要采取简单粗暴的方式，平时不要随便给零花钱，再忙也要多与孩子聊天，了解孩子的想法，重视孩子的行为，以避免发展到不可收拾的地步。家长表示以后一定多关心孩子，配合学校教育。

三、事情的效果

一天，他在操场遇到我，高兴地说："老师，伞我爸爸已经买了，我已经还给了老师，并向老师承认了错误。"望着他那幼稚的面庞，我摸着他的头说："真是好孩子。"随后我又遇到他两次，每次我都要问问他的学习情况，并鼓励他。有时我还特意为他安排一些力所能及的事情做，例如帮助出板报、帮助低年级同学打扫卫生，让他感受到助人的快乐，激发他积极向上的内驱力。我知道，一下子让孩子改掉身上的坏习气是不可能的，但我坚信，只要我们多关注他们，多给予他们爱心，多深入了解他们，孩子都是优秀的。

四、案例反思

近几年，随着离异现象的增多，单亲家庭越来越多，这给我们教育工作者提出了新的课题。单亲家庭学生由于其家庭的特殊环境，较之正常家庭学生心理更加脆弱，更易出现偏差，重视和关心单亲家庭学生的心理发展，依据客观性心理原则，从他们的实际出发，去分析解决其心理问题，实施恰当的教育措施和积极的引导，促进单亲家庭学生心理健康发展，是落实素质教育的具体体现。由这件事，我想到对于单亲家庭孩子的教育，需要教师多给予关照，需要家长配合，需要社会的关心。对于单亲家庭孩子的教育可注意以下几点：

（一）用宽容与爱理解单亲家庭的孩子

单亲家庭孩子的心理特点决定了他们或多或少会有一些缺点，或大或小会犯一些错误。尤其是低年级的学生，难免会有一些逆反心理。此时教师一定要有一颗宽容的心，理解他们的处境，不求全责备，要知道孩子的转变是一个渐进的过程，有反复是正常的，要允许他们犯错误，并应及时帮助他们分析原因，用爱心抚慰创伤。有人说："一切最好的教育方法，一切最好的教育艺术，都产生于教育者对学生无比热爱的炽热的心灵之中。"单亲家庭的孩子在家庭遇到变故时，往往心灵受伤，从而关闭与同学、老师交流的窗户。可他们拥有一颗渴望家庭温暖的心，一颗渴望大家关爱的心。爱是打开他们心扉的钥匙，是缝合他们心灵创伤的灵丹妙药。

（二）用友情弥补亲情

单亲家庭学生所处的环境，特别是他们每日每时所生活的班集体的班风和同学之间的良好关系对他们来说非常重要。因此我们一方面鼓励同学间形成友好的班风，相互照顾，不要讽刺、取笑单亲家庭学生；另一方面，选派热情、有同情心的同学主动与单亲家庭孩子交往，相互促进。

（三）用鼓励消除自卑

单亲家庭学生的思想负担重，耻于老师知道自己家中的真实情况，更怕同学知道。老师应帮助他们对这一社会现象有一个正确的认识：父母的事由他们自己去处理，孩子无法左右家庭。同时，有效创造活动的环境，积极鼓励单亲家庭学生参加班集体组织的各项活动和社会活动。对有一定组织能力的学生，老师可以有意识地把活动中最重要的任务交给他们，培养他们的自信心和责任感，增进和其他同学的友谊。

（四）助力家庭教育

学校教育不能替代家庭教育。家庭教育有其自身的特点和有利因素，家庭能为学生提供必要的物质条件，家庭教育力量集中于一个学生身上，教育与照管比较全面。作为学校切不可越俎代庖，应该为家庭结构不完整的学生争取优良的家庭教育环境。有些家长或是由于对家庭教育重要性的认识不足，或是由于自身文化程度的局限，从而使得家庭教育的职能几乎丧失。为此，学校可以通过成立"家长学校"，针对家庭教育中存在的普遍问题确定教学内容，帮助和引导家长树立家庭教育的责任感和正确的家庭教育观念，帮助单亲家庭改善家庭环境，提高家庭教育水平。

11
扮演皮格马利翁

北京市西城区德胜少年宫教师　贾旭姗

教育是一条漫长且曲折的旅程，我庆幸自己是一名校外教师，一路走来享受着与孩子们相处的时光，收获着孩子们的欢声笑语，体会到了一个教师所拥有的幸福和快乐。在不断探索，积累点点滴滴的收获中，我发现教育成功的秘密不是惩罚和说教，而是真诚地去赏识每一个孩子，这是教育的真谛，也是教育的快乐。

故事分享

"陈文翘楚"，这个名字让我印象深刻，"翘翘错薪，言刈其楚"，透过名字我看到父母对他的期望，希望他杰出、优秀，成为人中翘楚。但接触后我发现，他本人与"人中翘楚"的差距实在很大。他上课要么小动作多、走神，要么影响别人，总是不听讲，且个性很强，喜欢标新立异。

比如上课，我让学生创作设计一些卡通元件时，一般画得乱七八糟的就是翘楚设计的。每当我去纠正他，他会说："老师，我就是这么设计的，我就喜欢这样儿的"。"你创新是好，但你设计的东西要漂亮，符合实际，这都什么乱七八糟的？"这时，在同学们的围观下，翘楚总会用笑容化解他的尴尬。更让我生气的还在后面！

一次，我们创作《飞天火箭》Flash动画，给已画好的一大一小火箭添加喷火效果。讲解完制作方法，我让学生们做好大火箭喷火效果，先预览给我看。话音刚落，翘楚就举起手来说："老师，我刚发现，我的大火箭下面没画火。"我怕让他现画耽误时间，就让他先看同桌，熟悉一下过程，先在小火箭上练习。

而后，我要求他们按照同样的方法制作小火箭时，翘楚又一次举起手来："老师，我的小火箭也没画火，我做不成了。"在脱口而出"你说什么？"后，我走到他身边，在撤销他的上一步操作，把他删掉的火焰一个一个找回来时翘楚目瞪口呆、一脸的尴尬。我气急败坏，无法控制，在全班同学面前大声呵斥了他。后半节课我也没去理他。下课后，翘楚关了电脑，灰溜溜走了。

之后几节课里，每当翘楚犯错，我都会严格纠正，对他的态度也比较冷漠，因为我觉得是我一味的宽容让翘楚的行为变得越来越过分，以至于为了偷懒开始说谎。但这种"冷处理"的方法并没有收到好的效果，翘楚不但没有进步，而且和老师、同学的关系也越来越疏远了。

认真思考

偶然机会，我读到《皮格马利翁效应》一书，里面讲述了远古时候，喜爱雕塑的塞浦路斯王子皮格马利翁对成功塑造的美女形象爱不释手，并每天以深情的眼光观赏不止，看着看着，美女竟活了。这称之为"皮格马利翁效应"，又叫"期望效应"。这种效应尤其在学校教育中表现明显，受老师喜爱或关注的学生，一段时间内学习成绩或其他方面都有很大进步，相反学生有可能从此一蹶不振。

读到这儿，我好似被一盆冷水浇醒，想到自己没有去挖掘学生性格中的闪光点，而是紧抓住错误不放，就像我只看到翘楚说谎、不接受批评的表面现象，却没有想到他不接受批评、画长尾巴毛驴是为了保护幼小自尊心，让我更多关注他，这并不是错。顿悟后，我单独找翘楚谈话，并向他承认了错误。

"之前老师对你的态度不好，总是训你，你能原谅吗？"说这些话的时候，我的心里十分地忐忑。

"没事儿，您都是为了我好。"

"那你能告诉我你那天为什么把火箭喷出的火给删了吗？"

"您讲的时候我没听，所以不会做，怕挨说被其他同学笑。以后我不说谎了，您放心，不会我就问您。"原来他是个宽容、诚实并且勇于承认错误的孩子。通过这么简短的对话，我发现翘楚拥有那么多的闪光点，相信在我们共同努力下这些闪光点会变得更多、更亮。

用心改变

在之后的教学活动中，我努力去创造一个充满着欣赏、鼓励与赞美的大环境，让学生们都能感受到老师对他们每一个人都是充满希望的。后来我发现改变方法后，不仅翘楚一个人在改变，其他学生的情感、性格也都变得更加开朗，求知欲强，敢于发表意见，我们的师生关系更加融洽起来。我喜欢和谐的师生关系，因为这能让我更深入地了解每一个孩子，感受教育带给我的无限快乐。

有人说：鼓励与赞美能使白痴变成天才，而皮格马利翁效应告诉我们：对一个人传递积极的期望，就会使他进步得更快，发展得更好；反之，向一个人传递消极的期望则会使人自暴自弃，放弃努力。让我们在教育教学中扮演皮格马利翁的角色，用爱和耐心对待学生，期望他们、教育他们、树立他们的自信，相信以后我这一教室的"小天才"都将成为"人中翘楚"。

12
用爱心为学生撑起一片天

北京市西城区鸦儿胡同小学教师　张凤宏

马卡连柯说："爱是教育的基础，没有爱就没有教育。"用心来关爱你的每一位学生，是做好学生工作的根基，我在工作中紧紧把握着爱这把师生关系的金钥匙。

一、关爱：把爱洒向每一位学生

爱心是一把开启学生心扉的金钥匙，是师生之间最有力、最自然的连接点。当教师把爱心洒向学生心灵的每一个角落时，就为学生拨开了心头的乌云；当教师把爱心献给每一位学生时，就为他们送去了人间的温暖。

教师在小学生眼里是神圣的、威严的，但他们又需要慈母般的关爱。尤其是低年级学生，他们喜欢你就会效仿你的一言一行，把你当成自己的亲人一样看待，什么心里话都会和你倾谈。掌握了学生的这一心理特点，我就常常和学生一起聊聊家常，首先消除他们对我的恐惧心，同时又了解了他们的家庭情况，以便今后更好地开展工作。

我班学生含含上课精神总是集中不起来，作业也不能按时交，而且交了也乱七八糟，每天到校还挺晚，显然家里没有人照管。我看到这种情况主动找到他聊天，他无奈的表情告诉我他遇到了困难。我轻轻地抚摸着他的头，温柔地对他说："孩子，相信老师，你遇到了什么困难？"他看着我，一言不发。我感觉到他还不够信任我，就轻轻地对他说："有什么困难，老师一定会帮助你的！"他被老师的真诚感动了，扭捏着将信将疑地看着我说："爸爸、妈妈经常吵架，我心里特别不踏实，真怕他们不要我了。"我听了他的话，望着他那求助的眼睛，觉得这个学生心里很痛苦，就对他说："孩子，我们一起努力来改变家里的关系好吗？"他深深地点点头。我尽快找到了孩子的母亲了解情况。这位妈妈告诉我，她正在和孩子的父亲闹意见，心情一直不太好，所以对孩子关心得不够，孩子这样的表现，她有很大的责任。但是孩子的父亲每天不是不回家就是很晚才回来，有时回来待不了一会儿就又走了。孩子常常拉着他不让他走，求他住在家里，可他根本不顾孩子，这对孩子的影响很大。我了解情况后就找来这位父亲，和他谈孩子近来的表现，父亲听后也深深感到对孩子的那份歉疚，表示今后一定多关心孩子，尽量多陪陪孩子。后来我时常找找他们，谈些孩子的进步，他们也感到很高兴。妈妈还非常感激地说："多亏了您张老师，现在他爸爸好多了，对孩子的关心也多了，太谢谢您了！"我看到他们都对孩子能尽心尽力地关爱了，心里有一种说不出的高兴。教师用爱心搭起了家庭这座爱的桥梁。

二、博爱：接纳你所面对的每一位学生

作为一名教师，必须有一颗开放的心，应当发扬有教无类的精神，无条件地接纳各类学生，善于发现学生的优点，给他们勇气、信心和机会，引导他们身心健康的发展。我所教的学生中曾经有一位弱智学生，但我在教育教学中从没有嫌弃他，放弃他，在平时的活动、学习中反而给予他更多的关注，发现他的优点。他很爱劳动，每天很早来到学校为同学打扫教室，从不怕脏和累。看到这一切，我就及时在全班表扬他，帮他树立信心。学习上让他回答一些很简单的问题，并对他的成绩给予肯定，提高他的学习兴趣。鼓励他多背一些古诗，积累文学素养，不断地默写学过的字词，掌握基本的语文知识。就这样，孩子在六年级语文考试时成绩居然达到了良好。我也从中体会到做一名教师的快乐。家长对孩子的进步也非常满意。师爱是无私的，师爱也是伟大的，他能用无比神奇的力量创造奇迹。这就是师爱的力量。

三、真爱：建立平等和谐的师生关系

爱是一个永恒的话题，教师对学生的爱更是一种把全部心灵和才智献给他们

的真诚。教师要把学生看成朋友，不能对他们发号施令，建立平等和谐的师生关系是做好教育教学的基础。学生在学校出现了什么问题，我不再武断地去批评，而是先告诫自己冷静，了解事情真相，采取民主的方法，先让孩子说说事情的经过，再进行分析，从分析中找出孩子的问题。这样孩子比较容易接受，既起到了教育的目的，又不伤害孩子的自尊心。教师用爱心搭建了平等和谐的师生关系，营造了温馨的教育氛围。

源源是我班一名非常聪明又淘气的孩子。他有着丰富的业余爱好，喜欢京剧、游泳、武术等。但他生活在一个单亲家庭，心理不是很健康，心中对任何事都有一些敌意，对别人不信任。由此孩子在纪律上表现得有些散漫，表现出一种玩世不恭的态度。

一次我外出教研回来，学生们围着我说："老师，源源在院子里撒尿了。"我听了很惊讶，怎么会发生这种事？再淘气也不该这样干呀！我左思右想，决定问个明白再做处理。我于是找到他，心平气和地问他："昨天咱班发生了什么事？"他支支吾吾说："没什么。"我继续说："你再好好想想与你有关的事有没有？"他低着头不好意思地说："我在院子里撒尿了。"看得出来他已经意识到这样做是不对的，我就没有再批评他，而是拉着他的手温柔地对他讲了一些他的优点，作业书写得干净整齐，表扬他在武术表演中获得冠军，还有跳绳比赛成绩优秀等。他见老师没有批评他，而是表扬了他那么多的优点，感到很不应该做这种不文明的行为，于是诚恳地对我说："老师我错了，不应该那样做，我今后一定要改正！"我发现这个平时坚强的孩子，眼里闪动着泪花，他也被老师的爱心和耐心所打动。我继续握着他的手说："孩子你很聪明，今后做事时一定要先想想对不对再做，老师相信你一定会成为一个非常出色的孩子。"

这事之后，这个孩子发生了明显的变化，上课能够较好地遵守纪律，没有发生什么其他不该做的事情。我从这件事中也体会到：对于学生的错误，一定要静下心来仔细思考，针对不同学生采用恰当的教育方法，以长补短，让学生感受到老师对他那种真诚的帮助和爱护。

我深信：爱每一个学生是教育工作者做好教育教学工作的基础，没有爱就收不到好的教育效果。用我们的爱心来培养每一棵茁壮成长的幼苗吧！

13
爱的教育

北京市西城区进步小学教师　聂　梦

沃尔特斯在《对我影响最大的老师》中写道:"那些深深留在我们记忆里的,是相信我能从困境中崛起的老师,是帮助我计划未来的老师,是那些把我们当作独立个体来关心爱护的老师,是伴随我们成长的老师,是塑造人的老师。"我认为,这也是对班主任职能最根本的界定。

甄珍老师在《优秀小学班主任》一书中,关于班级建设,提到了各种文化建设对班级的作用。其中,关于节日文化,甄老师在书中写道:"爱过节是孩子们的天性,开展多种形式的节日文化活动对提高学生的道德认识十分有效。把一个普普通通的节日以文化育人的视角做大、做深、做足,赋予它节日文化和中国传统文化的内涵,使学生经历着、享受着平凡而又真实的生活,接受着优秀文化的滋养。他们懂得了学会做人从孝敬父母开始,理解了知恩、记恩、感恩、报恩是爱父母、爱老师、爱他人的基本表现形式。"

我曾经听到过不少家长叹息孩子对自己的不敬,也在与学生频繁的笔谈中隐约感受到孩子对父母的不屑,这是生活中极不和谐的声音。

母亲节临近,社会大肆宣传,孩子们知道这个节日,但是,每个人对这个节日理解多少? 又付出了多少? 很多孩子从幼儿园起,老师就组织大家一起给妈妈画幅画,做手工。但是,有些东西是停留在表面的,低年级孩子的心理特点,对母亲更多的感情表现为:依赖。嘴上说,妈妈对我很好,经常照顾我,但照顾到什么地步? 为了让孩子从心底感受母爱,我组织班里的孩子进行鸡蛋宝宝体验活动。我设计了以下的活动：

一、感受妈妈的爱——回忆和妈妈一起的甜蜜故事

孩子们的成长中，妈妈的作用是无人可以替代的。从怀胎十月，到呱呱落地，从蹒跚学步，到第一声开口说话……妈妈是一直陪伴在孩子身边的默默付出的人。现在的孩子们，大都认为，妈妈的付出就是应该的，而忽略了妈妈也是个普通人，很多事情并不是应该妈妈去做，妈妈只是出于爱而甘愿付出。孩子们回忆了生活中的很多甜蜜的插曲，然后意识到，这些都是妈妈出于爱而在默默付出。比如，有好吃的都先让着孩子吃，下雨的时候，宁愿淋湿自己，也要替孩子们遮挡风雨……这些甜蜜的回忆，引起了关于爱的思考。

同时，我也把自己作为妈妈的一些体会和孩子们分享。比如，我的孩子生病的时候，我总希望是我来替他受这份罪的心情，也传达给了孩子们。孩子们深刻地体会到了"身有伤，贻亲忧"的切肤之痛。

二、体会妈妈的爱——做一天家长——保护鸡蛋宝宝

之前，孩子们通过生活的小片段感受到了妈妈的爱，但是对妈妈付出的艰辛毕竟体会还是不充分。于是，结合心理课的内容，我在班里搞了个小活动——保护鸡蛋宝宝。

让同学们分别去准备自己的鸡蛋宝宝，并提出这个鸡蛋宝宝就是自己的孩子，要带着鸡蛋宝宝上一天的课。孩子们对这个活动都兴奋不已。纷纷提前好几天就准备好了鸡蛋宝宝，用彩笔画上了不同的表情，还有的用彩纸给鸡蛋宝宝做了头发，戴上了小帽子，还有的用小布料帮鸡蛋宝宝做了可爱的衣服。孩子们一开始只是兴奋于制作的过程，真的带着自己的宝宝的时候，大家可精细了。纷纷给宝宝们准备了舒服的小房子，用棉花、软布垫着，把鸡蛋宝宝照顾得无微不至。

有的同学不小心打碎了鸡蛋宝宝，伤心极了。

正是有了护蛋的体验，孩子们真心地体会到家长不容易呀！带着脆弱的宝宝，各种担心，时时牵挂，真是"捧在手里怕碎了，含在嘴里怕化了"。

欣赏一首歌曲——周杰伦《听妈妈的话》

为了让孩子们体会家长的付出不仅是生活的关爱，还有严格的要求，我给孩子们推荐了一首流行歌曲《听妈妈的话》。这首歌是著名的音乐人周杰伦填词并作曲的歌曲，写的就是周杰伦成长的过程。

小朋友你是否有很多问号
为什么 别人在那看漫画 我却在学画画 对着钢琴说话
别人在玩游戏 我却靠在墙壁背我的ABC

我说我要一个大大的飞机 但却得到一台旧旧录音机
为什么要听妈妈的话 长大后你就会开始懂了这段话

长大后我开始明白
为什么我跑得比别人快 飞得比别人高
将来大家看的都是我画的漫画 大家唱的都是我写的歌
妈妈的辛苦不让你看见 温暖的食谱在她心里面
有空就多多握握她的手 把手牵着一起梦游

听妈妈的话 别让她受伤 想快快长大 才能保护她
美丽的白发 幸福中发芽 天使的魔法 温暖中慈祥

我介绍了周杰伦的背景，特意强调了，他是个有才华的歌手，自己作曲填词，不同于偶像歌手。我把歌词一句句讲解给一年级的孩子们听，在他小时候付出了辛苦，才有如此的成就。长大后，体会到妈妈的用心良苦，就写了这首献给妈妈的歌。

通过歌词，孩子们体会到了"爱不仅是平日的呵护，更有严格的要求"。这种方式，比单纯的说教，更有说服力。在这轻松的旋律中孩子们不自觉地受到感染。

三、回馈妈妈的爱——用一年级的方式——给妈妈写封信

一年级的孩子们可以为妈妈做的事有限，但是也有很多了。我向全班同学介绍了一些同学在家的表现。比如，苑建清同学在妈妈睡着的时候，帮妈妈接电话，然后把重要的事情记在便条上；王逸宸和鲁语希在家里帮妈妈照顾小妹妹；王鸿凯在家里帮妈妈扫地、倒水……孩子们纷纷表示可以为妈妈做更多。

我提议下，孩子们利用这一年所学的知识，可以给妈妈写封信，把自己最想说的话写下来。孩子们写下了自己的真挚想法，言辞诚恳感人，表达了自己的真情实感。

为妈妈唱首歌

在最后，孩子们举着自己的信，轻轻地吟唱这最后几句歌词：

"听妈妈的话 别让她受伤 想快快长大 才能保护她

美丽的白发 幸福中发芽 天使的魔法 温暖中慈祥"

孩子们稚嫩的声音，轻轻地唱出了对妈妈的爱。不知是缭绕的歌声还是甜蜜的回忆拨动了孩子们的心弦，不知不觉间，他们已经泪光涟涟。大家回忆起妈妈为养育自己付出的艰辛，感受着来自母亲的那份温情，个个激动不已。

我在母亲节当天早上，把这段视频发给了妈妈们。妈妈们纷纷表示，感动得稀里哗啦的，看到了枕边的信，还有孩子们的童声合唱，觉得自己好幸福。

我认为，教育应该是触动心灵的教育，我们的教育活动不能停留在表面，也不能流于形式。我愈加感慨：人生的最大幸福，真的不是索取，而是奉献；不是有能力得到什么，而是有能力奉献什么。一路艰辛一路歌，我深知当一名班主任不容易，当一名优秀的班主任就更难。虽然班主任的工作看起来是艰辛和劳累的，但置身其中更是快乐和富有的。因为我快乐着学生的快乐，幸福着学生的幸福。今后，我会不懈努力，让我的梦想绽放绚丽的花朵。我将以此作为新的起点，让这份责任，鞭策着我继续努力，再攀新的高峰！

14 "护蛋"点亮一盏心灯

北京市西城区鸦儿胡同小学教师　李淑捷

3月的一天，我一如既往地走进了三一班的教室，开始了我的日常教学工作。这是新学期的第一节课，讲授的主题是家人的爱。我告诉学生们："当你们刚刚睁开双眼时，看到的是爸爸、妈妈的笑脸；当你们刚刚学走路时，听到的是妈妈鼓励的声音；当你们生病时，爸爸妈妈深夜抱着你们去医院……"我想借此让学生们体会到他们在家人的关爱下一天天地长大。

接着我说："同学们，讲讲家长养育你们成长的故事吧！"在老师的启发下，孩子们一个个争先恐后地发言，课堂的气氛异常活跃，孩子们兴奋地讲述着自己幸福家庭呵护培育他们的故事。孩子们有的拿来照片，有的拿来与家人在一起的视频，他们在组内交流着，脸上洋溢着幸福。

这时我看到芳芳有些郁郁寡欢，同学们说得热火朝天，她却一直没有发言。当我发现以后我走到她的面前，问道："孩子你身体不舒服吗？"孩子摇摇头，我想也许是孩子们之间发生了一点小矛盾吧。

在下课之前，我给学生布置了一项作业——呵护生鸡蛋即每人开展一天护蛋活动，要求大家明天上学时每人带来一枚生鸡蛋。通过呵护生鸡蛋的活动，我想让学生亲自去实践和感受，从而使他们领悟到父母养育他们的辛劳，让孩子们学会感恩。

第二天，我刚刚走进教室，就看到很多的孩子都坐在自己的座位上。我有些纳闷，仔细观察原来是孩子们都怕生鸡蛋破碎，坐在座位上看着自己带来的生鸡蛋。我的心里窃喜，活动初步见效了！

上课的铃声响了，我让孩子们用彩笔给自己的鸡蛋宝宝画像。孩子们有的画上了美丽的头发，有的画了一个小笑脸，孩子们的兴趣极高。我在教室中巡视，当走到芳芳面前时我突然发现芳芳带来了两个生鸡蛋，我正要上前询问，但转念一想也许芳芳兴趣高，也许芳芳家里有两个孩子吧！

我继续在学生中走动，观察孩子们的创作。好奇心最终还是把我带到了芳芳的面前，看到芳芳画的鸡蛋宝宝一个是幸福笑脸的小男孩，另一个是哭脸的小女孩。我想这是为什么？我百思不得其解。

学生们已经装饰完自己的鸡蛋宝宝了，我说："同学们，你们的宝宝诞生了，从今天起你就要想办法保护好你的宝宝，明天我们看一看谁的宝宝最健康，你们要精心呦。"孩子们都把自己的鸡蛋宝宝小心地放在自己事先准备的"房子里"。

只见芳芳把哭脸的鸡蛋宝宝小心地放在精心准备的盒子里，这个盒子的周围垫上软软的棉花，盒子的外面还画上了美丽的公主。放好后芳芳再把盒盖用胶条封好，鸡蛋就像睡在睡袋里一样安全了。做完以后，芳芳的脸上露出了幸福的微笑。接着芳芳把笑脸的鸡蛋宝宝随意地放在空杯子里。观察到这些，我的心在颤动，这让我联想到芳芳在班里总是默默无闻，缺乏童年的孩子应有的朝气，这个孩子给我的印象是忧郁。

第二天在课堂上孩子们各自讲述着自己的护蛋经历，有的完好如初，有的已经破碎。

芳芳带来了那个被她精心呵护的鸡蛋宝宝。在课堂上我刻意让芳芳向大家讲述她的护蛋经历，她兴奋的笑脸是我从来没有看到过的。我想，这里面一定有秘密。我要走进孩子的心灵世界，打开她的心灵之窗。

中午的时候我把芳芳叫到办公室，出乎我意料的是芳芳手里还拿着那个鸡蛋宝宝，其实护蛋的活动在上完课以后就已经结束了。此时我抓住这个契机，直接切入话题。我问："芳芳你的那个鸡蛋宝宝呢？"听到我的问话，她一愣。我说："你能给老师讲一讲那个鸡蛋宝宝的故事吗？"顿时孩子满眼泪花，说："老师我把它故意摔碎了！这个鸡蛋宝宝是我，我们家没人爱我，我自己爱我自己。那个鸡蛋是我弟弟。"我的心一惊，深深地感受到芳芳这个孩子在承受着巨大的精神痛苦，这个孩子太需要关爱了，她被人冷落的时间太长了。如果长期发展下去，不解开芳芳的心结，后面的事情不可想象！

原来芳芳是来自外地的学生，她的妈妈又给她生了一个小弟弟。芳芳的妈妈爸爸十分关注她的弟弟，在生活中处处为弟弟着想，弟弟永远是对的，吃东西的时候总是只给弟弟吃不给芳芳吃，总给弟弟买很多的东西，自从弟弟出生以后极少给芳芳买东西。芳芳感到极度的心理不平衡，以前在弟弟没有出生之前，父母对芳芳也是百般的呵护，但弟弟出生以后，芳芳的生活世界发生了很大的变化，原本一个生活在父母幸福呵护中的孩子，由于弟弟的出生和父母的忽视使她生活的世界突然发生巨大的变化，这是一个几岁的孩子难以承受的事情，这也是使芳芳性格、心理发生扭曲的原因。

找到了芳芳的心结后，我开始在每天中午的时候找她聊天，告诉她很多的办法。比如我教她，当妈妈只给弟弟零食吃的时候，我让她对妈妈说，妈妈您给弟弟吃吧，我不吃，弟弟小。第二天，芳芳主动找到我小声地告诉我，那天她照着我的话去做，妈妈反而给了她一大半的零食。类似的事情在不断地发生，芳芳的心情也在不断地变化。在这之中，我悄悄地给她的父母讲述了芳芳在护蛋活动中的表现，由于缺乏父母的关爱，芳芳陶醉在自己的世界里，多么可怜的孩子。告诉他们由于他们的过失给孩子带来的痛苦，带来的性格的扭曲。他们震惊了，没有想到自己的自私疏忽带给孩子严重的心灵创伤。

日子一天天地过去了，芳芳也在一天天地变化，她的心复苏了。从这个小姑娘的脸上我看到了自信，看到了幸福，看到了她应有的童真。

静下心来反思，我思绪万千。我所景仰的陶行知先生曾经说过这样一段话："教育是心心相印的活动。唯独从心里发出来的，才能打到心的深处。"作为一名称职的教师，就要善于观察学生的学习情况，正确、恰当地处理课堂上发生的问题；要用心去做自己的教学工作，要善于发现问题，运用自己的智慧解决问题；要细心地去关爱每个学生，让他们都能充分享受到老师的爱，都能在老师爱的滋润下茁壮成长。教育更是神奇的，许多不争的事实说明：一次偶然的教育机会可以改变一个学生的一生。作为教师，又怎能随意错失这来之不易的教育机会呢？朱永新教授在《新教育之梦》中写道：爱心无价！无论做什么事情都要有一颗爱心。没错！我们理应用心呵护每一个学生，用爱浇灌他们的心灵，总有一天他们会开花结果。

  这让我联想起苏霍姆林斯基曾说过的一段话："为了使孩子成为有教养的人，第一要有欢乐、幸福及对世界的乐观感受。"我想，高水平的情感是培养与教育的结果。人作为一个活生生的生命存在于世界上，其积极活动构成了人生活的内容，生命情感是个体对自我生命的认同、肯定、接纳、珍爱，对生命意义的自觉、欣悦、沉浸，以及对自己生命乃至整个世界的同情、关怀与钟爱。积极的生命情感引人振奋、达观、昂扬向上、富于爱心。幸福的人生离不开美满丰盈的生命情感，消极的生命情感则意味着对生命的否定，对生命的沉沦。真正的教育应该是充满生气，对个体生命的肯定、激励，对生命的热爱具有昂扬向上的精神和热情洋溢的韵致，教师应把教育中个体生命价值引向高处。

  师爱，是一把金钥匙，能打开孩子闭锁的心灵；师爱，是一双无形的手，能抚去孩子苦涩的泪花。我想：只要我们每一位老师都把爱播撒向那些天真可爱的孩子们，我们收获的将不仅仅是成绩、理解和感动，更是自我的蜕变和灵魂的升华！让我们用爱去点亮那一盏盏心灯，用爱去指引孩子生命的航程！

15
我愿陪伴你走一程

北京市西城区鸦儿胡同小学教师　杨　曦

近期，我阅读了一篇文章——《教育走得太快，请等等落下的灵魂》。读后，我清醒地认识到：教育的目的不是为了让学生只追求高分，不是为了适应外界，而是为了自己内心的丰富。

一直以来我很向往一种教育境界，即"弟子称师之善教，曰如坐春风之中；学业感师之造成，曰仰沾时雨之化。"能成为这样的师长是我一生的追求！

小学生就像是一棵棵幼苗在生长，教师就是适时地给他们浇浇水、施施肥、剪剪枝或是遮挡一下风雨。成长的过程是快乐的，因为每天都有进步；成长的过程也是烦恼的，因为每天都有不同的问题。

文中有一句话：教育就像养花一样，一边养一边看，一边静待花开。我很欣赏这句话，因为它使我想起我曾经养育过的一朵奇葩。

有一次上品德与社会课时，我播放了一段有关灾害降临时如何躲避的视频。同学们正津津有味地观看时，安安突然大叫着并钻进了课桌底下，还不停地叫道："地震了！地震了！快躲呀！"全班同学顿时哈哈大笑起来。见到这突如其来的情形，我的火一下子蹿了上来，脸也涨得通红。为了控制局面，我机智地说道："安安同学，你是想给大家演示一下当地震来临时该如何躲避吧？""是的是的。"安安应声答道。"谢谢你的演示，现在请回到座位上吧。"

他扭动着身子极不情愿地坐回座位。我适时抓住课堂生成向同学们说道："大家看到安安同学的演示有哪些是正确的，哪些是不正确的呢？"同学们纷纷表达看法，讨论的效果还很不错。这时我的心情平静了许多，甚至还有些得意自己很好地扭转了尴尬的局面。这时安安又大叫道："地震了，快躲呀！"说着他跑到一个三角地带蹲了下来，并用书包护着头，引得同学们笑得前仰后合。

我一看这次演示的动作是对的，但是他这一惊一乍的真让人心跳加快。我强忍着不快说："你演示的不错，同学们鼓掌。安安同学下课后找我，我要好好表扬你。"他却不屑地说："不用不用。"这节课就在这样"欢快"的氛围中结束了。

后来我通过班主任了解到，安安是一个有多动症的男生，不能按学校的纪律要求在座位上坐着听讲，有时身子在椅子上转来转去，有时坐在椅子上发呆，有时随便下座位。他上课时纪律涣散，不能专心，自控能力很差。但他有一条优点，就是心态好，不论是老师批评他，还是和同学产生摩擦，一会儿就忘，从不生气。

通过向家长了解情况，得知家长带孩子看过医生，也在积极治疗中。家长希望老师多提醒，多关注孩子，家长愿意配合老师一起教育。

根据以上情况，我和家长共同协商后采取的措施是：一是在我所教的品社课上，经常提示他坐好、听讲；二是让他回答问题来强化他的注意力；三是和他交流学习的重要性；四是每当他表现好时发奖票和奖品以示鼓励，告知家长后也给予表扬共同激励。

有一次我留的作业是查找北京小吃的资料，他的作业没有按时完成，我就给他宽松一下，让他第二天上交。结果第二天他交的资料内容丰富，配图精美，我奖励了他两张奖票，他很兴奋，再查资料特别积极。当他集够10张奖票时，我就发给他一个尺子。他接到奖品时高兴得跳起来了，然后歪着脑袋对我说："老师，下次的奖品别再发尺子了，换成橡皮吧。"我一乐，心想还挑三拣四的，但我口头上说："只要你能得，我就换奖品！"他一拍胸脯说："一定能得！"

还有一次，我让学生制作一期小报，主题是：过去和现在餐桌上的变化。由此反映我们的祖国发生了翻天覆地的变化，从贫穷落后一步步走向繁荣富强。当安安的小报交上来我一看，还真是很认真地去完成了，他分别采访了爷爷、爸爸、妈妈小时候吃的是什么？如平时只吃窝头和咸菜，只有过年时才吃一点肉。又写了自己现在每天吃的是什么？如牛奶、鸡蛋、肉禽等，这一对比就看出现在的生活是多么的幸福呀！他还在上面画了自己的漫画图：一张餐桌，上面有鸡肉、面包、饮料等，很是丰富。看到他完成的作业图文并茂，我很欣赏，并在全班进行了展示。这也给他增添了信心，后来，他的作业总能按时完成了。

在安安六年级第一学期，学校组织学生参加西城区科技节活动，其中有一个项目是自然科学知识竞赛。我在课堂上给同学们做了动员，并告诉大家如何上网答题。下课时，他找到我说："杨老师，我想报名参加可以吗？"我原本想着他的成绩一般，自然知识不是很优秀，并不看好他能取得什么成绩。但是看到他渴求的眼神，我想了想说："可以，你能报名参加，重在参与。"听了我的话，他脸上露出了笑容，点点头说："那我参加。"过了几天我问他网上答题的情况，他说比较难，题量也很大，不过平时爱看一些关于动物、植物的书籍，这次都能用上了。听了他的话，我心想：我没有看好你。过了一个月，成绩发下来了，安安获得自然科学知识竞赛一等奖。我很惊讶，他居然得了一等奖，我看好的学生却得了二、三等奖。这让我内心很是触动，看来每个人都有他的优势和长处，在关键时刻，给予鼓励，可能收到意想不到的良好效果。当我把奖状发给他时，他也很激动地说："谢谢杨老师给我的帮助，让我体验到了成功的滋味，太爽了！"当年他还被评为科技之星。

适合的就是最好的教育。既然每一个学生成才的途径和方式没有确定的指向，我们就不要一味地为了功利而逼迫着孩子学这学那。遵循教育的中庸、可能和适当的原则，让孩子健康地成长。

我想：老师和学生之间不仅是威严和听从，更多的应该是呵护和交融。在学生成长的路上，我愿意是他们的陪伴者，用我的真心和真诚陪他们走过一程。

16
孩子，我陪你一起长大

北京市西城区三帆中学附属小学教师　关　靖

我和小A的故事从他来到沙盘室开始。初次见到他，只见他个子中等，身材比较壮实，眼睛大大的，皮肤有些黑，笑起来有两个小酒窝。衣着干净，整齐。爱说话，但说话时声音较小，眼睛总是乱看，眼神不能跟人对视，说话时手里爱玩东西。

我拉着他的手，把他领进了沙盘室。他问我："这里是干什么的？"我说："在这里，我们可以玩一会儿沙子，可以把这些玩具摆在沙盘中，你想怎么摆就怎么摆，好吗？"他好奇地走到了玩具柜的前面，不停地看里面的玩具。然后走到沙箱面前，问我："这是什么？"我说："这是沙子啊！你可以用手摸摸。"他用手摸了摸，说："沙子是湿的。"（其实不是，是干的）。接下来他开始拿玩具在沙箱里做沙盘。他先拿了一辆火车，推着火车在沙箱里转，往火车上弄沙子，当沙子把车埋上之后，他用手按了按，一点儿一点儿地往火车上撒沙子。之后又把沙子扒开，把火车拿了出来放在沙盘的中间，开始往中间堆沙子，再把火车拿走，把沙堆连起来，用火车冲断沙堆，再往车厢里装沙子，又一次把火车埋起来。然后还让我跟他一起玩儿。晚上，他妈妈给我打电话，问我对他施了什么魔法？说他今天回到家，主动写作业，可乖了。他告诉妈妈，很喜欢我。

第二次：看见我，他非常高兴，跟我说这个星期他上课没有随便下座位，没有在地上爬。我听了，搂着他的肩，立刻表扬了他。他一次总是拿好几架飞机往沙盘里一扔，然后再把飞机逐一码放在他想放的位置，等把玩具架上的飞机都放到沙箱里之后，他就开始玩飞机。当把两架白色的飞机埋起来的时候，他让我找，问我沙子里有什么？接着又把五架银色的飞机藏起来，问我沙箱中的飞机少了哪几架？又问我："关老师，你长了几个手指头？"我说："10个呀！"他说："我长了12个手指头。"我说："这是怎么回事？"他说："我把飞机夹在手指中间，他也要算我的手指头。"我夸他很有创意。

第三次：这次他一来就问我："这个星期有人动我的飞机吗？"我回答："没有啊！你上次走的时候不是都藏好了吗？"他问："那他们发现了吗？"我说："没有，我都给你看着哪，放心吧！"他说："你很好。"说完，他让我闭上眼睛，把四架飞机埋在了四个角落里，让我跟他一起玩儿飞机，游戏是他藏飞机，我来找飞机。就这样，一共玩儿了十四次，他都很高兴。

第四次：他进了沙盘室，先拿了两个黄色的圆柱放在中间，又拿了积木，也放在了中间，告诉我说要搭个城堡，然后就不停地拿积木搭城堡。突然他拿了两颗小石子攥在手里，让我猜他的手里拿的是什么？他问我为什么猜对了，我说因为我动脑子了，他笑了笑。紧接着，他手里又拿了两块积木让我猜，我又猜对了。他说："你还挺聪明的。"接下来，他就专心地搭积木。城堡终于搭好了，他就开始跟我聊城堡的事。他在收积木的时候，是把每一座建筑整个拿走的，不是拆掉后再拿走，拿的时候非常小心。今天他妈妈告诉我，这一个星期上课他都没有在地上爬，作业也写得比较快，得到了老师的表扬，虽然还有错误，总的来说有进步。

第五次：这次一来，就开始在地上摆轨道，摆了一个圆，做了一个笑脸，然后把上次搭的房子又拿出来，一边玩儿一边给我说脑筋急转弯让我猜，说了五个，又开始玩儿轨道。他说："火车不走了，轨道在走。"我说："轨道怎么走啊？"他说："靠太阳能。"过了一会儿，他说自己是隐形巨人，边说边举着轨道把自己套住，玩儿得很高兴。我问他："这周过得快乐吗？"他说："还行。"我说："还行是什么样子？说说看。"他说："上课没有在地上爬，作业都写了。"这次做完之后，他跟我提出来，要带二十粒彩色的小石头走。我同意了，并跟他约定好，不能带到班里，下一次要带回来，他答应了。

第六次：这次他一来，就把上次带走的二十颗小彩石还了回来，还让我和他一起数了一遍。我夸他是一个讲信用的好孩子，他很高兴。他先拿了一辆自行车玩，没有放在沙箱里，后来在左中放了一座大房子，中下放了一座大房子，右上放的是风车，拿了一架蓝色的飞机放在沙箱里开始玩。玩儿了一会儿，他又拿来三架红色的飞机摆在中间，机头朝左，之后又拿了许多飞机摆弄，又把风车拿出来放在左中的房子前，把房子的门关上了。后来他拿了一个加油站放在了中下方，用围栏把风车围起来，拿了一个奥特曼，说他是勇士，拿这个小人跟飞机撞着玩儿。玩儿了一会儿，把栅栏里的飞机拿了出来，用奥特曼把飞机一架一架地撞翻，都撞完之后，奥特曼躺在了沙箱中间，所有的飞机机头都朝着他，他很高兴。今天他又拿走了六个保龄球。

第七次：这次一来，他就拿了一辆摩托车在沙箱里玩，又拿了小提琴玩儿。玩儿了一会儿，他又拿了一架飞机玩儿。一会儿，又把飞机用沙子埋起来，一边玩儿一边跟我说，他想学吉他，但是说话的声音越来越小。最后又拿了两辆汽车开始玩，但是这次他一边拿沙具，一边说，老师说过每次只能拿一样。拿完了，他问我沙子里面埋的是什么，我说："是飞机。"他说："不对，是飞机和沙子。"说完他就用挖土车把其他的汽车都撞倒了。

第八次：这次来了，他拿了一匹马，放在了左下，一头大象也在左下，一只羚羊放在了右下，另一只羊放在了右上，一头牛在中上，马在中下，鸡在左上，小人在中下，放完这个小人就开始拿着小人玩儿，一会儿收了所用的玩具，拿了许多小士兵玩儿。他在玩儿的过程中很安静，拿枪的士兵把古代士兵打倒了，接着又把士兵都扶起来，然后把士兵都埋了起来，说这是一座坟，接着又把士兵都挖出来，接着玩。

第九次：这是他做沙盘以来第一次玩儿沙子，用手把沙子堆起来，然后拿了三个士兵，左下放一个，右下放两个，拿了四把枪，插在沙子里，又拿了一个士兵，头朝下趴着，紧接着拿了许多士兵，开始摆战场，又把所有的士兵都拿走了，开始摆汽车。他跟我说："把士兵埋起来，是怕其他的士兵发现。士兵又自己出来了，他们在打仗。把汽车埋起来是为了不让警察看见。穿绿衣服的士兵不知道城墙里有士兵，穿浅绿衣服的士兵把穿深绿衣服的士兵给打死了。"他说："你猜安全第一是从哪出来的？"我说："不知道。"他笑着说："车上写着呢！"听得出来，他很高兴。

第十次：这次来，他把沙具柜里所有的帆船都放到沙盘里了，把船的一头扎进沙子里，他说是因为海里有波浪。紧接着又把船翻过来，排列成两排，并且不停地变换位置，还不时地把船埋起来。他又把沙子往船里装，说这是往船上装大米。用船运大米，谁运得多谁就会有奖励。我问他："大米运到哪里去？"他说："送到岸上，有人开着车，提着袋子来拿。"我问他："哪里是岸？"他说："没有岸。"快结束的时候，他告诉我："这周没有跟同学发生冲突，帮助受伤的同学拿书包和饭兜，看见别人打架还去劝架。"我表扬了他。

第十一次：上次摆完之后，他告诉我不要收，替他看好，不许人碰。这次他看到沙盘没有人动过，很高兴。他先从玩具柜里拿了三个球，放在沙箱里玩，玩着玩着就让我闭眼睛。当我睁开眼睛的时候，他拿了一条蛇放在了我的眼前，我吓了一跳。他见状很高兴，说："这有什么可怕的？"说完就把蛇放回去了。接着他把上次放得很乱的汽车摆整齐，还把几辆车连起来，说这是一列火车。我问他："为什么要把汽车连起来？"他说这是火车。我说："那你直接拿火车多好啊！"他说火车太麻烦，还说这次汽车摆得很整齐。我指着两门大炮说："这大炮是做什么用的啊？"他说是保护汽车的，怕有人把汽车偷走，一边说一边用手堆沙子。

这一次我看见他脸上有伤，问他是怎么回事，他说是别人不小心把他绊倒的，他的胳膊和腿都受伤了。我问他老师知道吗？他说知道，但是别人不是故意的，我原谅他了。我说："你真是一个宽容的好孩子。"

第十二次：这次一来了就玩上次的沙盘，把两个沙堆弄大，他说是山包，要把沙堆连起来，形成一堵墙。他埋起了汽车，问我："沙堆里埋的是什么？"我说："汽车啊。"他说："几辆呢？"我说："五辆。"他高兴地说："对啦！"之后，他把沙子都堆到了一侧，说："这里是岸，这上面要放汽车。"他又指着另一面说，这里要放船。岸做好后，他把汽车从沙堆里拿出来放在沙堆上，然后拿来帆船放在水里，也放了几辆汽车，船头都朝上。在中间放了一条大船，船上有两个小孩，在最上面放了一个自由女神像，他边放边说："到美国了，这就是美国的广场。"又在中间放了一个亭子，还用沙子把岸和亭子连起来，亭子旁边放了一座桥，同样用沙子连起来。

第十三次：这次看到上次的沙盘保存得很好，他很高兴。举着胳膊在我面前晃悠,说:"你看见什么了?"我惊奇地说:"呀!你当中队长了?祝贺你啊!"他很兴奋地给我讲了怎样当上的中队长。因为他们班是干部轮换制,他最近表现得不错,老师就让他当中队长了,而且同学也非常认可他。紧接着就告诉我他知道自由女神像是怎么来的。于是他就开始给我讲自由女神像的来历,他说是他妈妈查的资料告诉他的。说完之后,继续玩儿他上次的沙盘,玩儿了一会儿,把帆船收了,开始玩汽车。这次沙盘结束的时候,他提出带两个玩具走,并保证下学期带回来,我同意了,他带走了两辆小汽车。

  这就是我和小A的故事,我用沙盘陪伴了他十三次,他来的时候问题是爱打人,扔别人的东西,上课不认真听讲,随便下座位,还在地上爬,经常会在上课时出教室去玩,课堂作业也完不成,就连考试的卷子他都不写。小A的问题主要表现在个人行为的自我约束和人际关系上。在家里,因为爸爸常年不在身边,姥姥和妈妈对他非常溺爱,让他养成了一些坏毛病,自己想做什么就做什么,从来不考虑别人的感受,自我约束的能力不高,规则意识不强,经常表现为自由散漫。与同学之间不能友好地相处,他在说话做事情的时候,很少去关注别人的感受。当同学不接受他的言行的时候,他就会打人,或者扔同学东西。时间一长,学生和家长对他的意见很大,经常找到班主任,班主任多次对他进行教育也不见效。

  沙盘游戏治疗是一种以荣格心理学原理为基础,由多拉·卡夫发展创立的心理治疗方法。沙盘游戏是采用意象的创造性治疗形式,"集中提炼身心的生命能量"(荣格),在所营造的"自由和保护的空间"(治疗关系)气氛中,把沙子、水和沙具运用在富有创意的意象中,便是沙盘游戏之心理治疗的创造和象征模式。一个系列的各种沙盘意象,反映了沙盘游戏者内心深处意识和无意识之间的沟通与对话,以及由此而激发的治愈过程和人格发展。一粒沙是一个世界,反映着智者的思考和智慧;沙盘中展现出美妙的心灵花园,则是沙盘游戏治疗的生动意境。把无形的心理事实以某种适当的象征性的方式呈现出来,从而获得创造与发展,以及自性化的体验,便是沙盘游戏的无穷魅力和动人力量所在。在这大半年的时间里,我利用沙盘游戏来陪伴小A,也见证了他的成长和进步。

17
用包容之爱敲开孩子的心

北京市西城区鸦儿胡同小学教师　乔　红

苏联著名教育家苏霍姆林斯基在他的《给教师的一百条建议》中说:"儿童,仿佛就是一块大理石,把这块大理石塑造成一座雕像需要六位雕塑家:家庭、学校、儿童所在的集体、儿童本人、书籍和偶然出现的因素。"从他的这段话里,我们可以看出,家庭、学校是孩子成长过程中最重要的"摇篮",家校教育应该是教育的基础细胞。

让我进一步体会到这句话的深刻意义的,是真实发生在我们班的事。

家校互动,凝聚力量

一年级开学一个月,我发现:小胖上课爱聊天、下课爱与同学发生肢体接触。对此,我首先与孩子进行了交流,但是效果甚微。放学后,我约见了小胖的家长,原来每天来接他的是爷爷。在与爷爷交流的过程中,我听到爷孙交流的最多的话就是"让老师找家长,我回家收拾你。""以后在学校得听老师的话。"爷爷的口气很强,他的那句"回家收拾你",都不由得让我一惊,因为这种口气对于一年级孩子来说难免有些重。与爷爷交流后,并没有见到孩子进步的表现。

直到又一件事情的发生,让我不得不重视起这个问题。那是一节科任课上,孩子先是不听老师的话,之后言语激烈地冲着任课教师大喊大叫。在课下得知这个消息时我很生气,有些强硬地和孩子说了几句话,并联系了孩子的父亲。但随着时间过去,慢慢地,我平静了下来。孩子需要我们宽容的面对,我应该坚信每个孩子都是善良的，虽然有时他说出的话本不是他这个年龄该说的，但都是没有恶意的。我们需要做的是告诉他们，什么话是能学的、能说的。

首先，我找孩子进行了交流。在与他的交流中，我换了语调、语气，以一种聊天的形式进行，给予了孩子自信，也指出了问题，并期待他从这两个方面做得更好：尊重老师、爱护同学。随着谈话，孩子变得乖巧、可爱，并打开了他的心扉，和我说了一些心里话。之后我约见了孩子的父亲，从父亲的口中，我听出了在他们家里隔代教育与父母教育存在着一些分歧，爷爷奶奶对于孩子的疼爱有时会掩盖一些孩子的小毛病。对于这个问题我也与孩子父亲说了教育要一致，不管是家庭教育，或是家校教育，劲要往一处使。说清了孩子的情况，接下来就是解决方案。我给出了相应的建议，孩子的父母进行了实施，制定出了一些家里的奖惩条例，并书面化，使孩子重视并遵守这个规则。内容包括：尊重老师，不能和老师大声说话；爱护同学，不能上手接触同学；上课听讲等。凡是做不到的，回家不能看电视、玩游戏。

春风化雨，润物无声

家庭规则的建立，对于小胖有了约束，但是刚开始还是有曲折的，因此刚实施的第一周，小胖回家是没有游戏时间的。但是我却发现了孩子的细微变化，比如说：在我和他说话的时候，他能立正、双手放到裤腿两侧，认真听我说；老师说话时也不再顶嘴；和同学接触也变得更谨慎，注意保持距离。点点滴滴中，孩子在学校、家里都有了变化。

时光不语，静等花开

反思在这个过程中的我，会存在着一些着急，缺少了一份冷静。但是每当想起孩子纯真的眼神，我也会更多一些宽容。用宽容之心、宽容之爱，敲开他们紧闭的心扉。对于年轻老师来说，这确实不容易，但静等花开的这个过程是容不得着急的，我也会更加沉下心来等待。同时从家庭教育的角度来说，有时"打一顿"并不是解决问题的方法。同样，父母也需要有一颗对孩子的宽容之心，用宽容之爱打开孩子的心扉。

初为人师，我深切地感受到：应该无私地把爱撒向每一个孩子，平等地对每个孩子，了解他们特有的情感世界，懂得他们失败的痛苦和成功的喜悦，让他们在学习过程中时时体验到老师对他们的关怀，时时感受到努力得到的肯定，体验到学习的快乐和成功。当老师把一颗真诚的心交给孩子，公正地对待每一个孩子，公平地把爱和温暖送给每一个孩子时，孩子小小的心定会融化在师爱中，在学习生活中找到快乐，愉快地接受教育。

爱是教育的基石，没有爱，就没有教育。在家校共同的爱护下，孩子终有开花结果的那一天。

18
真爱源于宽容

北京市西城区鸦儿胡同小学教师　戴　路

作为一名青年班主任，在工作中，我需要家长的支持与理解，从而更好地进行班级管理。我们班就有一名"淘气包"——小明，让各科老师和家长都非常头疼。

上小学前他上过学前班，所以现在的知识他都学过，就觉得非常简单，导致上课自认为都会了，有时就会在课上不集中注意力听讲，或者在课上招惹其他学生，比如拿笔敲其他学生手一下，这种不好的学习习惯还延续到体育课上。因为上体育课也不好好听讲，所以体育老师教的课间操他都不会做，上课间操的时候只能胡乱比画。

针对小明的问题，我及时和他的妈妈取得联系，并向他妈妈说明原因：上课认真听讲是对自己和同学的负责。尽管之前可能课外学的知识比较多，现在课堂老师讲的知识都会，但是学校老师讲授的不仅仅是知识本身，更重要的是通过学习知识获得如何学习的方法；认真做课间操不仅可以锻炼身体，而且每次课间操还会有值周生进行监督，做得好班级也会受到表扬，可以借此培养孩子的集体荣誉感。希望在向家长说清教育目的后，可以在教育小明的过程中得到他妈妈的支持与理解。在得知我的用意后，小明的妈妈非常配合我，把他的家庭学习作业减少，每天晚上吃过晚餐后，带着小明重新学习课间操的动作，让他全部会做。正是有了小明妈妈的支持与理解，我在学校对小明的教育才得以顺利进行。

当我看到小明上课表现好，做到不说话，认真听讲后，我会立刻在班上表扬他；当我看到小明课间操每节操都能认真跟着节拍去做的时候，我也会及时表扬他做操有进步。功夫不负有心人，在我和小明妈妈的共同努力下，小明现在已经从刚开始的"淘气包"，变成了现在遵守校规校纪的一名合格的小学生了。小明妈妈也发了微信感谢我，小明妈妈是这样写的："老师您好，孩子回来说老师最近经常当着全班表扬他，说他做操做得好，挺开心的，我也鼓励他让他继续加油，做得更好；还说他现在上课认真听讲，也不去打扰其他学生上课听讲了。真得谢谢您，包容鼓励孩子，希望他能一点一点改正好。"

教育专家李春雷说："家长是孩子教育的第一责任人。"要教育好学生，必须是学校和家长"两个教育者"同心协力合作，学校和家庭对孩子的教育要行动一致，要求相同，学校教育必须要有家庭教育的配合。我想，正是因为家长看到了我对孩子的用心和爱心，才会支持和理解我，在教育孩子的工作中相向而行，形成合力。通过这次家校配合成功的事例，我更加坚信：只有获得家长的支持与理解，教师在教育学生的路上才能更有效。

以德育人，以爱育爱。高尔基曾说过："谁爱孩子，孩子就爱他；只有爱孩子的人，他才可以教育好孩子。"我非常欣赏这句名言，也非常认同在教育工作中不仅要关心学生的学习，而且还应该关心他们的生活，做他们的知心朋友。作为班主任，要关注班上每一个学生，不仅追求学习好，更追求他们的上进心。我希望每个人都有进步。作为一名教育工作者，要用自己的爱心和责任心，去悉心呵护每一个孩子，让他们一点一滴地成长。要尽自己的力量，教他们学知识，学做品德优秀的人，与他们一起成长。我希望他们可以享受学习的乐趣，感受成功的幸福，拥有永恒的德行——像婴儿般永远单纯下去。

人人都需要爱，学生也一样。教师只有无私地爱学生，才能与学生建立友谊，才能与学生顺利地沟通。心灵彩桥的建立，要求教师不仅应是知识的传授者，智慧的启迪者，更应如慈爱的父母、知心的朋友。要成为这种多元角色，就要走进学生的生活。古语有云："欲致鱼者先通水，欲致鸟者先树木。"或和他们共话家常，或作观察调查，或鼓励帮助，真正意义上和学生平等相处，以情感人。古语云，"亲其师则信其道"，我们且不究其是否偏颇，至少它道出了"和谐的师生关系是重中之重"。在现实教育教学中,我们不难发现,学生往往对教师天生有一种信赖与依恋心理,当他们得到了所期望得到的教师真挚的爱与关怀,得到了教师的信任与理解时,往往在心里感到宽慰与满足的同时产生乐学、上进、听从教诲的倾向,这就如"花草树木趋向阳光那样趋向教师"。如果用一颗真诚的心去悉心地呵护班内的每个孩子,他们的爸爸妈妈也能看到教师对他们孩子的爱,自然而然就会在教育孩子的过程中得到家长们的支持与理解。

苏霍姆林斯基说过:"要时刻记住自己曾经也是个孩子。"这句话足以让我们反省。是啊,教师也有儿时,难道我们小时候就从未说过错话、做过错事?假若如此,那世间就没有小孩子,个个都成圣人了。要知道孩子的成长就是一种不断失误的过程,人的一生不也是从一个个错误走向正确的吗?金无足赤,人无完人,更何况是这些年幼无知的孩子。只有牢牢记住我们也曾是个孩子,才能理解学生,理解他们为什么会犯错误,为什么屡教不改?原因就在于他们是孩子,是年幼、自我控制和约束能力差的孩子,不能按老师提出的要求去做是正常的。

陶行知先生说:"你的教鞭下有瓦特,你的冷眼里有牛顿,你的讥笑里有爱迪生。"当然,宽容并不等于放纵不管、放任自流;宽容是"慈中有严","严中有慈"。

如果说没有爱就没有教育的话,那么离开了尊重同样也谈不上教育。因为每一位孩子都渴望得到他人的尊重,尤其是教师的尊重。一个懂得尊重学生的班主任,会以平和的心态、平静的心情、平等的心灵去对待每一位学生。不仅要尊重那些学习好、个性强、表现出众的学生,更应该尊重那些学习一般、思维缓慢、表现较差的学生。要尊重学生的人格,尊重学生的进步,尊重学生的隐私,善待学生的自尊心。尊重,就像一束阳光照亮每一位学生的目光;尊重,就像一弯湖水滋润每一位学生的心灵。它会激励学生奋发向上,它会鞭策学生迈向成功。每一位学生都渴望理解和尊重。一些学生学习跟不上,思想上的压力本身就比较大,老师慈爱友善的态度、和风细雨的话语、孜孜不倦的讲解,就是学生进步和减压的一剂良药。如果我们尊重学生,家长也会看到我们的良苦用心,在对孩子的教育过程中也会尊重我们对孩子的教育方式和方法。

孔子云:敬人者人敬之。要想赢得学生的喜爱和尊敬,首先要尊重和理解学生，并且要让学生从心底里接受这份情感。一个常体验到尊严的人，总是对自己更有信心、办事更有能力、更有效率。尊重学生，首先要尊重他们的人格，这种尊重应该包含着真诚与信赖、宽容与激励、平等与友爱。据报载，在美国学校的低年级教室中，教师常常蹲下来与学生交流；在课堂上，教师也常常弯下腰为学生独特的发问而鼓掌。美国教师解释说：蹲下来交流，是因为学生个子矮，在与老师交流时，会产生压迫局促的感觉，这对于同成人一样具有独立人格的小学生来说是不公平的；弯下腰鼓掌，是因为教师板直腰居高临下地拍拍手，小学生不认为老师的掌声是真诚的，只有弯下腰，两眼望着学生，融入学生中间，那掌声才是发自内心的。可见，"蹲下来"与"弯下腰"并不仅仅是一个简单的肢体动作，其中蕴含着深刻的教育民主的思想——尊重学生的人格，构建平等的师生关系。尊重和理解学生，是教师职业道德的体现，更是赢得家长支持与理解的前提。教师热爱自己的学生，尊重理解自己的学生，对学生负责、关心、爱护，时刻关注每一个孩子的成长，掌握孩子的思想动态，及时地表扬和发现问题，都能赢得家长对老师的信赖。当家长看到班主任的热情和关怀，看到自己孩子有一点点进步，看到孩子快乐地成长，家长是欣喜的。这样，家长就愿意和班主任接近，愿意和班主任交心甚至成为班主任的朋友。一旦老师与家长成了朋友，家长就会成为老师的左右臂，那么老师在教育学生的过程中就会更顺利。

除此以外，班主任还要善于倾听。家长有时会因孩子在校的一点表现而不停追问，我们要时刻保持亲切的态度去面对他们，体谅做父母的心情，以一个教师特有的耐心去面对他们，通过换位思考去了解他们，使他们相信教师有能力、有信心把他们的孩子教育好。

爱是一切的原动力！爱比责任更重要，发自内心的爱比被动的职责更重要。只有用真心，动真情，做实事，走进学生的心，才能得到他们的认可。学生在被爱中学会爱。班主任不仅是学生成长的教导员，也是学生人生路上的引航员。班主任要了解班级每个学生，看到每个学生不同的长处，相信每个学生都是不同岗位的人才，要善于挖掘学生的潜能，把关爱洒到班级的每个学生身心上。当家长看到自己的孩子在班主任教育引导下有理想、有目标，就会对学校的教育满意，对老师的教育放心，才会在今后学校的教育教学过程中积极配合老师，支持学校的教育工作。总之,班主任与家长的配合越好,孩子的第一教育责任人家长的作用就发挥得越好,老师就会赢得家长的信任、理解、满意、放心,家长就会全力配合、支持学校的教育教学工作,这样我们的工作就会收到事半功倍的效果。成为一名教师容易,但成为一名好教师不容易,成为一名优秀教师更不容易。如果想成为一名优秀教师,不仅要课讲得好,更重要的是要赢得家长对自己的支持与理解,只有家校顺利合作,才能让学生幸福成长!

19
全优生的"青春烦恼"

北京市西城区鸦儿胡同小学教师　黄亚妹

教育是一门科学,更是一门艺术。嬉,乐在其中;笑,回味无穷;怒,威而不凶;骂,荡气回肠。只要方式方法合适,嬉笑怒骂都是教育。面对青春期的孩子,一番强势而又苦口婆心的说教有时并没有想象中那么有优势,所以我在自己的班中建立了"随心所欲日记本",让这群刚刚迈入青春期的孩子们接受我,亲近我,于是教育从这里起航。

随心所欲日记本

每学期的开始,班中的孩子除了给常规课本包皮外,还有一项特殊的任务——给自己的一个大双线本画封皮。可以随心所欲地画任何图案,也可以绘制正面和反面,使之连接成一幅完整的作品。每次执行这个任务,学生们的兴趣都十分高涨。为何呢?因为这个本的名字叫作"随心所欲日记本"。日记的内容不受限制,长短不受限制,唯一受限制的是这本日记的查阅人只能是我和日记的主人。胆小的孩子不敢说出自己的心里话,把它们写在日记里;有主见的孩子不愿轻易吐露自己的心声,他用日记这种沉默的方式交流,方寸天地真是让我大开眼界。

"全优生"班长的愤怒

这天中午,我照例拿起课代表放在我桌上的日记本,逐一阅读学生们给我写的内容。当我翻到班长小雷的日记时,我皱起了眉头。他的日记满满地占了两页的双线本，字里行间流露着愤怒和抱怨："我想和我曾经最好的哥们小浩绝交，为什么说是曾经呢，因为从今天开始，我决定跟他绝交！他实在是太过分了。同时，我也觉得班里的同学都十分冷漠，不理解我，我非常孤独……"我迟疑地翻开本子的首页，没错，就是我们班的"全优生"班长小雷，同时我不敢相信这是一贯稳重的小雷所写。这到底是怎么一回事呢？我赶忙又翻开他最好的哥们小浩的日记，迫不及待地想知道今天中午到底发生了什么事。小浩的日记本上这样写道："今天中午，我和小雷闹着玩，偷偷把他中午的糕点放到了我的餐盘里。小雷发现了，笑着夺了回去，我又把他的勺子拿了过来，跟他说，发完点心你就没饭吃咯！小雷没有生气还笑呵呵地让我帮他打汤，我跟他开玩笑就说我才不帮你打，他看了我一眼就去发点心了。这时我就去打汤，虽然开玩笑说不帮他，可是谁让他是我好哥们呢，又想着小雷要先帮我们大家发点心才能吃饭，我就顺手帮他盛了碗汤。可是等我盛汤回来，我的点心被撕成了碎碎的点心末，根本没法吃了。小雷承认是他弄的，还扬言要跟我绝交！我就想着，至于么，就因为这一点点事，我也特别生气！"

两位当事人火气都不小，分别在日记里阐述了自己的观点和心情，那事情的本身又是怎样的呢？我连忙叫来了我的课代表小牛。经过了解，原来事情的起因是中午的糕点问题：小浩开玩笑调侃了小雷几句，然后帮助小雷去盛汤，小雷却怄气，把小浩的糕点撕成了碎末……很显然，小浩的日记上并没有夸大其词，反而是小雷言辞比较尖锐了。小雷作为班长，在班里除了学习优秀稳定之外，一直拥有着好人缘，是老师的小助手，同学的好伙伴。特别是他和小浩还有小苗，一直是班中的"铁三角"。一贯宽容大度的他怎么会突然有这样激烈的想法呢？

哦！我豁然发觉这样一位让老师放心的"全优生"已经悄悄步入了青春期。作为班主任我清晰地意识到，对于青春期的学生来讲，一味地强势而又苦口婆心的说教有时并没有想象中那么有优势，尤其对方还是班中一贯表现良好的孩子。不妨平等地看待他，用诙谐幽默的语言让其回味无穷。

一笑泯恩仇

思考了一番，我决定放弃自己原先想把两名当事人叫来办公室的想法，看着手中未批复的日记本，我灵机一动，在日记中这样回复小雷："六年成挚友，一朝反成仇，原因何处寻，自认糕点错？"午休过后，我把写完回复的一摞日记拿到了班里，在目光触及小雷时，发现他紧紧绷着脸却一直用一种既紧张忐忑又面露不安的神情悄悄瞄着我，并不直接回复我的目光，像一只心虚的小老鼠。我心想：这孩子肯定是以为我会批评他一顿呢。装作没看到他的眼神，我叫他帮忙发日记本。自己则把小浩叫到班门口，拍着小浩的肩膀窃窃私语起来。

过了一会儿，小雷磨磨唧唧地在我周围打转，仿佛在破解我周围布置的五行八卦阵法。我和小浩不动声色地继续聊天，其实心里已经开始笑出声来，看来小雷是看完了日记上我的回复了。终于，小雷挪步似的蹭了过来，叫了一声黄老师，又绷着脸低着头。我用像往常一般的语气问他："看完了黄老师给你的回复了？"小雷"嗯嗯"地点头。"看完了以后，评价下黄老师的打油诗写得怎么样？"我话音刚落，小雷扑哧地笑出声来。看着不再紧绷面孔的小雷，我顺势开导，一场风波烟消云散，小雷和小浩重归于好。

学生把自己的烦心事、开心事、抒情、呐喊用日记的形式写给我，用他们青涩的笔描绘着他们的生活，用他们稚嫩的热情与我分享对事件的看法。而我则用合适的方法，根据每一个孩子的特点，潜移默化地教育他们。青春期的他们，也许从未意识到自己已经步入了青春期，但他们始终确定一件事：他们的"大朋友"黄老师会始终在这方寸天地里包容他们，引导他们。嬉笑怒骂，方法适当，都是教育。

20
孩子,请原谅我们的"爱"

北京市西城区五路通小学教师　崔美娟

那是一个周二,因为学校有教研活动,因此我离开学校较晚。刚走到学校门口就听到了一阵"哈——哈——"的笑声。是谁笑得这么开心呢?我不由得循声望去,原来是他——我们班里一个性格内向的学困生小A。平时不完成作业,破坏纪律,在全星评比中给班集体扣分……总而言之,只要班里出了什么不好的状况,这孩子八成有份。

此时的他,看来是社团活动刚下课,一脸喜色,和同学聊得正欢,言谈举止轻松自在。平日里少言寡语的他原来也有如此开朗的一面,这着实让我有些意外。难道自以为对学生了如指掌的我还不够了解他?这个问题一直在我的心头萦绕……

第二天来到班里,再次见到小A,只见他在座位上摆弄着橡皮,又恢复了往日少言寡语的模样。恰好那天各小组正在评选每周一星,只见小组长找到他征求意见,而他只是三言两语地应付之后,就又目光呆滞地重新沉浸在自己一个人的世界之中,仿佛班里的一切事情都与他没有任何关系,而谁能当选他们组的每周一星更是与他毫不相干。为什么校内外的他会判若两人?为了能够更加真实地了解他的内心,我决定从周记入手。那个周末,我把周记的主题定为"对老师说说真心话"。我期待着小A的真心话……周一作业收上来了,我迫不及待地打开了小A的周记,只见他在周记中写道:"希望老师能少批评我点,真想老师也能表扬我……"看着看着,我不禁感慨万千。原来,成绩差,表现不好,成了老师"定点打击"对象的小A，只要出现错误，就会遭受到老师的严厉批评。在这种"言传身教"的影响下，同学们自然也会认为小A是一个一无是处的"坏学生"，必然会有意无意地疏远他。而他在这样的氛围中，即使想融入这个大家庭中来，也鲜有同学愿意跟他一起玩，有的同学甚至直接避而远之。而作为老师的我却没有关注到这个不良信号，任由他与同学们渐行渐远。

我再也忍不住了，必须要找个机会跟他的家长好好谈谈，了解一下孩子在家里的状态，争取家长的支持和配合，家校一起努力，小心呵护孩子的上进心，一定能够让这个孩子有所转变。

很快，小A的妈妈如约来到了学校。一进办公室还没等我开口就和我说，××是不是又犯错了，这个孩子在家里不让我省心，在学校还总是给您添麻烦。您该怎么管就怎么管，我们家长全力支持。这孩子从小就不听话，总和我对着干！足足说了大概十分钟都没让我插嘴。这样的家长我还是第一次见到，不过我没有打断她而是选择了倾听。本来我是想直接和他妈妈说我这两天观察到孩子校内校外判若两人的不同表现，想了解一下他在家的状态，但是当她说完后我改变了主意。我和妈妈说："是这样的，最近这个孩子相当地用功，本次单元测试成绩相当不错，而且感觉学习积极性也有所提高。"他的妈妈一脸惊奇："这样啊，他前两天在家里的确是和我说这次语文单元检测考了'优'，我还不相信呢，认为他作弊。还把他狠狠地批评了一顿，我说他当时怎么反应那么激烈呢。原来我错怪他了。"听到这里，我完全明白了孩子在校表现不佳的原因。

于是我顺势和妈妈讲了几点关于孩子的教育方面的小建议：

第一，我们家长要多发现孩子的优点，及时肯定他的进步，多用鼓励、激励性的语言增加孩子的自信。

第二，发现孩子有问题要及时地指出，但是要注意方式方法，并给予孩子一定的时间来改正。不能急于求成，只要有进步就是好的。

第二，要多与学校和老师进行沟通，有问题相互协商来解决。不能在不了解情况的时候就武断地否定、指责孩子。否则会让孩子好不容易提起来的学习积极性打消掉。

他妈妈听后也感觉到了自己的错误，和我说："我的确是冤枉了孩子，让他受委屈了。您看这样行不，您把孩子叫过来我当面再和他谈谈。""这样最好了。"我高兴地说道。我到教室把他叫到了办公室，我选择了回避，给他和妈妈一个单独的空间。后来等妈妈走了他和我说，妈妈给他道歉了，这让他十分的意外。"老师，非常感谢您，您让妈妈相信我也能做个好孩子，您放心今后我会更加努力的。"这是他回教室前最后和我说的。在这之后他的学习劲头的确是更足了。他的妈妈也会时常与我沟通孩子近期的表现。

在接下来的日子里，我依旧像从前一样关注他，不过不再捕捉他的错误来及时地批评教育他，而是及时发现他的"亮点"及时表扬他。渐渐地，我发现课间同学的游戏里开始有了小A的身影……

"老师，您好！"回头一看，竟然是小A！楼道里这久违的问候如一股暖流涌向心中，他的转变，原来只需要老师和家长的一个转身！

静心思考，一向认为对学困生关注有加的我无疑没有真正地找准突破口，出于善意的句句批评恰恰给自己设计了一个恶性循环的怪圈：老师的批评——同学的疏远——家长的否定——不良的表现——教师的批评。没有了向上的动力，孩子必然只能像坐滑梯一样一直走下坡路。而作为老师的我却始终在做着无用的努力，就这样周而复始地循环着，永远也没有跳出自己所"设计"的怪圈。

教师是学生心中的楷模，是学生学习的引导者和校园生活的陪伴者，教师的一言一行对学生的影响是不言而喻的。师生实际并不平等，教师的言行在学生心目中又具有象征或符号意义。那么，学生们当然会"在乎"教师的态度，教师的态度也必然会对学生的学习产生积极或消极影响。仔细想想：其实小A并非真的不合群，而是被不合群了，甚至可以说是被老师、家长和同学的态度间接孤立了。不当的批评以及老师表现出来的对某位学生的不喜欢、家长的不认可，一定会影响其他学生对当事学生的态度，同时必然会使当事学生产生较严重的挫败感，甚至消极的自我评价，势必会降低学生的学习积极性，进而逐渐地在与同学的交往中变得孤僻、沉默寡言。因此，摒弃偏见是教师转化后进生必须有的态度。后进生往往缺点多于优点。有缺点，挨批评，批来批去，学生学习的信心就不足了，何谈进步？所以，转化后进生就要端正对后进生的态度，并且要帮助他们树立自信心，因为自信是成功的基础，人有自信才会去行动，才会积极地要求上进，才能朝着教师期待的目标前进。那么，如何帮助后进生树立自信心呢？我认为要主动地、努力地去寻找、发掘他们身上的"闪光点"，利用后进生自身的"闪光点"点燃他们上进心的烈火。

另外，这件事还使我深刻体会到与家长沟通的重要性。

首先，教师应及时与家长进行沟通，把孩子在学校的情况及时地反馈给家长。在这件事里，假如我及时地把孩子单元检测进步的情况与家长沟通，及时表扬孩子取得的进步，那么孩子与妈妈间的误会就不会发生，也不会让孩子觉得没有人会相信他能做好。

其次，不能只有在孩子犯错的时候才联系家长帮忙教育。孩子在学校里点点滴滴的进步也应该及时地告知家长。这样就不会出现只要家长一接到老师的电话就认为自己孩子是不是又在学校犯了什么错的情况，也能避免一些家长怕接到老师的电话的现象。

再次，和学生家长交流沟通本着诚恳的态度，注意沟通的方法和技巧，就一定能获得比较好的效果，就一定有利于学生的发展。和家长的有效沟通能使我们的教育教学工作得到更好开展。

21
错误是孩子成长的"勋章"

北京市西城区鸦儿胡同小学教师　杨紫石

"老师，小金的数学书、练习册第五单元还有几页是空的。看到满篇的题目都没有做，我很是着急。自己的孩子自己清楚，他是不是上课注意力不集中？"——一位家长的短信。

从9月开学，到小金家长给我发的这条短信，一年级第一学期已经过了将近3个月。想想小金这个孩子，在班级里还算是动作快、反应敏捷的学生，于是我给家长回复："请您先不要着急，明天上学的时候我找他聊聊。"

第二天课间，我将小金叫到面前。我看着孩子，没有说话。这样的对视还不到十秒钟，小金就主动开口，却又有点胆怯地说："老师，您找我干什么呀？"我温柔地笑了笑，还是看着他，对他说："你猜一猜老师会找你说什么事呢？"

班里同学有人凑了过来，大概也觉得平时小金表现不突出，为什么老师会找他呢？但是小金却很害羞，双手一直在做动作来缓解紧张，把头埋得低低的。

于是我跟同学们说，这是老师和小金的小秘密，请大家离开一些距离。

得到了这样的安全距离，小金勉强地说："老师，其实我知道您找我干什么。我数学作业课上没有写，又加上前一天的数学课我生病了没有上课。我妈妈昨天跟我嚷，上来就怪我不好好听课写作业，还说要告诉您让您狠狠地批评我。"

我认真地看着他，尽量用严肃的语气跟他说："老师为什么要批评你呢？"

小金有点更没底气了，手上的动作幅度变得快了些，用更小的声音回答我："因为没写作业、没好好听课。"

"可是老师觉得,你课上的表现很好呀。是不是那一天心情不好了,所以写作业就慢了?"

"是啊,我觉得我还行啊,可能这次……我想不起来了。"

"没关系,那如果你把作业补齐了,老师也给你补记录。写得好还有星星贴画,好吗?"

"可是,您说过时间很重要,我确实没有按时完成。为什么还给我补记和贴画呢?"

"因为虽然我知道你的作业没完成,但是这次事情表明你进步了,态度特别诚恳,老师觉得经过这件事以后你一定会好好写作业的。"

之后,我又和小金的妈妈再次联系,告诉她,要把孩子当作孩子。意思是,任何一个孩子都有一个成长的过程,他们不是成人的缩小版,他们会犯各种各样的错误。可能在某个时候,孩子没有在恰当的情绪里,这就会直接影响到他的行为、作业等表现。如果我们把孩子的一个个错误看成一个个十恶不赦的存在,那我们做的就不是教育工作了。有错误,才是孩子啊;有错误,才能促进孩子成长啊。一个个错误就是孩子成长的契机,错误也是宝啊。

之后,在我与小金、小金妈妈的"三方会谈"中,小金的妈妈温柔地面对小金,和他心平气和地沟通:"妈妈冲你发火,确实有点着急了。妈妈希望你能好好学习,把作业完成是基础。你可以做到吗?"

小金认真地点点头。

他和妈妈拥抱在一起,很幸福。

事后,我又给了小金一个额外的贴画,是一张错误勋章。我告诉他,这是一个值得骄傲的特殊错误,因为你记住了、成长了,以后就值得为它骄傲。

而小金,以后很少出现情绪不好而影响到上课的情况了。

分析和反思

学习兴趣对于学生掌握知识起着非常重要的作用。要我学与我要学,效果截然不同。数学是一门抽象性很强的学科,如何激起学生学习的乐趣,是数学教师在教学过程中应十分重视的问题。对于小学生来说,更重要的要靠教师的课堂教学艺术,即如何结合小学数学这门学科的特点,根据儿童的年龄特征,采取有效的教学方法,去激发和培养学生学习数学的兴趣,让学生想学、爱学、乐学。

每个一年级的孩子都是刚刚从幼儿园进入到小学课堂这个新环境里。在新环境中,孩子的情绪是直接的、很少能自己得到控制。而外界对他的影响应该是正面的、正能量的。

错误是孩子成长的"勋章"。

每个孩子都在犯错的不断跌撞中体味到生命的况味,寻找到生命的方向。哪一个人不是在错误中逐渐长大呢?没有错误,会有今天的我们吗?而把别人的孩子当作自己的孩子,就是指老师要有足够的耐心,不要放弃,更不要挖苦。

营造"家校合作"的学校,是教师很期待的局面。但实际上,不管是教师还是家长,心态上都是不希望"家校分离"的,[①] 而实践过程却适得其反。故事里小金的妈妈是做到了与老师沟通,但行为上过于激动。这其实也是大多数家长面对自己的孩子会出现的情况。

因此,落实行为——通力合作为孩子创造更好的计划和机会,才是最重要的。在落实过程中,需要家庭、学校两方共同达成目标,真正做到协调一致地迈向同一个目标。

了解学校、家庭各方对彼此的需求,让家校共育活动更能贴近实际。从学校来说,最主要的是家长能够了解学校的教育理念和教育行动。如学校提倡的"教育是慢的艺术""要让学生在活动中成长"等,这些需要得到家长的理解、认可和支持。从教师来说,和家长沟通主要通过集体交流和个别交流。集体交流主要是班级、学科计划、目标,学生在学校学习生活情况展示,以及教育教学结果反馈。个别交流主要是因为学生对其他学生造成伤害、损坏公物、缺乏自控能力、学生突然反常的变化等。这些得到家长的支持,才能够有效实施教育行为。

[①] 约翰斯·霍普金斯大学的 NNPS 研究中心主任兼首席科学家爱普斯坦(Joyce L. Epstein)认为:"家校分离"的学校是"视孩子为学生",而"家校合作"的学校是"视学生为孩子"。

22
当家长的态度不统一时

北京市西城区进步小学教师　王玲玲

家庭教育一直是一个值得大家思考的问题，而在家庭教育中，父母对于教育的态度直接决定着家庭教育的效果。我们发现，在很多家庭中出现这样的现象：一位家长倾向于过于宽大，另一位则倾向于过于严厉。偏于宽大的那位家长觉得自己应该更宽大一点，以弥补另一位的刻薄和过于严厉；偏于严厉的那位觉得自己应该更严厉一点，以弥补另一位的过于宽大。于是，他们之间的分歧越来越大，并为谁对谁错而争吵。实际上，他们两人的做法都是无效的。帮助孩子和家长学会有效沟通的一个好方法就是定期开家庭会议，使全家人能有机会在每周一次的家庭会议上用头脑风暴法来找出解决问题的办法，并从中选择出对所有家庭成员都尊重的方法。关注于解决问题是让两位"相反的"家长互相靠拢、互相支持、共同帮助孩子的最好方法。

在我的班里有这样一名小同学，我叫她"七七"。七七是个一年级的小女孩，漂亮，喜欢笑。说话的声音小小的，课下喜欢画公主。课上不能认真听讲，总是走神，问她想什么呢？总是回答，没想什么。课下不写作业，字迹潦草，考试成绩低下。于是我准备与她的父母接触一下，了解一下她的情况。在我与七七交流的过程中得知，平时都是由母亲看管她，于是我就邀请了她的母亲来到学校。

七七的母亲给我的第一印象是年轻漂亮的80后。母亲在孩子上学前不上班，全职照顾家，说话快，做事有条理。

母亲	我的观察	我的思考
老师，我跟您介绍一下我们的情况。在孩子上学前，我为了管孩子没上班，这不刚刚找了一个工作，我很喜欢这份工作。我是做钟表的，我特别喜欢钟表滴答滴答的声音	说自己管孩子的时候，一直面带微笑 说到自己的工作就更是连说带比画	对于自己以前对孩子的教育是很认可的 目前注意力在自己的工作上
老师你不知道，我以前不上班的时候，是我在管七七，我管她很严的。她以前很听话，她能跟着我一起做事情的，很高兴。这不上班了嘛，问题就出现了，我和她爸爸总是因为这事吵架，他总觉得我没有照顾好他们，孩子的状况也没有以前好了	说到目前家庭教育的现状，垂头丧气	对于目前家庭生活很不满意
她爸爸那个人吧！我刚说放学回家得先写作业，他就让孩子先休息会儿，我们俩没法说	说到爸爸更是怨声载道	对爸爸意见很大

根据这段对话，我清晰地感受到她们的家庭出现了问题，七七父母对孩子的教育方式有着很大的分歧。于是我又单独约谈了七七的父亲。

父亲给我的第一印象：穿着整齐，斯斯文文的，说话速度不快，表情不多。

父亲	我的观察	我的思考
老师好	声音不大	比较谦和
我们家七七，上学前主要是由妈妈管的，我管得不多	实事求是地说明问题	对现状还是清楚的
她妈妈这个人，比较严格，我对孩子还是比较温柔的。我觉得，孩子还小，可以慢慢跟她说	语速不快 没有表情	平和地表达出自己的意见。同时也表明了自己的教育观点
现在妈妈上班了，我觉得她可以不用上班，但是她非要去。她又比较忙，现在孩子我管得多一些	无奈	对于现状的不满
她一回来就跟孩子急。孩子回来可以先休息一会儿，再学习的，她非得让孩子马上学习。跟她说了，也没用	皱眉 摇头	对妈妈的教育方式不满意

22 当家长的态度不统一时

根据这两段对话,我们可以看到,这个家庭就是典型的因为父母双方对孩子的教育态度有着矛盾,使得孩子出现了严重问题的例子。从平时接孩子放学的姥姥的口中得知,七七父母目前的感情也出现了一定的问题,很有可能会分开,但是孩子并不知道。在家访的过程中,妈妈告诉我,他们夫妻二人当着孩子的面的时候,还是会表现出非常和谐的样子的。

针对他们的情况,我认为,他们都是非常爱七七的,由于他们的教育观点不同,使得在教育孩子方面出现了很大的分歧。虽然他们的感情出现了问题,但是他们为了七七还是愿意付出的。基于这些分析,我决定给他们开一次由老师和父母双方一起参加的会议,引导他们以家庭会议的方式解决他们在教育方面的矛盾。

老师	母亲	父亲	我的观察	我的思考
今天邀请二位来就是要一起谈一谈关于孩子的教育问题	您说	嗯	母亲一如既往地很直接 父亲还是不爱说话	教师对于此次谈话的内容给予直接的表述 二位还是很在乎孩子的
你们觉得你俩在教育孩子的问题上最大的分歧是什么	我就觉得,干什么事就得按一定的程序来,就得有很强的规矩	我觉得孩子还小,有些时候不必要那么强硬	母亲说话很亢奋,父亲还是语速不快,皱着眉头	两个人在教育孩子的方式上有很大的分歧,并且谁也说服不了谁
	那你说,比如回家就得先写作业吧,你非得让她喝点水吧,吃点东西吧	孩子上了一天的学了,回到家里,先休息一会也是可以的啊	母亲指责父亲,父亲说话的速度有些加快	两个人都坚持自己的观点,但是都是希望孩子好
……	……	……	……	……
	你总是这样	你听老师说	母亲愤怒 父亲开始找第三方帮助	展示了二位在家的状态
	对了,老师您还不知道吧,我们俩已经分开了。周一到周四在她爸爸这,周五回姥姥家		母亲很轻松	家庭的破裂一定会带给孩子一定的影响

老师	母亲	父亲	我的观察	我的思考
	孩子还不知道，我俩努力让孩子晚一点知道。在她面前，我们还尽量不表现出来		母亲心态放松，父亲低头不语	他们的分开，母亲是如释重负的，父亲还是不情愿的
……	……	……	……	……
根据你们目前的情况，我觉得你们还是有必要一起制定一个三人制度，以保障孩子无论跟着谁一起生活，学习的方式和节奏都是一样的	行	可以	二位答应得非常痛快	只要为了孩子的成长，他们还是愿意努力的
比如说，你们要让孩子感受到，妈妈是爱她的，爸爸是爱她的	老师，那我和她爸爸还是回去用微信确定吧，我没办法和她面对面说这些事		母亲看父亲的眼神还是厌烦	
		老师，是不是我俩一起带着孩子出去玩啊，是不是对孩子好		
	你又来了			
不管你俩用什么方式交流，只要有统一的模式就可以	好的，我们回去用微信制定	好的	母亲干脆利落，父亲低头	两个人沟通很困难
你们制定的时候，规则一定要具体，数量不要太多，抓主要的，我们定期做总结	好	好		
这个规定要你们三个人都签字才行的	好	好		教育不是一个人的事，是需要孩子的认可才能达成的，只有孩子自己想要改变了才能发生变化

当家长的态度不统一时

经过这次谈话,还有平时与孩子的聊天,我了解到,孩子的父母有了一些变化。从那日起我就再没有见到过孩子的母亲。但是孩子反映,她无论是跟爸爸在一起,还是和妈妈在一起,都是要求她回家休息20分钟后就开始学习,每做一件事都有时间规定。从这一现象看来,他们家是进行过讨论,并达成一致,按照我说的一起制定了教育规则,并且能执行。这就是利用家庭会议的方式达成教育共识。

从那以后,我发现七七有了变化,书写比以前快了许多,字也漂亮了,课上也能举手发言了,课下还经常给我看她写的日记。我心里感到暖暖的。

一个月后,爸爸作为学校护导员来到学校,我俩简单地聊了几句。

教师	父亲	我的观察	我的思考
七七爸爸,最近七七很有进步哦	真的	父亲很惊喜	七七爸爸期待着七七的变化,从老师嘴得到这样的表扬心里非常高兴
是啊!她课上都能举手回答问题啦,作业也能在学校完成了	老师,您对孩子的肯定对我来说真的是太重要了	父亲眼圈有些红了	可以看出,孩子爸爸对于孩子还是有很大的期望的,对孩子也是付出了很多的。更加能感受到以前因为孩子的问题也是有了很大的压力的

对于七七这样的家庭,定期的家庭会议尤为重要。父母两个人生活分开了,定期进行不同形式的家庭会议有助于帮助二人更好地做好孩子的教育工作,使教育统一化。

孩子的教育是需要家长们朝着一个方向共同努力的,我觉得家庭会议是解决家庭教育观念不统一的最好途径。因为家庭会议给家庭所有成员创造了一个沟通的平台,而且这个沟通的目的明确,大家有一个能够平等沟通、畅所欲言的机会。

23 一封"感动五（2）班的首席好妈妈"的信

北京市西城区鸦儿胡同小学教师　马　嘉

无论是处于偏远农村还是大城市的小学，每一个班中，总有那么几位特别重视孩子的教育、对孩子的成长倾注无限心血的家长。班主任要有一双观察入微的眼睛，拥有一颗敏感细腻的心灵，平时多与孩子们谈心，多观察孩子的回家作业本，多与家长联系沟通，寻找出若干位典型的优秀家长，进行适当宣传和推广，让别的家长与这些家长进行对照，不知不觉地，其他的家长就会受到影响。

带五（2）班时，班里的曾家豪是一个生性懒惰的孩子，他几乎每天都不做家庭作业，即使做也写得歪七扭八。我多次找到他的爸爸妈妈沟通，毫无效果。后来我任命曾家豪为提高组组长，让他收发本子，再用发送喜报的方式让家长初尝喜悦。渐渐地，家豪的妈妈开始关注孩子的学习。家长会后，她等其他家长都走了才与我谈话。她告诉我，孩子每天要做作业到晚上9点多。我让家豪妈妈每天在家校联系本上记录孩子做好家庭作业的时间以及表现，第二天我好有针对性地找孩子谈话。我还提了一些建议给家豪妈妈。就这样，我和家豪妈妈，每天在家校联系本上沟通。她说，我是家豪上学以来遇到的第一个负责任的老师。一来二去，我了解到她视力很差，每天带着孩子做作业，很不容易。了解到这些信息，我特别感动。我把家豪妈妈的事迹用一封信的形式在全体孩子和家长面前隆重推出。

感动五（2）班的首席好妈妈

家长朋友：

您好！

不知我给你们推荐的那本《做最好家长》您读的怎么样？我知道，没买书的家长，内心也很重视孩子的教育，可能由于各种原因没能购买阅读。没有关系，我能理解，倘若别的家长已读完，可互相借阅。教育孩子不是一朝一夕的事，每天进步一点点，学习一点点，您就在收获，就在前进，跟着受益的是您的孩子。

这段时间，我的心一直被一位妈妈的行为温暖着、感动着。

这位两个孩子的妈妈，已四十多岁，白天和爱人在工地上做小工，回家后还要忙着做饭、洗衣，戴着2500多度的近视眼镜，每晚在昏黄的灯光下，与孩子一起读书，检查孩子的作业，并在家校联系本上记录孩子在家的表现及完成家庭作业的时间，每天都与我进行文字、心灵的交流。那需要付出多少艰辛和努力？家长朋友，您想象得出吗？每天早上，当我读到这个孩子的家校联系本时，看着本子上端正漂亮的字迹，读着家长发自肺腑的话语，我的心很不平静，我被深深地打动了。

家长朋友，我们向这位好妈妈——朱青兰献上最崇高的敬意！一分耕耘，一分收获。曾家豪的妈妈用扎实的行动、真心的付出督促孩子取得了进步。孩子的作业不再拖沓，作文写得流畅了……

家长朋友，与她比起来，您还有什么克服不了的困难呢？还有什么理由放任您的孩子呢？正如家豪的妈妈所说："马老师再怎么希望孩子进步，也比不上家长对孩子的期望。"的确是这样，两年后，我和孩子将没有什么联系，而您的孩子是您一生的牵系，孩子的幸福成长是您全家的幸福！正如李镇西老师所说："在某种意义上说师爱比母爱更伟大，因为教师和学生没有半点血缘关系，而家长对孩子的爱更多源于亲情。"我对您孩子的期待，纯粹是出于一种职业道德和职业良知。让每一个孩子健康成长，是我这个班主任的愿望。而这一愿望的实现，必须靠每一位家长配合，否则，再优秀的老师也不可能一厢情愿地培养出优秀的学生。

家长朋友，别找任何借口，行动起来吧，为了您的孩子，与孩子一起学习，一起读书吧！让我和您的关系转变为同事关系，当我们一起努力时，您的孩子才会爆发出无穷的力量，轻松地爬上学习的陡坡，享受教育的美丽、成长的快乐！

本次建议：

1. 读完《爱的教育》，本周请您与您的孩子一起读《夏洛的网》，一起填写静心卡。

2. 帮助孩子延长集中注意力时间的最好方式是与他一对一地相处，这也是最好的教育方式。哈佛大学心理学家杰罗姆·卡根研究如何改善有学习困难的孩子的语言问题时发现，一对一教学对帮助孩子集中注意力特别有效。他指出，读故事给孩子听，并留意他们听故事时的反应，可以带来许多好处。他强调如果可能的话，家长最好给每个孩子单独读故事。

3. 面对孩子考试考砸，请放平您的心态。举起拳头或破口大骂是最愚蠢、最不负责任的方式。静下心来，温柔地与孩子分析错误的原因，并有针对性地帮助孩子，唯这样才能走进孩子的心灵。

4. 每天记录6个时间，一定要由家长您亲自记录。看课外书的时间，您要落实。现在班级里孩子的阅读能力相差悬殊，与家长的重视程度有关。与孩子一起读他喜欢的课外书，用您的爱读来激发他爱读书的习惯。

5. 当孩子做作业时，您扪心自问：您是否在玩游戏？您是否在看电视？您给孩子做好榜样了吗？

请重视您孩子的日记，一周3篇。老师引路，家长铺路，孩子才能上路。

祝您阖家快乐！

您的朋友：马老师

2015年10月23日

这样的一封信无疑在家长们之间扔下了一枚炸弹，许多家长纷纷留言：与家豪妈妈比起来，我还有什么理由来为自己的不负责任推托呢？我以前觉得，自己上一天班已经很累了，孩子读书靠的是自觉，我为什么要管孩子的作业呢？与家豪的妈妈比起来我太惭愧了。

如何让家长转变观念呢？班主任利用家长的从众心理，先树立榜样，让原本对孩子的教育漠然的家长因此受到感动和影响，进而带动他们对孩子的学习加以关注。

24 摆渡人

北京市西城区五路通小学教师　秦梅君

孩子们入学的情况各不相同，就像一块块璞玉：有的本来通体晶莹润泽，在接受知识、养成习惯时，所有的给予自然融为一体，越发剔透；有的似乎带着一层纱，这层纱让孩子们在接受知识、养成习惯的时候不是那么顺畅。老师的责任是要帮助家长了解这层纱，接受这层纱，最终用我们的智慧揭掉这层纱。正如来到你面前的孩子千差万别，家长的层次认知也各有不同，甚至有个别家长不但不认同老师的教育，还和老师对着来，就如网上流传的佛系家长一般，对什么无所谓，和老师各唱各的调。这无形给我们的教育带来很大的阻力与困扰！

几年前，我们班有一个叫玲玲的小姑娘，长相甜美，惹人喜爱。学前没有进行任何知识性的学习，家长觉得学前快乐最重要，小学这点知识太简单了！可是，上学之后她的学习非常吃力，成绩一塌糊涂，在那些拼音生字前简直一窍不通。还每天应付作业，有时完不成作业，有错误不改正，家长照常签字。别的孩子都能在学校写完作业，她把作业都带回家去。家长不能正视孩子的问题，还在班级群中抱怨作业多，控诉应试教育，说什么静待花开。这不仅影响了这个孩子的学业与成长，而且在班级群中也造成不良的影响。

我觉得如果家长这种教育态度不改变，孩子有可能就给毁了。在一次孩子单元练习得了61分的情况下，我决定约见家长。

孩子的家长来了之后，我让他看了孩子的卷子，并说了班里其他孩子的考试情况。她的家长盯着我说："老师，我不认为60分和90分有多大区别！"他的话里带着很大的情绪。我笑着说:"怎么会没有区别？首先，从分数段的划分上来讲，90分达到了优秀，而60分是及格。其次，分数背后的差异是孩子学习态度、学习习惯、学习能力、知识储备水平和意志力等的综合差异。最后，很重要的一点是：这两个分数的差异可能决定了孩子日后在学习上有无自信心的问题！"

家长听了说:"我没想那么多，我只是想在小学阶段，孩子能身心快乐就行了，静待花开。不想给她压力。"他的话是许多家长的共同想法。我说:"你所理解的快乐，未必是孩子想要的快乐。你觉得在学习上不给压力是快乐，也许孩子并不这么认为。对孩子来讲，成功做好一件事也是快乐的！不然为什么她在课堂上偶尔答对一道题的时候，那么沾沾自喜呢！"家长问:"老师，她有吗？"我说："当然了，她回答对了老师的问题，老师表扬她的时候，她笑得很开心！下课说话的声音都比平时调门高！"家长脸色稍变，说:"这个我倒没想到，我只觉得她玩得高兴，无忧无虑就好了！""这怎么行呢？建立在享乐上的快乐不会久远，孩子以后总要走上社会，有些东西是你替代不了的。今天你给她做了这样的选择，以后苦的是她自己。"

扫了一眼他来之前我列好的提纲，我下定决心，一定要先教育好这个家长，才能解决好孩子身上的问题。我说:"孩子的教育是有关键期的，所谓教育的'关键期'（也叫关键年龄、最佳年龄、临界期、敏感期），是指人生学习的最佳时期。在这个年龄段培养孩子的行为习惯成效最大。如果在这个年龄段对孩子实施某种教育，可以事半功倍。而一旦错过了这个年龄段，再进行这种教育，效果就明显差多了，有时不只是事倍功半的问题，甚至终身难以弥补。比如说：有的孩子有识字障碍，有的孩子没规矩，你下了很大的功夫去管教也没有成果。很多时候是因为你错过了教育的关键期。孩子要对汉字形成概念的时候，你觉得上学再说吧，等到上学再识字，他已形成了识字障碍。两三岁该给孩子立规矩的时候，你觉得他是孩子，要保持童真，他大了很难有规矩！听说过印度狼孩的故事吧？她被人们发现时，和狼的习性一样，不会说人类语言，爬行，昼伏夜出，用嘴叼食物吃。被人们发现后，经过两年的训练，直到她死去，只学会了几个单词。而二战中日本士兵横庄井一，在东南亚的原始森林中迷失了28年。人们发现他时，他已经不会说人类的语言了。但是对他进行了80多天的训练，他就能和人们进行正常的交流,甚至结婚生子。为什么狼孩儿和横庄井一会有这么大的差别?原因就在于狼孩儿错过了语言训练的关键期。玲玲现在识字困难,和她错过教育的关键期有很大关系。起点不高,勤能补拙;没有兴趣,有了成功的体验,吃了甘甜的果,兴趣接踵而至。像您说的静待花开,我觉得这是花匠在育种、播种、浇灌、施肥、捉虫、除草等所有该做的完成之后,叼着旱烟,在柳荫里望向花田,等待花开的一种闲适的心情,而不是无所作为之后的守株待兔。要知道大自然中不是所有的花都会开,也有从生到死都没有开放的花枝。说这句话的人,他的意思应该是我把自己作为父母该对孩子做的事都做完之后,一种无愧于心的等待。我们什么都没做,就静待花开,说不准你的花开不了!不要曲解了说话者的原意,误了你的孩子!"

看着他若有所思的样子,我接着说:"您说应试教育害了孩子,想想您的孩子在学校是只学怎么考试吗?老师有没有教她怎么做人?她有没有在音乐、美术课、形体课上受艺术的熏陶?有没有在课间操、体活课上学到强身健体的技能?在科学课上感受科学的魅力?在劳技课上体会动手实践的快乐?"他连连点头。我接着说:"再想想,我们都是应试教育过来的人,我们真受什么毒害了吗?因为应试教育,我们不孝敬父母?因为应试教育,我们过得不幸福吗?因为应试教育,我们的人生充满孤独寂寞吗?恰恰相反,应试教育让我们有了体面的工作,可以有更好的条件在父母面前尽孝。让我们有了一段共同挨过青葱岁月、难以忘怀的友情,让我们直至终年依然有可以和同学们相聚,共同回忆那些一起经历的过往。我想那拼搏过的岁月,一定是我们人生里最值得骄傲的!试想,不以应试教育考核,必然会有其他形式的考核,哪有不劳而获的道理?我们国家在很多科技领域都世界领先,那些科技精英不是应试教育培养出来的吗?与其质疑应试教育,不如教给孩子面对困难的勇气与方法,陪同孩子去拼搏。让她的成长里有您的影子,她在回忆过往的时候必然会有您的一席之地。您给他吃了什么,喝了什么,玩了什么她不一定会记住,但她一定会记住在她拼搏的岁月中,有您的支持与陪伴!那天您在群里说:应试教育出来的这些大学生在办公室连地都不会扫。我觉得那不完全是应试教育的错,那是那个孩子的家教也出了重要的问题!现在的孩子之所以变得自我,不是应试教育的错,恰恰是在素质教育的今天,我们给了孩子太多的关注，不分原则，没有底线地给予他平等，孩子才变得以自我为中心，自私，不知感恩，不懂尊重，没有敬畏，甚至藐视别人的生命！所以，对孩子只讲民主，没有家风，没有家规，不是爱，而是害！"

家长听后，沉默了许久，站起身说："老师，您说的这些话让我回家好好消化消化！"这是一个爱面子的男人，在家里也是说一不二的人。我没有为难他，我想我的话一定触动了他。因为，从后来孩子每天认真书写的作业、工整的签字、日渐提高的成绩，我看到了此次沟通的效果。

我们知道，孩子们在学习过程中掌握的许多知识，进入社会未必有用，但他们在学习过程中所养成的良好习惯，良好思维方式，良好心理素质、学习能力、个人素养以及面对困难时坚强的毅力等一系列优秀品质却可以让他们受益终生！家长如果仅仅认识到学习是只学知识的层面，那会给孩子的成长带来很多的限制。鲁迅先生曾说："中国很多父母是草寇称王般做了孩子的父母的。"所以，很多时候，我们的教育不成功，是因为没有和家长形成一股合力，教育孩子得先教育家长才行啊！

孩子的学习是一个从此岸到彼岸的过程，老师和家长均是摆渡人，同心协力孩子才能顺利从此岸到达彼岸，而到达彼岸的孩子已不是原来的孩子，他们已经成长！老师，不仅要把孩子从此岸摆渡到彼岸，有时还要摆渡家长。在摆渡的过程中让家长也成为摆渡人，我们的教育就成功了！

25 浅谈家访策略

北京市西城区五路通小学教师　刘　静

家访是老师在切身感受学生的成长环境，了解家长的文化素质、家庭教育状况的基础上，对学生进行全面认识，真正实现"一把钥匙开一把锁"。教师登门造访，与学生、家长架起了联系与沟通的桥梁，织成家长与教师达成共识的纽带，是促使学生根据自己的特点健康成长的重要方式。家访并不是一件简单的事情，成功的家访能使家长更加佩服老师，使学生更加亲近老师、信任老师，从而激发积极向上的决心；失败的家访也会使家长对老师产生不该有的误解，会使学生对老师敬而远之，给老师增添新的烦恼。因此，家访要掌握正确的方法，不能急于求成，否则，就失去了家访的意义，达不到家访的目的。

一、勤家访，架好主桥梁

家访是沟通教师、家长、学生心灵的桥梁，是三者共处一室，促膝谈心，不仅拉近了彼此心理距离，有利于交换意见，也有助于达成共识，商量解决问题的办法。老师上门家访，让学生感受到老师的关注和重视，这对学生是个激励，对家长也是个触动，容易使教育形成合力，产生良好的教育效果。因此，教师家访的重点要放在学生身上，通过与家长谈话，了解学生在家的学习、社会交往情况，以及在做家务中的表现情况；了解学生的兴趣爱好、性格特征，窥探学生的内心世界。这样，通过了解学生的全部生活内容，发现学生的特长，依据不同的情况采用不同的方法进行教育，也让家长注意利用日常生活中的小事，鼓励增强孩子的自信心、进取心。

二、家访谈话要讲究方法

首先，家访前要明确家访的目的，做好充分的准备工作，对被家访的学生要有很深的了解，不至于在家访的过程中手足无措，使家长产生教师对自己的孩子关心太少，家访只是形式而已的想法。另外还要有充分的思想准备，谈什么，怎样谈，如何针对心态层次不同的家长进行交谈。

其次，要尊重学生。特别是那些有多种缺点且学习成绩差的学生，要从爱心出发，不要以偏概全，一好百好，一差皆差。应该从表扬其优点开始，打开家访局面，使家长体会到严是爱、松是害，不管不教要变坏；向家长汇报时要挖掘他们在学校的点滴的进步，不要当面告状，不能把家访当作告状的机会，特别不能当着学生的面向家长数落学生，要告诉学生犯了错误并不可怕，可怕的是不改正，改正了就是好学生。

再次，家访中的语气要亲切，不要语调生硬。家访中偶尔会遇到极个别素质较低的家长。他们娇惯子女，放任自流，甚至对老师蛮不讲理。教师去家访，首先是客人的身份，不可针尖对麦芒，发生口角，使自己陷入进退两难的境地。谈话要言简意赅，话不投机就适时告辞。

最后，教师是人类灵魂的工程师，应处处为人师表。家访过程中，老师的衣着、言谈举止都要体现一个老师的身份。有的家长出于感激之情，送些礼物给去家访的教师，对此要婉言谢绝，不要接受家长馈赠的任何礼物；家访时选择恰当的时间，切不可在饭时上门，不要在学生家中用餐。

三、做好家访记录，及时反馈

每次家访后，教师要及时地写出详尽的家访记录，把家访过程、家访达成的共识、家访中受到的启发及家访中发现的问题一一记录下来。根据学生在校内的学习、行为表现，结合家访中了解掌握的资料，及时反馈，对学生重新分析评估，制定新的教育方案和措施，不失时机地对学生进行教育。

总之，在家访中，教师既能向学生家长面对面地宣传教学改革的发展思路，宣传实施素质教育的全过程，又能就学生在学校与社会上的各种行为表现、思想动态等，与家长及时交流沟通，取得家长对学校教育的深刻了解和对教师工作的理解与配合。同时，教师通过家访能及时掌握家长对学校教育工作的要求与建议，全面听取社会各方面的意见，积极弥补教学过程中的不足之处，自觉改进教学方法，提高教学水平。因此，有计划、有目的地搞好家访工作，是因材施教全面搞好教育教学和班级管理工作的重要手段。

26 打与不打都是爱

北京市西城区鸦儿胡同小学教师　朱燕莉

小于同学一来就立刻吸引了我的眼球。那是一年级招生那天,家长和孩子们有序排队等候着,我认真地审核各种材料,并和家长、孩子不时交流几句。他则旁若无人地喊叫着不肯进队,只好在老师的示意下,由妈妈带着,坐到了队伍外面的等候区。尽管如此,他还不时发出巨大的声响:拍桌子、踹椅子、跺脚、叫喊……让我不由自主地向他望去。渐渐地,前来报名的人纷纷散去,已近中午,他在妈妈的牵引下,不情愿地坐到了我的面前。

这是一个怎样的孩子啊!我眼前的他在椅子上不停地扭动着瘦小的身躯,双手在妈妈身上胡乱摸着,眼神飘忽不定,不肯与我对视。妈妈尴尬地哄着却丝毫不见成效。我耐下心来,试图跟他交谈,但他根本无视我的存在,不做任何应答,还自顾自东张西望并发出叫喊的声响。

我凭借多年的教育经验,知道学龄期儿童的多动、注意力不集中、语言行为难以自控等表现与家庭教育有着密切的联系。在与妈妈的单独交流过程中,我了解到孩子父母感情不和,父亲常年在外地,母亲脾气暴躁,独自养育孩子很辛苦,经常发脾气,孩子畏惧、退缩,学前期就表现出不合群,不适应集体生活。他能如期上学吗?

对于小于同学的问题,我们归结于因为养育方式不当而造成的心理年龄发育迟滞。学校对此提出建议——等待。每个孩子的成长速度不尽相同,有些孩子的身心发育会晚一些。

26 打与不打都是爱

作为教育者，接纳每一个孩子，爱并赏识他是必需的。最喜欢这样一句话：珍贵的东西慢成长。任何事物都有其特定的发展过程，不是不好，是时机未到，孩子也不例外。既然晚，我们与其揠苗助长，不如静等他开花结果。所以我建议小于延迟上学一年。但可惜的是这一建议遭到了家长的否定。

尽管有各种疑问，但小于还是和同龄孩子一齐步入了校园。很快，我从任课教师那里得知，他对各学科的学习均没有兴趣，也不会与同学交往，整日自顾自地沉浸在自我的世界里，还不时地发出各种声响、做出各种突发动作干扰别人，引起班内同学和家长的集体不满，很多老师都含蓄地告诉我他似乎精神有些问题。

该拿他怎么办呢？我和孩子的父亲进行了面对面的接触。

父亲振振有词地开始给我讲述他的一整套教育理论。列举了美国教育、我国台湾教育的优势，对我们现有的教育体制提出了一系列质疑，中心观点就是：学校原本就不该用纪律约束孩子，要赏识不要批评，任其自然发展就好，至于给他人带来的影响，诸如扰乱课堂、同伴纠纷等，可以忽略不计。

于是，孩子的特殊行为在家长无限度的纵容之下愈演愈烈。

但是，慢慢地，家长似乎意识到了问题的严重性，主动来到学校，与我和班主任进行了沟通。我们达成共识：

1. 当孩子情绪不稳定的时候，家长来学校陪伴。
2. 心平气和地与孩子谈话，每次最多提出两点要求。
3. 和孩子共同商量制定奖励和惩罚的办法。
4. 奖励与惩罚并行。
5. 家庭和学校要求一致。

一段时间后，孩子进步显著。尽管依旧问题不断，但是他在延时满足和自我约束方面有了较大幅度的提高。

诚然，赏识是教育成功的基石。教师要尊重每个学生的个性差异，欣赏他们的差异，树立自信，使他们形成独特的个性品质。然而这是否就意味着教育就要从一个极端走向另一个极端？赏识是否就是要纵容孩子的一切，甚至不惜伤害到他人、不惜违反最基本的行为准则？不可否认，批评也是学生成长中所必须经历的磨炼和必然承担的责任。"责罚不可以代替也无法转让，它如同饥馑中的食物，只有你自己嚼碎了咽下去，才会成为你生命体验中的一部分。"

家庭教育似乎更多的是创造了个体发展的空间，而学校教育则是孩子社会化的重要过程。孩子要在学校群体环境影响下，逐步建立规则意识，这个过程可能对于社会适应良好的孩子比较顺利，而对于某些孩子来说却是痛苦而艰辛的，需要我们耐下心来精心修正。正所谓：没有赏识的批评叫摧残，没有批评的赏识是溺爱！

小学六年级语文课本中有这样一个故事：美国作家巴德·舒尔伯格七八岁时写了第一首诗，母亲对他的评价是"精彩极了"，父亲的评价却是"糟糕透了"。从母亲的赏识声中，他感受到爱的力量，那成了他今后灵感和创作的源泉；从父亲的批评声中，他体验到了警告的力量，于是不时提醒自己"小心、注意、总结、提高"。在这两种力量的鼓励下，他终于成为一个著名的作家。由此可见，赏识是促进学生成长的催化剂，它能够激励、唤醒、鼓舞学生内在的积极因素，从而使很多的不可能成为可能。所以，赏识与批评如教育的双翼，必须同时扇动，教育才能见实效。

关爱不等于溺爱，批评不等于斥骂，处罚不等于体罚。赏识和批评都需要艺术。孩子们需要在鼓励与赏识中建立自信，需要在批评和约束中修正不足。作为教师，我们对学生的爱深刻而持久，爱的方式也多种多样，正如毕淑敏所说："孩子，打与不打都是爱，你可懂得？"……

27
让智慧在指尖上飞扬

北京市西城区鸦儿胡同小学教师　柳　辛

小东是班里一位活泼好动的小男孩，学习成绩实在令人担忧。上课时总能看到他矫健的身姿，那可真是神龙见首不见尾，一会儿跑到这里，一会儿又跑到那里，不一会儿你还会发现他躲在班级里的某个角落，正兴致勃勃地玩起了卡片。

这可让上课的老师犯了愁，满教室抓他不成。批评他时，他还振振有词，说道："老师，我就是觉着上课太枯燥，有那么多好玩的东西，我还玩不过来呢！哪有时间学习啊！"我把他强制地按到座位上，用严厉的话语批评了他。小东也觉着自己做错了，默不作声，把头埋得低低的。

终于能安心上课了，我顿时松了一口气。"好！孩子们，竖起你们的小耳朵，我们今天来讲美术中的三原色，红色、黄色和蓝色。"我顺便瞟了小东一眼，只见他左手拿着尺子，右手拿着铅笔，时刻准备上演一场尺子大战铅笔三百回合的好戏。我看着看着，怒气涌上心头："小东！站起来，三原色包括哪几种颜色？"小东支支吾吾，回答不上来。"老师讲课的时候你为什么不好好听，你是觉着上课没有用是吗？你是觉着你自己都会了是吗？那你就不用来学校了！"

这一天，我实在没有精力再去和小东"较劲"，只是默默地观察了他一天。我发现小东课上做的大部分是关于动手的游戏。他喜欢摆弄手里的纸张，用它们做出造型各异的汽车、飞机、轮船等玩具，还很喜欢用纸折一些小动物，栩栩如生。

课下，小东是同学眼中的折纸大王。由于是转学生，刚刚来时成绩不好，再加上顽皮的性格，没有太多的孩子愿意和小东成为好朋友。现在不一样了，同学们都打心眼里羡慕小东心灵手巧，争着抢着和他做朋友。

但是小东的学习成绩并没有提高。小东很聪明，但是从不把心思放在学习上。我仔细观察了小东的日常行为，又联系了小东的家长，希望能与家长沟通，从而走进孩子的心里。小东的爸爸妈妈工作十分繁忙，爸爸是工程师，妈妈是报社的编辑。小东大部分的时间都和爷爷奶奶一起过，老人没有太多的文化，对小东的关心都体现在日常的衣食住行上。这样长期以来，小东对学习习惯的养成和上课纪律方面的要求并不是十分了解，甚至是常常控制不住自己。这也是小东爸爸妈妈日常头疼的问题所在，跟小东沟通，小东也不理不睬，玩着手里刚制作出的飞机，严厉批评他几句，还不耐烦，摔门就走了。爸爸妈妈平时工作忙，真的没有时间和小东静下心来好好谈一谈。

听了这段话，小东的日常行为实在让人头疼，我一时也想不出好的办法来帮助小东。虽然是男孩，但我发现小东的房间干净整洁，一切都井井有条，最吸引我的是小东用折纸拼插出来的一艘大船，高高扬起的船帆，似乎在召唤小东，外面的世界是那么的丰富多彩。这也让我心驰神往，一艘大船由无数个用纸叠成的三角形组合起来，这得需要多大的耐心啊，我不禁为小东竖起了大拇指。"老师，您不知道，小东特别喜欢折纸，常把家里弄得乱七八糟，我们都认为他应该把心思放在学习上，成天玩这种没用的东西干什么！他一研究起来，能在卧室一天不出门！"小东的妈妈心生嫌弃地说道。原来是这样，我反而心生暗喜，终于找到让小东静下心来好好学习的办法啦。

回家后，我通过网络、书籍加深了对折纸艺术的了解。折纸是一种手、眼、脑相协调的活动。研究表明，人的左脑主要负责语言、逻辑、数学符号等，右脑主要负责音乐、绘画、空间形态等，而折纸艺术在很大程度上开发了我们的右脑，在右脑的推动下有利于人们创新思维的培养。折纸的可塑性极强，造型千变万化，可以很好地培养孩子的观察力和想象力，培养孩子按步骤有顺序地做事情的习惯；生动优美的折纸作品给孩子美的享受，培养了其审美能力。折纸把数学中的各种对称、抽象的分数、几何图形以及纸张的分布、重心等融合在一起，将各种抽象的概念和方法，贯穿于具体形象的操作之中。通过多次的翻转、折叠、变形，把很多抽象的东西变得形象具体和生动，使孩子的空间想象能力得到提高。

原来折纸对孩子的身心成长有着这么大的帮助，既然小东是孩子们眼中的折纸大王，何不发挥小东的长处，让他来教一教同学们，他这些漂亮的折纸是如何做的呢？

课间，我找到小东，问他愿不愿意教大家折纸。小东眉飞色舞，简直不能确定自己听到了老师的话语。我说那你好好准备，珍惜这次表现自己的机会。说完，小东蹦蹦跳跳地回到了教室，掏出他的得意之作，一步步地准备着分解动作。

上课铃声响起，孩子们迅速坐到了自己的位置上。我露出了神秘的微笑，孩子们都疑惑不解。"有请小东同学来到讲台。"小东充满自信举起手中的彩纸："今天，我来教大家折一只可爱的梅花鹿，第一步先来把纸对折，接着沿着中心线剪开，再对折……"孩子们看到小东手里漂亮的梅花鹿，为他鼓起了赞美的掌声。小东心里乐开了花，终于能在同学和老师面前证明自己了。小东连忙说："谢谢大家，谢谢大家！"接下来的这一节课，我看到小东兴致勃勃地听老师讲课，并积极举手发言。

在以后的课堂中，我常常抽出一两分钟的时间，将讲台留给小东。小东讲得越来越好，小东的小徒弟们也跃跃欲试，都想争取表现自己的机会。同学们集思广益还设计了"排课表"。

课后我与小东谈心，得知他自己的兴趣爱好长期得不到父母的支持与认可，心里苦恼不已。爸爸妈妈只知道催他学习写作业，令他不由产生了逆反心理，偏要和父母作对，什么课堂纪律、认真听讲，统统放到一边。我说："小东，老师发现了你喜欢折纸，你放心，老师会永远支持你。"通过老师的表扬、同学们的赞美和掌声，小东感受到了老师的关爱、同学们的支持。他自己也进行了反思，其实不应该上课捣乱，乱下座位。课后我又与小东父母说了小东在学校的表现，将小东的课堂表现录成视频发到孩子妈妈的手机中。妈妈看了特别惊喜，真没想到平常看起来自由散漫的小东，做事认真起来是那么的优秀，决定以后再也不限制小东的折纸活动了，一定好好支持他。我把这件事告诉了小东，小东充分体会到了家长和老师的良苦用心。在以后的课堂中，小东成了认真听讲、遵守课堂纪律的好学生，学习成绩稳步提升。

其实孩子的内心世界丰富多彩，他们的一些爱好需要大人的理解和支持。折纸是一门充满魅力的艺术。日本的折纸艺术非常成熟，日本还将折纸作为小学生的必修课程，很多折纸书籍的作者是日本人，其强大的创造力让一张张柔软的纸有了生命，富有情趣。日本折纸艺术精雕细琢的审美、千变万化的神奇已经扩展到建筑、服装等领域，其美轮美奂的效果令人拍案叫绝。据报道，日本的纸飞机还创造了空中坚持飞行时间最长的吉尼斯世界纪录。

儿童自有他自己的世界，有他喜欢做的事情，大人唯一要做的是给他自由的时间和适当的环境。苏霍姆林斯基说："所有能使孩子得到美的享受、美的快乐和美的满足的东西，都具有一种奇特的教育力量。"折纸，就是这样一种神奇的东西。

实际上，这些东西和课本知识的学习是相辅相成的，能帮助孩子们提高学习成绩。"只有让学生不把全部时间都用在学习上，而留下许多自由支配的时间，他才能顺利地学习，这是教育过程的逻辑。"（苏霍姆林斯基）

我国一位教育家曾说过："教育之没有情感，没有爱，就如同池塘没有水一样。没有水就不成为池塘，没有爱，就没有教育。"因此，热爱学生，尊重学生，信任学生，严格要求学生是教师道德威信形成的根本保证。教师只有以良好的感情，崇高的道德去关爱学生，才会激发学生积极向上的力量，受到学生的尊敬与爱戴。如果教学中忽略了这种情感的关爱，就等于抽掉了教学的灵魂。教师在授课中的情感以及伴随而发的语言，不仅能激活学生听课的情绪，而且能增强说理性，收到感人至深的效果。只有用发自内心的真情实感去打动学生，感染学生，学生才会在情感上与教师产生共鸣，才会"亲其师，信其道"。

28

穷养、富养，不如教养

北京市西城区德胜少年宫教师　李任仁

教养是一个人成功的基本因素，需要从小开始培养。父母的家庭教育将会影响孩子一生的发展，在孩子成长的每一步，都需要关注孩子的教养问题。

记得妈妈曾经告诉过我："当我给你带上小书包、小水壶的时候，同时也需要你带上教养。"有教养的人在哪里都会受到尊重，而没有教养的样子，真的很丑。

对于从小生长在部队大院的我来说，生活作息一直都非常规律。我的父母在我很小的时候就培养我良好的生活习惯。作为一个女孩子，我的妈妈一直告诉我："我可以宠爱你，但是不代表我可以溺爱你。"这句话对于我来说，受益良多。

记得小时候，有一次妈妈带着我出去吃饭，旁边有两个家庭聚餐，都是六七岁的孩子，他们全然不顾是否是在公共场合，到处乱跑，不停地追跑打闹。周围的人因为被影响进餐而纷纷侧目，而他们的父母却并不在意。就是因为这不在意，一个孩子直接将菜汤泼到了服务员的身上，还坦言就是为了好玩。当时的那位服务员姐姐气得已经说不出来话了，只是说了一句："你们的孩子怎么会这么没有教养？"这时，令人匪夷所思的是，孩子的母亲不仅没有道歉，反而开始埋怨服务员为何要说自己的孩子没有教养。她觉得自己的孩子以及自己都受到了侮辱，气急败坏地大吵大闹说："哎哟，你一个小服务员，至于的么？你下班洗洗不就行了么？这么大的人怎么还和一个小孩子一般见识呢？"不仅如此，随后转过头来就告诉自己的孩子："你不好好学习，将来就像她一样，当个服务员。"对于当时也是6岁刚上小学一年级的我来说,这样的事情简直不敢相信。因为我知道公共场合应该有的规矩,我也知道,若我像那个孩子一样的话,我的妈妈会狠狠地教训我一顿。我记得,当时妈妈的眉头微微皱起,看了看那位母亲又看了看好像自己才是受害者的孩子,微微地摇了摇头,从包里拿出一包纸巾,对我说:"你去拿给那位服务员姐姐吧,菜汤里都是油,不擦干净会洗不掉的。另外你告诉服务员姐姐,没有关系的,请姐姐不要生气。"我乖乖地照做了。其实当时我很疑惑妈妈为什么要我这么做,但是当我按照妈妈的要求做了以后,奇妙的事情发生了:那桌上的所有人都突然将目光转向我,随即又转向我妈妈,每个人都不再说话,反而脸上充满了一种愧疚,那位母亲也似乎突然明白了什么,和孩子耳语了几句以后,带着孩子给服务员姐姐当面道了歉。事后,妈妈告诉我,那位母亲出门之前,一定没有给孩子带上教养,而忘记带教养的人都有着一样的共同点:以自我为中心。对于这种人,出面指责是没有用的,只有真实的例子,才可以给他们一记当头棒喝。当时幼小的我只能是似懂非懂地点点头,现在回想起来,才明白了妈妈当时的睿智。

我非常感谢我的爸爸妈妈,从我记事起就把教养放进我的书包。

他们告诉我,见人要微笑问好,因为微笑是最美好的表情,每一个孩子都应该学会微笑,大大方方地打一声招呼,给别人留下美好的印象。而现在,又有多少孩子扭扭捏捏地躲在父母的身后不去和人微笑打招呼,而父母却只用一句孩子内向就解围了?这样的方式,难道要让孩子永远躲在父母的背后么?

他们告诉我,要懂得分享。每一次出去春游秋游,有了好吃的、好玩的,要懂得和同学、老师一起分享。在家里有了好吃的、好玩的,要和爸爸妈妈还有长辈分享。而现在,又有多少孩子只顾自己吃饱喝足,凡事以自我为中心,觉得爷爷奶奶、姥姥姥爷、爸爸妈妈都应该围着这一位小皇帝小公主转,而自己就是整个世界?这样的孩子,在家亦是如此,何况在学校呢?

他们告诉我,要信守承诺。哪怕是一些脱口而出的小小约定,都要说到做到。因为守信会给对方留下真诚的好印象,这也是最基本的做人准则。而现在,有多少孩子嘴上说着"我明天一定还给你那本书""这个周末我一定和你一起玩",而转过身便将自己所说的这些话忘得一干二净,所承诺要做的事情也是石沉大海了呢？

　　他们告诉我，不要在背后说人坏话，不要不负责任地议论是是非非，即使让你觉得难以理解的地方，也要尊重别人的不同。而现在又有多少孩子，每天在学校都组成了不同的小团体，背后互相说对方的不是，甚至造成班级中的不团结，以及同学们之间的误会呢？

　　他们告诉我，不能随便动他人的物品，别人的东西自己不能够随便用，更不能够随便带回家，不论是否为借用，都要经过主人的允许。而现在有多少孩子，看到同桌的一支铅笔好看，一块橡皮漂亮，就自作主张地开始使用，甚至只说一句："你这个送我了哈，就当作是某某节日的礼物了哦。"而主人只能够忍痛割爱，回家和自己的父母抱怨，而父母又碍于家长们之间那奇怪的面子问题，就不了了之了呢？

　　他们告诉我，别人的东西，不要轻易地去做负面的评价，不论你是否喜欢，只要是别人的东西，主人就一定是心里喜欢的，不要把你是否喜欢挂在嘴上让人家感觉到尴尬。而现在有多少孩子去同学家玩的时候，第一次去就对别人的家庭环境品头论足？一句"你家好小啊"，让同学尴尬不说，更让家长心里觉得不舒服。而家长一句无所谓的童言无忌，难道能让孩子知道自己的一句话，造成了很多人的困扰和尴尬吗？

　　他们告诉我，当遇见别人窘迫的时候，要用自然的方式帮忙化解，当别人遇到尴尬的时候，要给对方一个台阶，避免他的尴尬。而现在，有多少孩子不明白什么叫作化解尴尬，只是觉得说出了自己内心的真实想法，自己舒服就行了？难道这不就是一种以自我为中心的表现吗？

　　他们告诉我，当别人讲话的时候，要认真聆听，不要去打断，并且要保持尊重，深入倾听，客观判断。而现在有多少孩子，不论对方是否把话说完，就开始自顾自地说出自己的想法。而当他们的说话被另外一个孩子打断的时候，他们也觉得不舒服，既然你打断我，那么我也打断你，长此以往，难道这不就是互相影响吗？

　　他们告诉我，要懂得说"谢谢"。不论对方是你的老师、同学、长辈、还是商场的服务员、餐厅的工作者、路边的环卫工作人员，都要学会说谢谢，因为每一位劳动者、每一个职业，都值得我们尊重。而现在有多少孩子，觉得只要对自己认为该说谢谢的人说谢谢就行了？在商场里，就觉得被服务是应该的，在餐厅被服务也是应该的，在路上，自己的垃圾有人捡更是应该的。难道，这不就是孩子不懂得感恩的另一种表现形式吗？

其实，一次礼貌的让座，一句贴心的问候，一身整洁的衣服，一手端正的笔记，都是孩子教养好的表现，一个好的家庭门风必然养出有气质、有教养的孩子。

虽然现在的我还没有为人父母，但是作为一名光荣的人民教师，每天和孩子们在一起打交道。面对所有的孩子，除了教授他们课堂上的知识以外，我也会把教养灌输给孩子们。一个人的能力决定了一个人飞得高不高，而一个人的教养决定了一个人飞得远不远，我多希望每一个孩子都能飞得又高又远，而在这个过程中，教养是必不可少的因素。我认为当大家每天在讨论穷养、富养的时候，其实都不如教养来得实在。人之所以为贵，以其有信有礼；国之所以能强，亦云惟佳信与义。

人有教养行走八方，无教养寸步难行，所以，穷养、富养，都不如教养！

29 "陪读"就是陪孩子爱上阅读

北京市西城区德胜少年宫教师　宋　群

我非常幸运拥有一段在公共图书馆工作的经历。在这书香浸润的整整十年中,每天我都会接触到许许多多的读者,也结交了一些热爱阅读的书友。

以书为媒,我与许多身为家长的读者成为了朋友。他们告诉我,在孩子成长的过程中,每天都不能缺少书籍的陪伴,更不能缺少父母的"陪读"。在与这些"家长读者"的交谈中,我体会到,每一个爱阅读的孩子身边,总有着一位会"陪读"的家长。

我工作的这座图书馆面积不大,但每月前来借阅的读者却能达到五六千人次,这当中有三分之一是青少年读者。我了解到这些小读者的家长存在着一定的文化差异、地域差异、理念差异。他们有的很懂得"陪读"的方法,也能够付出时间、付之行动;有的被图书馆的文化氛围所吸引自己前来,但没意识到带领孩子一起来阅读的益处;有的小读者的家长受到时间和条件的限制,不能陪孩子阅读……面对这些现状,身为图书馆教师,我收集、思考了一些家长"陪读"的故事和方法,整理出来敬请指教。

成年读者中有这样一位非常重视"陪读"的家长。她的女儿小紫是图书馆附近小学四年级的学生,几年前母女俩走进图书馆并且定期前来借阅。和她们熟悉后我了解到,这位妈妈从孩子很小的时候就开始引领、陪伴孩子阅读并总结出一套自己"陪读"的方法。小紫妈妈说,在孩子三四岁时,每天晚上睡觉前,就陪她读一会儿故事书。开始是妈妈讲读,同样的故事听了几次后孩子就会复述了,母女俩就一起读出声音来。小紫妈妈说这种方法特别有效，小孩子的记忆力很好，同样的内容讲几次就能记住了，并且孩子会因为能与妈妈一起讲一个故事感到了不起。只要持之以恒，不但可以引领孩子爱上阅读，还可以增进亲子交流，增进感情。随着孩子的长大，说教的作用渐渐小了，小紫妈妈在家里就以身作则，放下手机、电脑、iPad 等，精心挑选适合孩子年龄的书籍，在孩子阅读前，自己先阅读。周末就带上孩子一起到图书馆待上一天，各自选择自己喜欢的图书阅读。孩子经过不断的耳濡目染，自然也会慢慢喜欢阅读。小紫妈妈告诉我，这样的"陪读"比单纯的口头督促效果有效得多，家长用行动潜移默化地告诉孩子阅读的乐趣。

在图书馆的工作中，我不可避免地接触到已经融入城市生活的来京务工人员和他们的子女。这些潜在的读者，通过不同途径知道了我们这座身边的图书馆，被图书馆的文化氛围所吸引自己前来。但大多数还徘徊在外面，更不可能体会带领孩子一起来阅读的益处，"陪读"自然就更不可能了。这时候，我作为图书馆教师就愿意担负起引领他们阅读、教会他们"陪读"的任务。为此，我举办了几场读书会。

在一次"阅与读——妈妈宝宝读书会"主题活动中，我认识了两位这样的读者。他们中有一位来自河北农村，十年前和妻子带着小女儿来京务工。现在新民菜市场租两个摊位卖菜，起早贪黑，十分辛苦，用他自己的话说："我挣钱就是为在老家上高中和在北京上小学的两个女儿上大学！"他喜欢看书，2009 年送孩子到这里上舞蹈课，同时在我们的图书馆办理了读者卡。三年来，他共借阅了 123 本书，几乎看遍了武打、侦破类小说，还借阅了《数学的奥妙》《警惕孩子成为问题少年》等图书。在我的推荐下，他也借些幼儿读物回去陪小女儿阅读。应当说，这位读者是愿意花时间陪伴孩子阅读的，我希望这样的读者越多越好！

另一位也是个体经营者，在德内大街菜市场附近与别人合作从事塑钢门窗的制作和安装工作。他和孩子参加了 2009 年 11 月在图书馆举办的"阅与读——妈妈宝宝读书会"活动，受到启发，第二天即来本馆办理了读书卡。

他借阅了清一色关爱孩子的图书，如《小学生心理健康教育活动方案》《养育男孩》《怎样谈敏感话题》《让您轻松做家长》等。当然，也有他感兴趣的图书，如《双色球核心秘密与排列大法》。这位家长小学文化程度，关注子女教育，吸收信息快，借阅特点明显，他渐渐地和我形成良好互动，常常向我咨询如何培养孩子阅读、怎样陪孩子阅读、孩子该看什么类型的图书等。这位爸爸自己有意识阅读的同时，带动了孩子的读书兴趣。他常陪着儿子凯凯来图书馆，借阅自己喜欢的动漫图书，如《喜洋洋与灰太郎》《福娃》和《少年彭德怀》等。后来，凯凯上了初中，家也搬离了这里，但我知道阅读已经成为了他的习惯，这位父亲的"陪读"意识也令我敬佩。

"陪读"就是陪孩子爱上阅读！父母是孩子最好的启蒙老师，言教不如身教，父母应该有意识地避免把自己从现实生活中的工作"忙人"真的变成了阅读的"盲人"，抽出时间、全心投入，拿起图书，陪伴孩子进入书的世界，引领孩子爱上阅读。

30
和小豆包一起的点滴快乐

北京市西城区三帆中学附属小学教师　户子悦

著名的教育家苏霍姆林斯基说过，成功的欢乐是一种巨大的情绪力量，它可以促进儿童好好学习的愿望。请你注意无论如何不要使这种内在的力量消失，缺少这种力量，教育上的任何巧妙措施都是无济于事的。教育中能让学生体会到成功的喜悦和快乐，是促使他们努力进步的强大动力。

这个学期第一次接触一年级的孩子，刚开始内心比较焦灼。一年级孩子刚从幼儿园入学，一切行为规范、课堂常规、学习习惯都要慢慢地教、一步一步地学。一年级的孩子，需要老师上课不断地重复提醒以抓住他们的注意力，一天四节课下来嗓子都冒烟了。开学一个多星期，孩子还没带好，自己先生病了。为了完成教学任务，树立威信，有良好的课堂纪律，我开始板着脸孔上课。上课时只要有一个孩子说话或搞小动作，都会受到我的严厉批评。经过一段时间，我能控制课堂纪律了，大部分学生的学习成绩也有所提高，但是我发现他们并不开心，也很少跟我分享快乐，我多少有些失落感。怎样才能让学生既听话又不害怕我呢？我开始思考。

怎么样才能让学生听明白老师的话，按照老师的要求做呢？和同组的老师聊过后得知低年级学生的心理特点，一年级孩子喜欢表扬，希望被关注。"温严并用"这个词此时浮现出来，对了，我何不用表扬鼓励的话来代替训斥呢。

第二天课堂上我对影响课堂纪律的孩子说："……我相信你能做到，能做得更好。"刚开始效果甚微，但在以后的课堂上我坚持鼓励他们，并且设立了奖励机制，上课纪律好，能按老师的要求完成动作的，表扬并奖励小贴纸。久而久之，孩子们听到我一说鼓励、表扬的话就能迅速专注。课上一点一点地渗透，每节课学一点，不断地重复强化，每一次提出要求都要有检查，并及时鼓励表扬。慢慢地，孩子们都能听明白老师的话，能按要求做了。课上一点一点学操，学课堂常规，立规矩，把幼儿园带过来的小毛病一个一个地克服掉，他们渐渐养成一个小学生应该有的行为习惯。现在小朋友们都知道严厉的批评，并不是不爱他们，而是希望他们更好，对我的态度也既敬又亲，每当下课他们都抢着过来跟我分享他们的快乐，每当我走过楼道孩子们都开心地跑过来跟我打招呼，热情地拥抱的时候，都让我觉得很幸福。

  一四班的杨沛瑾是一个患有艾斯伯格综合征的孩子，第一次接触这样特殊的孩子，刚开始我也有点无所适从。一学期下来她的变化让人非常欣慰。开学典礼上她跑过去抢校长话筒的情景好像就在昨天，当时校长说我们一起来看看这个孩子六年之后的变化，没想到一个学期她的变化就很大。教她的每一位老师都特别有爱，都积极努力地付出帮助她改变、成长。四班的孩子也让我很感动，他们这么小的年纪，不仅没有受到杨沛瑾的影响，反而都能热情地帮助她进步和一起成长，我为他们竖大拇指。在条件允许的情况下，上课我都有意识地让她一起参与进来，让她跟大家一起做游戏，一起接力跑，让她多体会和小伙伴一起的快乐。她的父母也非常了不起，对她百分百地投入引导。在老师和同学们的帮助下，杨沛瑾现在上课能跟同学一起排队，能听口令稍息立正，还能按照老师的要求跟着比画做操，能跟大家一起做游戏，班里击鼓传花游戏都能到台前来进行表演唱歌。每次她看到我都会轻轻地摸我的脸，兴奋地跟我打招呼。看到她的成长，我非常欣慰。

  一个学期下来，孩子们都进步很大。跳绳从开始一个跳不了，到后来的一分钟一百多个，现在他们不再是上课都哭着找妈妈，上厕所都不知道举手拉裤子里的小宝宝，他们长成了懂规矩、明白道理的小学生，长成了排队站队有序、上课守纪律、认真听讲的小学生。课上逐渐提高要求，孩子们从开始的站队每节课都找不到位置到很快都能找到自己的位置并按要求站好，从开始的集合解散到后来的广播操，从踏步到齐步走、立定，从一个八拍一个八拍地喊口令、一遍一遍地领做到孩子们能自己数着节拍练习，小队长能带领全班做操。孩子们这一个学期进步太大了，作为他们的老师我感到非常的欣慰。

这一个学期对于孩子来说是一个成长，对我而言也是一个成长。一个学期下来，我内心也从焦灼变得平静，从担心变得安心。我体会到：教师要做到善于观察，勤于思考，注意发现学生身上闪光的品质、心中隐秘的活动、脸上流露的神情、生活出现的异常行为，这一切即使刚刚露出端倪，不会引起常人的注意，也应成为教师捕捉的对象。或是因势利导，或是防微杜渐，并用自己创造性的劳动来影响教育的进程，规范学生的行为。兴趣是最好的老师，想让他们学得好首先是要他们都能喜欢。平时我尽量想办法变换上课的形式，让他们每节课都能积极有热情。希望能通过自己的引导，让他们都能爱上体育课，积极参与体育运动，爱上运动。体育老师是一个很平凡的岗位，我希望尽力让孩子们能够在学好体育知识的基础上，快乐地运动、游戏，更加健康快乐地成长。这个学期我感到非常幸福快乐，发自内心地觉得他们太可爱了。每天看到他们在操场上快乐地奔跑、游戏，脸上灿烂的笑容，我觉得他们都像天使一样，天真可爱。这一个学期我体会到了我们三帆附小这个大家庭的温暖，也找到了工作的乐趣，以后会继续保持这样的热情，热爱孩子，努力工作，和孩子们一起健康快乐地成长！

31
育子故事

北京市西城区德胜少年宫教师　汤惠仪

香港儿童情绪治疗师叶伟麟曾在脸书上发表过这样一个问题：决定孩子能不能体会别人的情绪的重要因素是大脑的前额叶皮质。而孩子的前额叶皮质是从两三岁开始发育，6岁达到高峰，这意味着孩子们在7岁的时候就已经具备简单的共情能力（孩子能对别人的痛苦有感知，也能明白自己所做事情的后果，这种能力被称作同理心，也叫作共情能力）了。所以家长在6岁前就应对孩子进行一些情商教育，让他们能明白什么是对的、什么是好的。

我知道这样一则小故事。有一个5岁的小女孩，她总会把房间弄得很乱，并且不喜欢收拾屋子，所以她的妈妈看到总会跟她讲道理："东西弄乱你需要自己收拾，妈妈不会帮你收拾的。因为这是你自己的事情，自己的事情就要自己做。"她的妈妈总会盯着小女孩，直到她收拾干净为止。有一次小女孩玩儿完了玩具，又把屋子弄得很乱。妈妈下班回家看见后批评了她几句，她赌气地走到窗边，跟妈妈说："你再说我……我就从这里跳下去。"妈妈怔了一会儿，又笑了笑，回答说："妈妈跟你讲，你可要想清楚了哦。如果你跳下去，你喜欢的玩具就再也玩儿不了了，你爱吃的零食再也吃不到了，这个世界上还有很多很多美好的事物你都看不到了，最关键的是你再也见不到爸爸和妈妈了。"小女孩听到妈妈的话后，想了片刻，慢慢走到妈妈身边，一把抱住她："那我再也不跳下去了，我还想玩儿玩具、吃零食，我还想跟爸爸、妈妈在一起。"这个故事里的小女孩就是我，而那个耐心开导我的人就是我的母亲。在我犯错误时，我的母亲从来不会严厉地呵斥我，她总是用讲道理的方式开导我，让我认识到自己的错误和不足。我想，正是有了她的正确引导，才使得我在成长的路上不会偏离正轨。她一直践行着用爱来陪伴我、开导我、理解我，让我成为一个完整的人。

　　建国君民，教育为先。每一个孩子的成长都离不开父母的照顾和引导，尤其是在学龄前阶段的儿童，父母对他们的早期教育是至关重要的。一旦父母对他们的关注不够，孩子就很容易误入歧途。因此家长应该抓住每一个机会去做示范、去引导孩子对事物产生同理心，使得他们能健康地长大，成为一个行为正确，且对自己所做事情负责的人。

32 平稳度过一年级的实践与思考

北京市西城区进步小学教师　徐永梅

一、研究背景

几年来，我们一直在开展"平稳度过一年级"的实践与研究，展览路社区教育学校在这一领域给予学校教育专家、家长学校等多方面资源支持。这是一项从知识管理到促进教师专业发展的研究探索，也是学校班主任专业的校本培训研究，我们通过围绕"如何帮助孩子平稳度过一年级"这样一个具体的问题研究，探索如何在实践中帮助教师生成、外化、固化专题性的实践知识，为更多教师走上专业化道路探索出有价值的经验。

孩子从幼儿园到入小学，是人生道路上的第一个转折点。由于生活习惯上的骤变，以及科目的繁重，许多小孩子在进入小学后出现疲劳、消瘦、害怕学习的现象。很多孩子在进入小学后开始的几天时间兴致挺高，可几天下来就会出现丢三落四、胆小孤僻的现象，有什么事情也不对老师说，上课不会听讲，平时不会听别人讲话，缺少规矩，出现问题抱怨他人，表现出自私、缺少谦让和关心他人、不知道怎样和小伙伴相处等问题。

一年级的小学生是一个特殊的群体，每位家长都希望自己的孩子得到老师更多的关注。家长在学生步入小学之前比较焦虑，都希望给孩子一个更好的环境，希望自己的孩子能在一个良好的环境中快乐成长。家长是孩子的第一任教师，家长要做好充分的准备才能更好地指导自己的孩子走好这至关重要的一步。

如何引导学生从幼儿园走入小学的大门尤为重要。我们要一起做好充分的准备，才能使孩子们愉快地适应新的环境、学习新的知识、结识新的伙伴，让他们尽快适应小学生活，快乐生活每一天。

二、我们的认识

1. 德育对学生的要求。从某种意义上讲，习惯是人生之基，习惯常常可以决定一个人的成败，也可能导致事业的成败。叶圣陶先生曾说过："什么是教育？教育就是培养良好的习惯。"这句话用最朴素的语言，揭示了培养学生良好习惯的重要性。习惯是行为的自动化，习惯一旦养成，就会成为支配人生的一种力量。小学生良好的习惯不是一朝一夕就养成的，更不是只要老师来个强制性命令或者强制性措施就可以一蹴而就的。而是需要教师根据学生的心理特点，进行一步一步地引导，使他们在潜移默化中内化为自己的行为，从而养成习惯。小学阶段是养成好习惯的重要时期，一年级则是培养好习惯的最佳时期、关键时期。

2. 幼儿身心发展规律。皮亚杰认为，幼儿园与小学低年级学童正处于前运算期与具体运算期之间，6至7岁的幼儿大多还具有自我中心的倾向，没有守恒的概念。有研究者认为小学低年级儿童在认知发展上有三个转变：一是语言能力从口头语言发展到书面语言；二是认知能力从直觉性的思维转变为具体性思维；三是活动形式从游戏活动转变到正规学习以及掌握间接经验的活动。认知发展影响了儿童的思维、情感以及行为。在注意力的发展上，此阶段儿童易受外界环境的影响而分心，因此注意力集中的水平较低，不适合较长时间而又缺乏变化的课程与教学；注意力分配也较差，不适合同时学习过多的事物。

儿童情绪发展理论表明，六七岁孩子的情绪是起伏不定的，他们已初步学会用社会可以接受的方式来表达情感，开始学习自我情绪控制，开始喜欢幽默、俚语或有趣的活动。七八岁的孩子受学校环境影响，开始形成新的气质，具备同情心、敏感但却无法接受批评。由此可见，幼小衔接阶段的孩子正处于敏感的情绪辨别期与学习自我控制的情绪整合期，教师尤其需要注意个别差异，帮助孩子学习稳定情绪和情绪表达。

弗洛伊德认为童年社会性发展最重要的时期是五六岁，他称为潜伏期。幼儿对于竞争行为已有输赢的概念，进入小学一年级后，辨别性别角色的社会行为极为明显。七八岁儿童的友谊形式渐变，形成许多结构性较强的小团体，并产生归属感。在道德发展的层次上，5至8岁的典型特征是遵守规范、服从权威及相对功利性导向，他们判断行为的对与错，是以行为的后果而非行为动机作为依据的。

依据儿童心理学中对幼儿认知发展、身体动作发展、情绪发展、社会性发展、语言发展的规律，制定平稳度过一年级的活动计划。在班级常规的训练上，适度的他律权威的建立，也要伴随相对功利的因势利导，多给孩子鼓励与赞赏，将有助于建立儿童的自信与自律。

3.幼小断层理论分析：

（1）儿童关系人的断层。孩子入学后，必须离开"第二个母亲"角色的关系——幼儿园教师，而去接受严格要求、学习期望高的小学教师，这使孩子感到压力和负担。

（2）学习方式的断层。小学中正规的科目学习方式与幼儿园的自由游戏、探索学习和发现学习方式有较大区别，孩子必须有适当的时间加以适应。

（3）行为规范的断层。通常在幼儿园被认为是理所当然的个人要求，在小学不再被重视。孩子入小学后，必须学会正确地认识自己，融入集体，他们以往的感性将渐渐被理性和规则所控制。

（4）社会结构的断层。孩子入小学后与幼儿园的友伴分离，重新建立新的人际关系，结交新朋友，寻找自己在团体中的位置并为班级所认同。

（5）期望水平的断层。家长和教师都会对上了学的孩子给予新的期望和压力，为了学业而减少了孩子游戏活动的时间等。

（6）学习环境的断层。幼儿期的自由、活泼、自发的学习环境转换成为学科学习、有作业、受教师支配的学习环境，孩子容易陷入不注意状态或学习障碍。

三、我们的做法

进步小学办学理念是"积跬步至千里"，"培育身健品端，活泼乐学，阳光大气的进步少年"是我校的育人目标。为此我们从多方面整合德育资源，开展培育进步学生的活动，精心策划平稳度过一年级的系列活动，使学生转变角色尽快适应小学生活，懂得校园规矩，养成好习惯，感受校园生活美好，喜欢学校，安全、健康、快乐享受每一天。我们是从家长、教师、学生这三方面开展平稳度过一年级的工作的。

(一)携手家长,助力孩子适应小学生活

即将步入学校的孩子,需要提前做好充分的心理准备才能很好地完成从幼儿到儿童的成长过程,走好步入小学的第一步就尤为重要。家长是孩子的第一任教师,只有家长做好充分的准备才能更好地指导自己的孩子走好这至关重要的一步。因此,我们首先做的工作是组织新生家长参加展览路社区教育学校为辖区小学生家长开展的入学教育普及讲座,其次是学校设计召开三层家长会,目的是使家长尽快了解学校教育理念、年段学生习惯培养目标、班级文化建设等小学教育教学生活。

1. 三层家长会。

(1)第一层家长会

在学生们拿到入学通知书的时候,家长是兴奋的,同时也对学校存在着很多的好奇,因此我们召开了第一次的年级家长会,目的就在于要让每一位新生家长更加准确地了解我们的学校,希望家长们对学校的办学理念有更多的了解,以便今后能够更好地指导自己的孩子。这次家长会上,校长亲自介绍学校的校史、办学理念、学校特色、办学风格及丰富多彩的校园活动,并且一一介绍学校各部门领导、教师和一年级任课教师班主任(因为假期老师们要去家访)。家长们通过家长会对学校有了准确的了解,解决了家长们对孩子入学的种种疑问,降低了第一次做小学生家长的焦虑。

(2)第二层家长会

在第一层家长会的基础上,我们又在孩子开学前进行了第二次的家长会。本次家长会我们的目的就是要给家长以更有针对性的指导以及提出新一年级学生的养成教育要求,更有实操性。这次家长会我们是由年级组长介绍孩子的年龄特点、年级养成教育要求,以及家长需要准备的各项事宜。学科教师对学科知识特点、学习用具准备和学习目标、方法同家长做简单交流,让家长做到心中有数。

通过第二次家长会,家长们更加清晰地了解到了自己的孩子在学校生活的模式,知道了自己在陪伴孩子成长过程中需要做些什么。

(3)第三层家长会

在老师的陪伴下,孩子们度过了一个月的学校生活。学生对学校有了些许的了解与适应,家长也度过了紧张期,开始慢慢适应陪伴孩子的小学生活。此时我

们召开了第三次家长会,在班级内由班主任主持召开。

家长们近距离地与班主任老师接触沟通,了解班主任的工作风格,了解到孩子在校的情况。这次家长会后,家长们一颗悬着的心终于落下了,因为他们知道自己的孩子可以适应这里的生活,并且非常的快乐。

2. 亲子活动,助力小伙伴及家长间的相融。

设计意图:老师们在家访中曾听到几位家长提到孩子之间不会沟通交流,有时因为孩子之间的问题甚至引发家长之间的矛盾。基于此,我们设计了"进步一家亲"亲子拓展活动,通过活动让学生之间、家长之间、师生之间、老师与家长之间能够尽快熟悉了解,彼此融合,便于今后学习生活中愉快相处。

时间选定:为保障每个家庭一位监护人参加,活动特选定在开学第一周周末,全体一年级师生和家长一起乘车来到航天基地开展亲子拓展活动。

活动叙述:开学一周,学生与学生、家长与家长、教师与家长之间不熟悉,学校给每位家长、学生设计并制作姓名贴,便于家长、学生之间互相了解,彼此熟识姓名。

我们设计的活动是以小组为单位完成的。为便于活动时顺畅,大家先来到学校分组集合,前期老师们准备好班级组别标志,委派家长代表任组长并召集组内成员,所有家长和学生在规定时间集合完毕。

设计任务单,为了让孩子、家长们有目的地完成拓展活动,学校为孩子们设计了活动任务单。任务单分两部分,一部分是根据学校一日常规标准设计的问题,目的是让孩子们熟悉常规标准,做有规矩的进步学生;另一部分是根据学生当天参加拓展活动项目完成情况设计的,目的是鼓励孩子们积极地去体验每个拓展项目,不怕困难,大胆去与小伙伴合作完成体验项目。乘车路途中,活动辅导员向家长和孩子们介绍活动安排及注意事项,并把老师们前期设计的闯关任务单下发到每位孩子手中。

活动效果:拓展活动过程中,家长和孩子之间配合默契,彼此间相互鼓励,有效完成拓展活动。通过一天的活动,孩子之间、家长之间彼此熟悉,大家在一起就像一家人,其乐融融。

3. 三级家长理事会。成立家长理事会,助力年级班级文化建设。

一直以来,进步小学视家长为家人,成立了三级家长理事会。每班一名家长是校级家长理事会成员，一名作为学校家长理事会副理事长，家长们每学期初参加学校行政计划的交流会，理事们对学校各部门计划提出合理化建议。每班2-3名家长是年级家长理事会成员，共同参与年级的活动策划及活动过程中的实施。每班5名家长是班级家长理事会成员，参与班级的文化建设、班级活动策划实施。

4. 有针对性开展家长学校活动，助力家校合作。

（1）家长学校沙龙活动。9月末，学校给家长下发问卷，征集家长在教育孩子方面的困惑和问题，收集并整理，学校聘请专家，针对家长的困惑开展专题家长沙龙。通过每月不同的专题家长学校沙龙、一学期三次家长学校沙龙活动，家长们学会了更多的家教知识和方法，学会了如何更好地陪伴孩子成长。

（2）家长开放日活动。开学初，学校把本学年家长开放日安排统计表印发给每位家长，家长们根据每次家长开放日人员要求，结合自己的时间安排选择参加家长开放日的时间，班主任做好统计报送学校。这样的家长开放日不仅人性化，保障了每位家长都能参加，每次家长开放日人数均衡，而且家长能够更深入地了解孩子的课堂、学校的活动，对学校而言又向家长全面宣传了学校，增进了家校之间的情感。

（3）每周六参加展览路社区教育学校开展的家庭教育讲座、沙龙、座谈活动，使家长全方位学习家庭教育知识，丰富家庭教育经验，提升教育子女的水平。

（二）提升教师专业水平，助力孩子适应小学生活

几年来，我们一直致力于"平稳度过一年级"的实践与研究，开展一年级教师的业务培训。大家在一起制定"平稳度过一年级"工作计划，计划涉及孩子第一天进校园的培养目标和安排，第一周、第一个月的培养目标与安排，细致周密。所有教师按照统一的目标安排进行实践，遇到问题及时反馈交流，并根据实践情况随时调整目标与安排。

1. 依据养成习惯培养目标，学校设计新同学集训三天后的研讨交流，一周后的问题研讨活动，一个月后的专项研讨会。（简报）

2. 依据课程目标设计了第一学期开展"我爱进步小学"的活动。课程实施过程中，老师们带领学生深入了解学校，听校长讲学校历史和进步故事，听图书馆老师讲阅读规则、听老师们讲校园礼仪……最后以"我为进步画张像"的形式呈现学习成果。孩子们把他们眼中最美的进步用喜欢的画面呈现出来，还把绘画背后的故事讲给同伴听，从故事中看出孩子们喜欢进步小学，喜欢上学。第二学期将开展"开往春天的列车"主题课程实践活动，在校园里寻找春天、讲春天的故事、画春天的景致，通过多角度观察校园，感受校园的美丽，让孩子们更喜欢学校。

（三）丰富多彩的活动，助力孩子们尽快适应小学生活

为了给孩子们创设一个安全的环境，尽快熟识新的环境，让他们有归属感，同时了解新环境的规矩，养成好习惯，学校为孩子们设计并开展多种形式的实践展示活动，树立自信，帮助孩子们获得成就感。为孩子们设计并开展了以下活动：

1. 开启了学长助学活动

（1）"我上学了"——我在绿树成荫、道路狭长的巨幅画面上贴上了我的小脚丫，从今天开始我要践行"积跬步 至千里"的校训，之后学哥学姐牵着我的手走进班级。

（2）"我的新学校"——学哥学姐牵着我的手熟悉学校环境，日常教我们做值日，教我们做保健眼操、广播体操。

2. 开启了"我是小学生了"系列活动

（1）"我的新伙伴"——老师带着我们在班里认识新伙伴，和爸爸妈妈一起设计制作"这就是我"的个人小档案介绍，让伙伴间尽快熟识。

（2）"我的新课本"——老师教我认识每本书和每个本子并知道它的作用。

（3）"我知道了"——课间有序安全活动、正确坐姿、上课举手发言、单行单人行走、不追跑不打闹……

（4）"我学到了"——校园礼仪、好习惯展示汇报，还有机会得到老师发的喜报。9月29日，学校组织了运动会，一个月的好习惯在全校老师和学哥学姐面前进行了展示，我们的入场式、团体操展示得到了大家的称赞！10月14日还参加"我爱进步"课程展示汇报，我们用行动大声地向大家说"我是进步小学生了，我喜欢我的学校、喜欢我的老师们，喜欢我的小伙伴们"！

千里之行，始于足下，小学生活是孩子们走入社会的起点，也是将来长达十几二十年学习之路的开端，让我们和孩子们一起携手同行，陪伴他们顺利走好学习生涯的第一步。我们将用对教育的情怀、用教育的智慧，为孩子们的学生时代涂上亮丽的底色！

33
正面管教

北京市西城区展览路第一小学教师　任小红　卫　春

我们校长常说:"办好一所学校,不光要有一支好的教师队伍,还要有一群好的家长,营造一派好的教育氛围。"家长参与研究性建设,研究学生的发展,是教育不可或缺的力量,也是真正实现家校协同教育的必由之路。一方面,现在的家长对孩子的教育和培养更为积极、主动,越来越多的家长愿意参与到学校教育当中来,并努力承担起家庭教育的责任。另一方面,素质教育的实施为家校共育提供了良好的平台,推动了家校共育的发展。

机缘巧合结识了一本书《正面管教》。关于正面管教,美国教育学博士、"正面管教协会"创始人简·尼尔森有一本同名书刊,其中系统地讲述了正面管教的原理、思想和方法。现结合我们的实际工作将简·尼尔森提到的一些思想、方法与各位一起分享。

一、家校携手,全面育人

我所在的学校是比较重视家校交流的,因为家庭教育和学校教育毕竟在教育思想、方法和内容上都有较大的区别和各自的分工,那么只有老师和父母之间沟通到位,才能让系统科学的基础教育适应于每一个孩子,才能有针对性地对孩子进行培养。学校在推进家校交流方面开展的主要活动有:建立家委会、家长进课堂、主题班会、学科汇报、亲子实践、参加入队仪式等等。在家校交流过程中,正面教育的作用充分体现出来了,尤其是家委会的建立工作。学校倡导每一个班级成立各自的家委会，由各班班主任协调主持工作，家委会成员由家长自荐并进行民主选举选出，充分代表了家长的意见。

家委会作为家长与老师之间的联系纽带，在家校共育的正面教育方面所起到的作用是非常显著的，以我现在所带班级的家委会举例：

1. 每学期初召开家委会会议，讨论本学期的班级目标、重要活动计划和班级建设工作。

2. 在家长的协助下，开展班级特色教育活动。如编写《行为习惯儿歌》和《经典诗词集》、创建班级图书角。

3. 利用家长专业人才，挖掘教育资源，开展家长进课堂活动。如：科技专题讲座、邀请作家进课堂。

4. 组织家校联合活动。如定期组织学生到学校旁边的图书大厦读书，培养学生阅读兴趣，养成阅读习惯。

5. 组织课余家庭DIY活动，增进孩子间的交流，锻炼孩子的动手能力。

6. 组织主题班会活动，让每一位孩子在自己的家长、同学和老师面前展现风采。

7. 积极反馈家长意见，改善教学环境，建立良好的教学氛围。

通过家委会的这些工作，班上的孩子们成长得特别快。在爸爸妈妈的带领下，孩子们在很短的时间里就懂得了如何与人相处、如何热爱学习、如何遵守规则、如何维护集体荣誉……正是爸爸妈妈的榜样告诉了他们什么是集体，什么是自我，以及为他人、为班级付出努力和贡献所带来的快乐。这也正是正面管教中所谈到的培养孩子的社会责任感，让孩子们在学校里体验到了快乐、和谐、合作、分担责任、相互尊重和爱。

二、开好"两会"，全力育人

"两会"是班会和家庭会议，我觉得这是学校和家庭在教育方面非常有效且易于实施的育人途径：它们的主要目的都是解决当下问题，实现共同愿景。在教育过程中，我也进行了这样的尝试，并深深体会到了它的好处。

班会是每个班主任管理班级的重要途径。有时候我们会认为班会太复杂、浪费时间、没有意义，而我却觉得，正是班会让学生体验到了归属感和自我价值感，帮助我节省了许多教育教学时间，提高了班级教育管理的实效性。正面管教的班会常常会使用头脑风暴的形式来开展活动。比如在感恩主题的班会上，我用头脑风暴法，让同学们举出各方面的具体事例，并表达出来：我要感谢×××（同学的名字）（做的某件事）。一开始，是我引导孩子们说，比如：我感谢魏巾丁同学帮我们打扫了教室；我感谢张嘉祁同学帮我分发了作业本……接下来，让孩子们自己来说，每一个孩子至少向一个同学致谢。有的时候，会提前告诉孩子们下一次班会我们要向×××、×××（几位同学）表示感谢，这样，孩子们在接下来的几天就会仔细观察这几位同学的表现，而被点到的同学都会有更积极的表现。经过了一段时间，孩子们都喜欢上了寻找、给予和接受正面的感谢。这个主题班会的开展提升了学生们关心集体、关心他人的主动性。

感恩班会后的一天，克勤妈妈找到我，说孩子这两天在家中多了感谢妈妈的话语，说是学校老师教的，特别感动。克勤是一个很淘气的小男孩，喜欢给同学起外号，课上很随便，想说就说，从不举手，说一些与课堂无关的话。课下非常活跃，喜欢和小伙伴打闹追跑。跟他聊过多次，可是他总是坚持不了多久，为此也没少找家长。克勤妈妈的这个反馈让我看到了希望，我想到使用家庭会议的方法帮助克勤解决纪律问题。

我给克勤妈妈打通了电话，告诉她：家庭会议可以让孩子学会倾听、尊重、合作、关心以及解决问题的技能，同时也让家长避免事事干预孩子、替孩子做主、听不到孩子的心声，并为孩子树立榜样，实践那些你希望孩子能掌握的技能。

克勤妈妈接受了我的建议，召开了家庭会议。

下面是家庭会议记录：

时间：2016年10月25日21：00

地点：家里

主题：关于克勤学习、课堂纪律、平时完成作业等

参加人：克勤、爸爸、妈妈

1. 关于克勤给同学取外号的事情

（1）妈妈给克勤耐心讲解为什么不能给别人取外号。

（2）尊重别人就是尊重自己。

（3）克勤明天写纸条给同学表示道歉。克勤认为给人取外号好玩、可乐，但是会伤害别人，自己也不想那样被别人对待。

（4）爸爸妈妈希望克勤以后能改正，不再给同学取外号了。

2. 关于克勤上课不举手随意回答问题的事情

（1）妈妈讲解上课为什么要举手才能发言。一是给别的同学机会，因为班级同学很多；二是即便举手没有被叫到，老师也知道你会了；三是老师上课需要一定的秩序。

（2）与课堂无关的话不要说。

（3）克勤表示知道，理解，会努力做到上课不随便发言了。

3. 关于克勤遵守课间纪律的事情

（1）爸爸传达任老师对课间纪律的要求。

（2）克勤解释了值周班委罚他的原因，觉得有些不公平。

（3）妈妈希望克勤遵守课间纪律，学会保护自己的安全，不要过分去打扰别人。

（4）运动时要注意分寸。爸爸妈妈小时候也被老师罚站过，目的在于注意安全。

4. 关于克勤写作业的问题

（1）希望克勤认真写字，做堂堂正正中国人。

（2）8点之前完成作业可以看电视20分钟。

有目标的家庭会议收到了实效。孩子以一种被尊重的方式参与家庭会议，感受到小主人的地位。通过这次家庭会议，克勤给同学起外号的毛病彻底改正了；课上知道先举手，再表达自己的意见；课下乱打乱闹的现象也减少了。

感恩班会、家庭会议，转变了淘气包克勤，让我获得了意外的惊喜，也让我对班会格外地偏爱起来。

低年级的班会我重点设定了两个主题，一个是学会感恩，另一个就是建立规则意识。建立班级的秩序和规则，一般学生们能够自由地以尊重的方式参与班级建设。为此，在我的班上，班干部是要靠自己努力奋斗的。

首先，我让孩子们通过头脑风暴说出我们应该成为怎样的小学生，总结出来就是我们的班训——"自觉 自信 快乐 学做人 爱读书 会做事"。

接着，继续头脑风暴，让大家说一说要做什么、怎么做。这就是每一位孩子的行为规范，把这些都整理出来就形成了我们班的《个人行为习惯评比表》。然后交给孩子们互相打分。打分的过程中鼓励孩子们多加分少扣分，要多多观察别人的优点。每两周根据得分的高低，选出中队委和小队委。

因为这些班规都是孩子们自己制定的，实施的时候就少了很多抗拒和阻力，大家努力为自己挣得加分，努力去遵守这些规则，当选队干部的机会对大家来说都是平等的，都有机会去争取。在我的班上，就有我们通常认为的"问题学生"通过自己的努力当选上了小队委。

个人行为习惯评比表

二（8）班班训：自觉 自信 快乐 学做人 爱读书 会做事

姓名：_____ 学号：_____ 周排名：_____

项目	内容	周一	周二	周三	周四	周五
早读	按时到					
	张嘴读					
上课	认真听					
	积极说					
	仔细看					
	踏实做					
作业	按时交					
	认真写					
	质量高					
课间	安全					
	课前准备					
两操	快、静、齐					
	专时专用					
	动作到位					
返班	安静					
	做完事					
广播	坐姿					
	专时专用					
放学	安静					
	干净					
品德	爱集体					
	会感恩					

自从我们开始定期召开班会后，我的学生们懂得了互相尊重和互相帮助。孩子们更乐意为班级付出了，现在班级里的很多事情我都不用管。早上早到的孩子会主动打扫卫生，下课会有孩子主动去擦黑板、倒垃圾，地上有纸屑、饭粒也会有孩子主动捡起来……这个班级已然是大家的班级，而不是我一个人的。

如今的班级，孩子们是友爱的、互助的，我的正面管教也得到了家长的认可，家长们也会经常找到我共同探讨家庭会议的方式方法。对于家庭教育来说，家庭会议是与班会异曲同工的一种形式，同样能达到相互帮助解决问题的目的。家庭会议的主要议题与班会相似，可以包括：致谢、感激、自我批评、解决问题、制定家庭规则、讨论家务事、制定家庭娱乐及活动计划等等。正面管教已成为我们共同的教育话题。

三、智慧沟通，理智育人

现在我们面对的家长知识层次越来越高了，家庭情况也越来越复杂。相应地，家长对孩子的期望值也越来越高，他们更多地期望孩子们自由快乐、个性张扬。有的家长过分地娇纵孩子，不让孩子有任何失望，让孩子失去了培养抗挫折能力的机会。而有的家长过度严厉，以惩罚、说教、限制来控制孩子，剥夺了孩子适应社会的能力……面对这样的家长，我们很无奈，但我觉得，只要真情投入，智慧沟通，建立信任，家长也会积极配合我们的教育，为孩子的健康成长一起努力。在此我想与大家分享两个教育故事。

故事一：咬手指的缪缪

我们班有个孩子叫缪缪。在一年级寒假前，我才注意到他咬手指的问题，但已经很严重，十个手指尖大部分都被咬破皮。我发现他闲着无聊的时候、发呆的时候会咬；经过沟通，缪缪说他思考问题的时候也会咬。被洗澡水泡过的手指惨不忍睹，他自己也很担心，不想这样，但实现完全不咬很难，有点控制不住。

我与家长的沟通：家长很意外，这么小的细节都被老师关注到，于是就很配合地告诉我，他也发现孩子经常在咬手指，而且提醒后也没有用。于是我和家长共同寻找造成这种行为可能的原因：学习困难？没有朋友？适应困难？家长要求过高？老师严厉？……经过沟通，初步判断为家长要求过高，学校不适应导致的紧张焦虑。

学校对策：作为班主任，我真诚、温暖、友爱，更多地欣赏、鼓励缪缪的优点，在孩子遇到困难或犯错的时候也是温和而坚定地教导，缪缪与我建立了一种信任和尊重的关系。同时，经常与家长沟通孩子的在校情况，当着孩子面具体表扬他的进步，并且对家庭教育也多有指导。

家庭对策：(1)父母首先反思，承认自己对孩子的管教方式有问题。对孩子有期待，但要求过高；家长经常难以控制自己的情绪，会对孩子发泄情绪；与缪缪制定的规则也常常松动或改变，导致孩子不知所措。(2)父母去学习正面管教的课程，努力成长自己，改变沟通方式。与缪缪商量制定一些规则（关于作业、自己的事情自己做等）后，适度放手，平静、温和而坚定地去执行。（3）父母在与缪缪的日常沟通中，更多地去发现孩子的优点，具体明确地赞美和鼓励，增加孩子的自信心。（4）父母鼓励孩子多结交朋友，在与朋友交往过程中考虑对方感受，别人不喜欢的动作立刻停止。

家校结合的教育结果：经过一年级的暑假之后，缪缪在二年级已经很适应小学校园生活，开朗、阳光，有很多好朋友，在学习上的自主性更强，回家可以独立完成作业，自信心也很高，一年级最为困扰的咬手指问题已经解决。这主要得益于老师以孩子为本、尊重、接纳、欣赏的教育方式，得益于父母的自我觉察和努力改变，得益于家校的有效沟通。

故事二：失控的天使

我们都知道应该经常鼓励孩子，但对一个做错了事或是有不良行为的孩子进行鼓励往往是不容易做到的。因为，我们已经习惯了以负面方式对待，比如惩罚、责骂等等。

当我们真正挖掘孩子不良行为背后的信息，帮助他去改善行为，在孩子停止不良行为以后给予真诚的鼓励之后，就会发现孩子是可以控制自己的言行的，并且因为老师对他的认可、肯定体现了自己的价值，获得了个体的尊重，学生才更愿意通过自己的努力去改变现状，争取在班级中的存在感、个体感得到满足。

我们班有个孩子叫子函，入学前被诊断为抽动障碍，具体表现为注意力不集中，有时不受控制说脏话，情绪易激动。接班之前我就主动联系家长，假期进行家访，了解了子函的病程，有的放矢地主动走进孩子，让孩子情感得到关注。交谈中我发觉子函是一个特别需要被关注、喜欢画画的孩子。与子函家长交流比较通畅。与家长之间进行诚恳交流后，假期中我就开始了解抽动障碍这类孩子的特性，提前对孩子的入学教育教学工作进行准备。理论学习需要实践检验。

一年级入学时，子函的与众不同之处凸显得很特别。他上课时总是不受控制地发出声音，与同学的相处尺度掌握不好。认字速度明显弱于其他同学，在班级中同学关系不融洽。作为班主任和语文老师，我不仅要顾全子函，还要兼顾班级整体。我努力营造团结、包容、宽容的班级氛围。我利用放学时间与家长沟通，让家长明确，老师向家长反映孩子在学校情况并不是在告状，教师的初衷是为了帮助子函。一切都是为了孩子。家长理解了老师的本心，在子函的教育上高度配合，达到了预期效果。为了调动子函的学习热情，培养他的班级主人翁意识，家长提出降低学习要求，让子函参与集体工作，力所能及地服务同学。学校和家长共同制定子函短期行为目标、认字规划。教师在学校鼓励孩子的点滴进步。认字时可以标注拼音，一单元都认识后在学校认字表上盖章，拥抱孩子，或者用夸张的语气对他表扬。家长每天放学后主动和老师沟通，了解他一天在校各方面情况，强化他的进步，弱化不足。让孩子明确班主任老师是爱子函的，喜欢子函的，子函在班级中是被需要的。比如：我观察发现，子函对举路队牌非常感兴趣，这是一个教育契机。我就主动和妈妈约定，如果当天上课表现良好不影响其他同学，就负责举路队牌出校门。妈妈看见，孩子举牌子出来，就表扬鼓励孩子。见到没有举牌子就主动联系老师，及时交流情况，共同商量怎么引导孩子。看到了子函举牌时抬头挺胸的自豪神态，我由衷地为他欣喜。教育孩子、鼓励孩子是每时每刻的，潜移默化，润物无声的。随后，我们转换形式。午饭时间，让子函为大家盛汤，大家主动感谢他。周四放学后，留他帮助值日生做值日。慢慢地，子函由老师指派任务过渡到主动找工作，同学摔倒了愿意主动扶起，同学生病了主动关心，让家长主动问候崴脚的7班李老师。子函的问题少了，朋友多了，笑容多了，在班级中得到了认可，也有了主人翁意识。于是他更加热爱集体，关心同学。事实证明我们家校的配合起到了作用，顺利地帮助子函度过了幼升小的衔接。真为他高兴。

一个学期过去了，子函的症状相对稳定，也一直在服用中药。学习方面语文认字、读书基本能跟上。班级管理方面也能基本跟从老师指令，在集体中并不显得异样。我们家校的配合一直在持续。这次检查，妈妈高兴地打电话告诉我，医生说，子函情绪平稳，恢复得挺好。真为他高兴。

以上这两个教育案例，让我深切地体会到正面管教中所倡导的和善而坚定地对待每一个孩子，对待身边任何一个人。和善是态度，坚定是原则，当孩子出现问题时，作为父母、作为老师，我们需要的是和孩子一起找到解决问题的方法，而不是处罚或责备他们。家长与老师之间的互相信任、互相配合，一定是家校共育的前提和基石，而正面教育是培养自尊、自信、自爱、自强的学生最普遍有效的工具。我会好好了解"正面管教"的深层次意义以及更多的实操性，把它更完美地融合在学校的德育工作以及家庭教育中，做到既有原则性，又有艺术性。

多年的班主任工作，让我有了许多的心得，成功的带班经验得到了家长的认可，也结识了许多家长朋友。我爱看书，总能在书中得到新的启示，过去自己的一些做法在正面管教中得到印证，找到理论支撑，而且还学到许多科学的方法。我也正在通过家长会、班主任会的方式将正面管教的观点传递给更多的家长和教师伙伴，希望通过我们的努力，陪伴孩子们快乐成长。

34 家书抵万金

北京市西城区展览路第一小学教师　王云雀

音乐训练后,任课老师找到我:"王老师,今天课上有两名孩子没来,我让班干部去找,发现他们在厕所里玩……"

数学课后,老师生气地把作业摊在我面前:"王老师,您看看这几个学生的作业,简直就没法看……"

课间操,体育队长跑到我面前,悄悄对我说:"王老师,咱们班路队被批评了,后面的同学总是说话……"

天哪,这就是开学刚刚两周来,班级里出现的各种情况。

虽然接这个班前,也听上一任班主任介绍过整体情况,有些心理准备,但是层出不穷的问题,仍然让我焦头烂额。这个班由音乐特长生组成,每个孩子都能歌善舞,机灵活泼,但唯独欠缺的是踏实的学习态度和良好的学习习惯。尤其是进入了中年级,他们已经完全适应了学校生活,没有了低年级时对学校的陌生感。这一闹起来,简直就是一台戏。尽管已经做班主任近20年,但是这么棘手的班情,我还真是第一次遇到。走路时,思考的是班里的情况;睡觉时,想的也是如何解决问题。我真的像歌里面唱的那样——满脑子都是孩子哭了笑了!

怎么办?怎么办?我必须想个办法,让孩子能顺利进入状态,决不能只疲于应付临时出现的各种问题!

第一封家书——架起家校携手的桥梁

对，先从家长入手，首先让家长配合起我的工作，和我一起携手对孩子展开教育。孩子刚刚从低年级段进入中年级段，换了新的班主任，家长都在持观望态度。那我就先让家长了解我、了解中年级段的学段特点，感受到我的真诚。于是，我打算用一封真情洋溢的电子邮件，作为我的第一份见面礼。仔细斟酌后，我在信中这样写道：

尊敬的家长朋友们：大家好！

开学近两周了，作为班主任老师的我，因为开学初工作的琐碎与忙乱，无暇与家长一一当面交流，只能采取书信这种形式，希望能借助这一份小小的信函，迈好我们相互沟通的第一步。

接下来，我做了自我介绍，我相信这也是家长们特别渴望了解的信息。然后，我围绕中年级学段的特点，给家长们讲解了与低年级段的不同点，以及需要家长配合的工作。在信件的最后，我真诚地对家长说：

由于孩子刚刚进入中年级段，行为习惯、生活方式、心理适应上都要经历一次转变。这是必然的现象，请家长及时帮助孩子调整心态，做好积极正面引导。作为教师的我，也会用加倍的耐心和爱心来帮助他们，确保孩子顺利地度过开学初的时光。

亲爱的家长朋友，36名孩子和我已经组成了一个大家庭。我会用全部的热情和科学的"师爱"为咱们班的孩子擎起一片蓝蓝的天空，愿我们能架起沟通的桥梁，愿您能放心地把孩子的小手放到我的大手中，让我们一起为36名孩子的健康成长（身休健康、心理健康）而努力吧！

果然，很快我的个人邮箱中就有了家长的回信：

敬爱的王老师，看到这封信，我们欣慰极了。我们能看出您在用真心管理这个班级，而且通过您的讲解，我们知道了中年级段我们应该怎样配合老师，您给我们上了一节好课！我们会按照您的要求，努力配合您，管理好自己的孩子。

看着这一封封家长的回信，我感到了莫大的踏实感。我知道，家长的心和我贴在了一起。有家长的理解与支持，我有了管理好班级的更大信心。

第二封家书——建立班级共同的愿景

接下来的日子，我静下心来，研究班级出现问题的根源。我发现问题产生的根本原因是孩子们每人都有自己的思想，但是缺少一个共同的愿景。大家没有共同努力的目标，也就没有凝聚在一起前进的动力。该如何建立起班级凝聚力，让大家心往一处想，劲往一处使呢？我决定写出第二封家书，写一封向孩子们的"求助信"。利用班会课，我将这封求助信宣读了出来，孩子们都惊呆了：

亲爱的孩子们，很高兴和你们组成36+1的大家庭，咱们这个家。在这个家里，我是妈妈，你们是孩子。36个孩子，个个都活泼开朗，每人都具有甜美的歌喉，每当歌声荡漾的时候，我的心里就充满了自豪。

在表达了对班集体和孩子们的喜爱后，我在信中写出了自己的困惑：

王老师很高兴和你们生活在一起，但是回顾过去的两周，我的心里又充满了困惑。请你们帮王老师想一想，为什么我们这么聪明，却在成绩上得不到体现？在学校的各项评价中，得不到肯定？你们知道吗？每当听到学校小干部评价咱们班同学的问题时，王老师的心里有多么难过？每当听到任课老师反映你们的状况时，王老师的心里有多么着急？哪个妈妈不希望自己的孩子出类拔萃，哪个家庭不希望得到别人的赞美！现在作为"妈妈"的我，心里真不是滋味。那种沮丧、失落的心情，你们一定体会不到。所以，面对咱们班这种现状，王老师向你们求助，请你们帮王老师出出主意，我们到底该怎么做，才能让我们四五班成为一个优秀的家庭，让我们每一个人都为生活在这个集体而感到自豪？

信件情真意切，甚至有的小姑娘眼睛湿润了。沉默，还是沉默，大家不知道该怎么开口。于是，我请大家以小组为单位，围绕"自己应该怎样做，不该怎样做"这个话题讨论，然后写下来，派代表做汇报。组里的讨论，孩子们不再沉默。经过激烈的讨论、汇总、梳理，最终我们竟然制定出了切合实际的班级公约。公约中没有理论和口号，每一条都是针对学校各项要求可以做到的细节。最重要的是，公约完全出自孩子们的口中，是孩子们认为可以做到的。

当然，光靠一封信，完全逆转班级情况是不切实际的。但是这第二封家书却敲开了孩子们的心灵，他们和老师的心贴得更近了，为接下来的班主任工作奠定了良好的感情基础。

第三封家书——以学生为镜，改正自己不足

有了班级共同的愿景和班级制度的约束，再加上我严格的管理，班集体似乎进入了良好的运行轨道。但是渐渐地我发现，有些孩子似乎在远离我，眼神始终躲避着我。这是为什么呢？

很巧，语文课正好进行到学写书信的环节。我决定利用这一契机，让孩子们对我说说心里话。学习完写作方法后，我提出了本次习作的要求——对老师说说心里话。可以分享你的快乐，可以倾诉你的苦闷，可以述说你的委屈，也可以提提对老师的意见。收上来的习作，我一份份认真批改、阅读。不能不承认，现在的孩子是勇于讲出心中观点的。果不其然，有一封信就讲了对我工作的看法：

敬爱的王老师，您好！

先谢谢您对我们的认真负责，您在我们身上花费了不少心血，我们都特别感谢您。但是，我也想说说自己的一些心里话。

您的课讲得很生动，课堂上，您总是笑眯眯的，使我这个原来不喜欢语

文课的人，都开始喜欢上您的课了。但是，您知道吗？一旦我们犯了错误，您的眼睛就变得和课堂上不一样了。每当那个时候，我的心里就很害怕，虽然您有时候不是批评我。

还有，我是个中等生，您在平时关注的不是好学生，就是那些总违反纪律的同学，好像很少关注到我们这些不言不语的孩子，您知道吗？我们是多么希望您也找我们谈谈心，给我们一些锻炼的机会，哪怕时间很短，我们也会感动的。

不难看出，这封信中表达的意思，不仅仅是孩子的心声，里面一定也融入了家长的观点。读着这封信，我的心内疚极了。没错，孩子句句反映的是我工作中的问题，我必须面对。回顾开学这一段时间，面对较混乱的班级情况，我确实急躁了，有时面对出现的问题，就采用批评教育等简单的方式。中等生的问题，也确实是工作中忽略的一点。

在给孩子的回信中，我真诚地说：

"谢谢你直言不讳的话语，你使我看清了自己的问题，我会以你这封信为镜子，多找自己工作中的误区，及时改进自己的问题。在教育你们成长的同时，老师愿意和你们一起成长！"

在后面的日子里，我时时注意自己的言行，并且摸索出了"小组捆绑式量化"等有效管理方式。有了制度做保障，凡事都有制度去做衡量和评价，我的态度自然不必急躁了。班级和谐的气氛浓郁起来了，孩子们远离我的目光又渐渐回来了。

学期末的一天，我意外地收到了一位家长发来的一条长长的短信，充满了对我的感激，同时也提到了这封她和孩子一起给我写的信。记得有这样两句话：

我们真的没想到：您对这封信这样重视。从孩子的描述中，我们看到了您的变化，我们为有您这样的老师而感到幸福。

接下来的日子里，我曾给个别生写过信，帮助他悄然改掉身上存在的问题；曾号召孩子们在母亲节和妈妈互动写信，引领他们学会感恩（这些信件还发表在了《语文导报》上）；曾带领孩子们给云南拉祜族小学写过信，建立手拉手关系，感受少数民族多彩的文化。

一封封信件，我和孩子们都把它们称为四五班"家书"。有了家书的情感铺垫，再加上班级各项制度的良好运行，班级出现了质的变化：孩子们乐观向上，各方面的养成教育评比中，同学们能够严格要求自己，良好的状态得到了多位任课老师的表扬。考试中，各科成绩均在年级名列前茅，区级优秀中队、学校优秀班集体、美丽班级等荣誉则使孩子们更有了向上的动力。

回顾班级点点滴滴的进步，心中颇多感慨：班级的变化，除了有良好的制度做保障，真的离不开这一封封家书的作用。

虽然没有连三月的烽火，虽然没有搔更短的白头，但是在班级管理中，我真真切切地感受到了家书的重要性。家书是有情的，它充满爱和关怀，为班级编织了坚实的感情纽带。家书是真诚的，它传达的是一种师生之间真实的信息和情感。一封封家书，见证了师生间那份浓浓的情谊，见证了孩子们令人喜悦的进步，见证了班集体凝聚力的形成！

一封封家书，融入了我的教育智慧和师爱。然而更为重要的是，家书促使我在班主任工作之路上更快成长。它使我懂得了：要用更人性化、更符合教育原理、更具有魅力的方式开展班级教育工作。这样才能真正成为孩子们心灵的陪伴者，呵护他们健康自然地成长，才有助于提高教育成效，才能自由而诗意地享受做班主任的幸福感！

家书——抵万金！

35
在活动中体现教育合力

北京市西城区展览路第一小学教师　张　坤

客观描述

教育发展既是一个复杂的系统，又是一个复杂的过程。既要充分发挥学校教育、家庭教育和社会教育各个方面的独立功能和作用，又要协调好三者之间的关系，形成强大的教育合力，营造一种有利于青少年学生身心健康的社会环境。

去年，我班展开了"绿色环保我最棒"活动。在活动筹备过程中，孩子们积极制作环保心愿卡和环保知识宣传单，学生家长也给予了大力支持。特别在制作心愿卡的环节中，许多家长都帮助学生出谋划策，甚至上网找参考图片。当学生把他们的心愿卡拿给我看时，我被他们的作品感动了，从这张小小的心愿卡中我真切地感受到孩子们为宣传绿色环保所付出的努力及心血。

当天上午9点，在社区居民的健身双环舞和本班学生的健身操表演中活动拉开了序幕。参加这项活动的，有热心参与的社区居民和本班的全体师生，以及部分学生家长和我校部分教师代表。

学生们还为社区居民和行人送来了《绿色环保》知识手册。这本手册承载着我们每一个北京人对绿色北京的期盼。会场四周飘扬的环保心愿卡此时此刻也正诉说着每一个孩子的心声。

活动的另一项内容是社区居民、家长代表与同学们一起擦亮家园活动，我们要用自己的行动清扫垃圾，铲除小广告，共同净化美化自己的家园。在老师的带领下，学生们怀着激动的心情排着整齐的队伍，拿着清扫工具出发了。到了目的地，学生们在组长的统筹安排下，很有秩序地以小组形式到规定的地方清扫地面和铲除小广告。孩子们的行动，引起许多过往行人的注意，无论是上班的职工还是散步的老人，他们都投来赞许的目光。听到大人对他们的表扬及鼓励，孩子们开心地笑了，劳动的热情更加高涨。看到孩子们的笑脸和不知疲倦的身影，我由衷地为他们高兴。我相信这次实践活动会给孩子们留下深刻记忆，他们的环境保护意识会更强，会直接影响他们周围的人和事，绿色环保不再是一句空话。正当我为他们高兴的时候，发生了一个小插曲：有个学龄前孩子吃完香蕉把香蕉皮给了她的妈妈，她的妈妈随手就扔在地上。晓珊同学看见了说："阿姨，请您不要乱扔果皮。""你管得着吗？"说完她就把孩子带走了。面对这一突发事件，孩子们没有任何思想准备，他们吃惊地看着这对母女远去的身影，委屈、伤心挂在了他们脸上。说实话当时我也很气愤，这个母亲今天扔的不仅仅是一个果皮，而是扔掉了文明，是在她孩子心中的地位。但是我没有发作，因为我知道，这件事情如果处理不慎，就会影响这次活动的意义。这时，有几位学生跑到我面前，伤心地说："阿姨为什么要这样做……"我牵着他们的手来到那个果皮面前捡起并把它扔进果皮箱，微笑着对孩子们说："今天我们活动目的是什么？今天支持我们活动的人多，还是像这个阿姨的人多？也许这个阿姨还没意识到环保的重要性呢，你们不会因为这种极个别的不文明行为而退缩吧？"孩子们又默默地干起来，看着他们飞奔而去的背影我为他们高兴，因为我知道他们懂了，他们在生活实践中又一次得到了锻炼。孩子们又快乐地回到各自的岗位上，把更多的热情投入到劳动中，我为学生们的举动喝彩。

案例分析

通过此活动，不仅让学生学到了保护环境的知识，而且让学生走出校门体验到了怎样去保护环境以及成功的喜悦，增强了学生间的团结合作意识，提高了动手能力和综合实践能力，同时也让孩子们感受到了社会教育的力量。

活动之后，我感受颇深。孩子们为活动付出了大量的心血，但若离开家长、社会人士的关心和支持，这次活动是不会成功的。在制作心愿贺卡的过程中，调动了家长、亲朋好友积极参与此项活动，发挥了学校、家庭的教育整合作用。

教育家克鲁普斯卡娅说过："教师不是站在关着大门的学校的环境里进行自己的工作，不是站在社会主义建设的旁边而是在社会主义的最中心进行自己的工作"，所以，作为教师，首先要让学生积极参与班内、校内、社区内各种活动，培养学生在学校、家庭和社区等方面的良好道德行为，学会关心他人、关心国家大事。其次，学校、家庭和社会要主动沟通、积极配合。

总之，学校教育不应该脱离家庭和社会而成为"教育的孤岛"，因为每一个教育主体都具有不可替代的教育影响力，都能对学生产生独特的教育作用。在今后的教育中，学校要与家庭、社会三方彼此取长补短，相得益彰，从而使学生更为长久地接受正面教育和管理，以达到有利于学生身心健康、全面发展的教育目的。

36
多一点沟通，多一点理解

北京市西城区五路通小学教师　董丽霞

案例描述

我们班的刘某，脑子灵活，课上表现积极，经常举手回答问题，学习成绩也很好，写一首漂亮的铅笔字，二胡拉得也是特别棒。但这个同学就是管不住自己，纪律散漫，再加上得了过敏性鼻炎，课上经常大声地擤鼻涕，自己犯了错误，总也不承认，总是自己有理。

刚接这个班，刘某就特别引起了我的注意。他的小动作特别的多，手老是不闲着。通过与家长的交流，我了解了他得了过敏性鼻炎，同时让我多照顾一些。当然，作为班主任的我，肯定会多加关照的。于是，不管什么时候，他向我请假吐痰、擤鼻涕我都会批准。可据我的观察，他每次总是不以为然的样子。做操的时候，他会大摇大摆地走出去，特别地引人注目，可他自己一点也不觉得怎样。记得有一次，他在班里大声地说："我受不了了。"当时我听了这句话很惊讶，为什么？于是，我把他叫到我的跟前，小声地对他说："你怎么了？有什么受不了的？"他哭着对我说："为什么得鼻炎的是我，为什么？同学们都取笑我，管我叫'鼻涕王'。我真的受不了了。"说完又哭了起来。我了解这一情况后，心平气和地对他说："你是男子汉，先不要哭，哭是解决不了问题的。同学们这样叫你，当然是他们不对，我会在班上教育的，我保证今后不会有任何同学再这样叫你。再说了，你得的不就是一个小小的鼻炎吗？有什么受不了的？现在医术这么先进，你很快就会好的。你想想，那些得了癌症的病人难道就不活了吗？

不，他们每天在和病魔做斗争。所以，你比他们要幸运得多。"这时，他擦了擦眼泪，也不再说什么。第二天，我利用晨检的时间问同学们："如果班里同学生病了，我们应该怎么办？"同学们异口同声地回答："应该帮助他。""对，你们说的很对，我们应该帮助他，而不是嘲笑他，更不能给他起外号。"说到这儿，有的同学不好意思地低下了头。我接着说："董老师相信你们一定会知错就改。"从那以后，没有听到谁再叫他"鼻涕王"了。放学后，我与家长进行了及时的沟通。首先，我表示非常理解家长的心情。孩子生病了，作为家长肯定都特别着急，我也是孩子的母亲，有时就觉得孩子病了还不如自己病了。从他妈妈的谈话中，也能听出家长的抱怨，为什么我们家孩子得了鼻炎？为什么不能像其他孩子一样有个好鼻子？所以家长的情绪直接影响了孩子。于是我又做家长的工作，告诉她这样会影响自己的孩子，对自己的孩子不好，应该积极地去面对。我肯定在生活上会多加照顾，但是照顾归照顾，我希望孩子有一定的自控能力，咱们共同引导孩子学会控制自己，这样对孩子也会有好处的。"您的孩子在学习上很努力，如果能控制自己，遵守纪律，一定是一个优秀的孩子。""对，从一年级到现在就是因为纪律评不上三好，我一定会积极配合您的。"家长激动地说。通过与家长的交谈，我对他进行了全面的了解和认识，发现了孩子的优点，在班里及时地进行表扬，帮助他在班里树立威信，并经常找他谈心，让他自己认识到他的做法的不利之处。同时了解了家长的一些教育孩子的方法和家长的态度，通过多次交谈，和家长达成了一致的看法，并取得了家长对学校工作的配合，形成了家校合力。

这学期，孩子被同学们选为学校的值周生。我及时把这个好消息告诉家长，并告诉他们这学期很少听到孩子大声擤鼻涕的声音了，上操时也能坚持下来了，家长听了喜笑颜开。孩子的进步确实很大。

教育反思

多一点沟通，就会多一点理解，也会多一点支持。著名教育改革家魏书生说过："心灵的大门不容易叩开，可是一旦叩开了，走入学生的心灵世界，就会发现那是一个广阔而迷人的新天地，许多百思不得其解的教育难题都会在那里找到答案。"通过教师与家长及时的交流与沟通，使教育达到最好的效果。同时也减少了教师与家长之间的误会，使之互相理解，积极配合。

家校协同可以对学生进行全面认识、分析、理解，真正实现了"一把钥匙开一把锁"；家校协同架起了联系与沟通的桥梁，织成了家长与教师共识的纽带；家校协同容易形成教育合力，产生良好的教育效果。真是多一点沟通，就会多一点理解，也会多一点支持。

37
教育始于了解

北京市西城区育翔小学教师　王　冠

一、家庭氛围——一双藏在孩子身后隐形的"大手"

当面对孩子突如其来的焦躁和叛逆时，我们往往都会在孩子身上按图索骥，绞尽脑汁想要揭开其中的秘密，而往往忽视了隐藏在他们身后的另一双隐形的"大手"，它就是家庭氛围的影响。对一个尚处于小学的儿童而言，家庭的变故给予他内心的震动是不容小觑的。

最近一段时间，铮铮上课时总是拿着他的水瓶滋周围的同学，搞得同学们苦不堪言，纷纷申请不与他做"邻居"。静静地躺在教室一隅的"星星知我心"班级信箱里，每天都会多出几张匿名小纸条，上面只是寥寥几个字："我讨厌回家！"凭着对字迹的判断，我猜它们是铮铮写的。几个潦草的歪歪扭扭的字让人依稀感受到这个孩子身上焦躁不安的情绪。面对这种局面，我不由分说便把铮铮叫到了身边问询情况。令我始料未及的是，他听到同学们的抗议非常亢奋，一边怒吼着一边指责所有人与他为敌。我嗅到了不一样的气息，于是我领着他进了办公室，先安抚他的情绪，然后缓缓地说："老师觉察到你最近有点不快乐，能告诉我发生什么了吗？"他低着头欲言又止，半晌说不出话来。我倒了杯热水递到他手中，在一旁静静地注视着他。"我……妈妈和爸爸总是打架，他们要上法庭，他们谁都不想要我，我难受！"话音刚落，便发出一阵撕心裂肺的哭喊，我一把把他抱在了怀里。此时，我的心中五味杂陈，难以名状。

"爸爸妈妈要去法院离婚了，以前爸爸一看我淘气就揍我，可是现在他每天都不理我,连看都不看我一眼,我觉得他不要我了。我宁愿他每天都揍我,也不想看见他每天这样对我。"眼前这个孩子因呜咽而不停地抽搐着,我感受到的是深深的痛。

…………

当一个人在人际关系中的归属感受到阻碍时,这对他是一个实实在在的伤害,也会引发强烈的挫折感,这种挫折感和排斥感又可能会引发敌对和暴力。

铮铮躲在我怀里委屈地号啕大哭。此时,铮铮的妈妈已经坐在我对面,眼里噙着泪。"王老师,我从来没有见过孩子这么反常,他昨天竟然因为我批评了他而对我大吼大叫。""铮铮现在最需要的是安全的归属感,我们要做的不是品评他当下的行为,而是同理他的感受,了解他行为背后内隐的态度。"我给了铮铮妈妈一个默许的点头,暗示她我已经知道了家里一些的变故。她表情变得有些尴尬,我心领神会似的对她说:"家里的事情,我不便过问,每个人都有主宰自己生活的权利。我只想和您说,孩子的世界很小,你们是他世界里最重要的部分,请尽量克制,不要把过多负面的情绪传递给他。"我顿了顿,试探着伸出了一只手,说:"我可以帮上忙的,尽管说。"

第二天,我送给了铮铮一套精美的画笔和一个图画本,他惊讶地捧在手里情不自禁地喊道:"哇塞,哇塞!""你画画那么好,可以把你的作品送给你喜欢的人,好吗?"他用力地点了点头。从那天起,我试图转移他的注意力,借助挖掘他自身的优势和兴趣点提升他对自己和生活的悦纳感和自我效能感,以此为契机改善他的人际关系。我每天都会认真倾听他对自己作品的解读,那种认真而骄傲的神情让我觉得他能一度忘了忧伤。他会把绝大多数作品都小心翼翼地保管好,然后有一部分在我的鼓励下送给了同学,当然还有那些他得罪过的"邻居"。渐渐地,他和同学的关系一天比一天融洽了,身上也少了一些戾气。

二、正向激励孩子的行为,恰当选择强化刺激物

前不久,晓晓的爸爸在微信朋友圈中的一条动态引起了我的关注。照片上,晓晓愁眉不展,有气无力地慢跑着。照片上方的一行注解显得格外引人注目:"罚跑两千米!"第二天,我小心翼翼地向晓晓询问昨天事情的原委。通过孩子的只言

片语，我了解到原来孩子是因为没有按时抄写记事而受到惩罚。看到孩子一脸沮丧，吞吞吐吐地叙述昨天的经历时，我意识到应该适时地与孩子的家长沟通一下了。这天下午，我主动约见了晓晓的爸爸。起初，晓晓的爸爸不以为然，反而颇为得意自己的奖惩措施。"王老师，您不知道，自从我在家里给孩子立了规矩之后，真的非常有效。犯错误就要接受罚跑步的惩罚，要是表现好就能玩电脑游戏。"

他话音刚落，我已经按捺不住了，急切地说："单纯地讲，跑步是锻炼身体的一种非常好的途径，而玩电脑游戏却是诱发青少年网瘾的问题之一。那么，孰是孰非一目了然。如果我们用负向的刺激物来强化她正向的行为，而用正向的刺激物来强化她负向的行为，可能暂且达到了我们想要的目标，但是从长远的教育意义上却造成极大的隐患。"我顿了顿，接着说："其实，我们愿不愿意去主动做一件事情，通常会凭借情绪、兴趣来判断。如果跑步仅仅给她带来的是惩罚的意象，恐怖、压抑的感受，我想以后孩子不会选择这种方式去锻炼自己的身体，甚至于会抗拒运动。而她反倒会不断地效仿您的方式去用玩电脑游戏奖赏自己。"晓晓的爸爸恍然大悟，一个劲儿地检讨自己的做法。看到孩子的爸爸接纳了我表述的观点，便开始和他一起结合孩子的性格特点，制定提升孩子管理时间能力的培养计划。

我还建议晓晓的爸爸去听社区家校讲座，带着问题去听，带着收获再投入到育子当中去，这才是学以致用。他的积极性极高，幸运地抢到了听讲座的机会。当天便收到他的短信："您推荐的太及时了，教育专家提到的问题就像在说我们家一样，处处都有用，真是意犹未尽。"

前几天，我又一次得到了晓晓爸爸的反馈，电话中孩子爸爸提到了孩子的进步，也提到了一些其他困惑。他发现原本我们计划中选择的鼓励孩子正向行为的刺激物不那么灵验了。当孩子每每遵循着作息时间表完成所有任务时都会得到积分奖励，积累到一定分值时可以兑换不同分值的礼物，诸如：书籍、画册、乐高玩具等。但是，执行一段时间后问题来了：这些礼物不再那么有吸引力了，孩子也不像开始兑换礼物时那么雀跃了。此时该如何调整做法呢？其实，当这几种刺激物重复出现好多次时，就会使孩子产生一种耐兴奋感，这种感觉抑制着事物本身对孩子正向行为的强化作用。因此，当刺激物不再具有诱惑力时，我们就必须适当地更换不同质的刺激物或者继续增加刺激物的筹码，使孩子继续维持较高的动机。

三、尊重花期，静待绽放

在学校近四千名学生中间，有的同学与众不同的表达方式会让大多数教师不知所措，焦头烂额。所以，我们拥有心理学背景的班主任便义无反顾坚定地牵起他们的小手。既然选择了陪你长大，便只顾与你一起风雨兼程了。

我深知，陪伴他们成长是需要家校形成合力才能更有效。于是，我开始默默地呵护他，让家长感受到我对孩子的关爱。我每天都会牵着小寒的小手送他回家，把他亲自交到家长的手中，再耐心地交流这一天在学校的得与失。渐渐地，我用满满的热情融化了家长的心，我能感受到点滴的信任和支持在不断地凝聚。就这样，时常微信沟通教育方法，推荐教育微课，反馈教育成果，变成了我们家校配合的常态。我常说，家校配合的力度影响着孩子成长的速度。

这个学期，我常常拉着小寒穿梭在各个教室里。或许已经习惯了陪伴，经常会下意识地摸索身边那只熟悉温热的小手，生怕他离开我的视线。初见小寒，他自顾自沉浸在自己的小世界里旁若无人地捂着嘴咯咯地笑，嘴里不停地叨念着让他喜不自禁的话题。未见其人，却早闻其名。看着他兴致勃勃地凑到同学中间却没有一人应和，大概体会到他当下孤独的处境。那天，我要邀请一位"小雷锋"帮助班级开窗通风，他抬起头看了看窗户，又看了看我，片刻沉思后又低下了头。我略过一只只高举的小手喊出他的名字，他怔住了，一时慌了神。我在一旁放慢语速一步一步地指导他，他出奇地顺从，顺利地推开一扇扇窗。那时，我有些短暂的出神，我多想在未来的日子陪他一起打开心中的一扇扇窗啊！其他同学的目光都聚焦在小寒的身上，这好像有些不可思议。我对他们说："他给了我一个惊喜，我认识了一个热情善良的小寒。"

往常回家时，他会挣脱我的手自己跑在前面再回头张望。不知过了多久之后，我不用再重复着那句话，看着他认真地说："你要拉着我的手，因为你是我的朋友。"他会主动过来牵我的手，看不到我会着急地找我。

他的情绪阴晴不定，当疾风骤雨来临时，他会出其不意使出他的绝招儿攻击同学。即使是风平浪静时，他也会用他独特的表达来吸引同学的注意，站在窗边噼里啪啦地下起了"文具雨"。这一度让我战战兢兢。我用个体行为观察表记录每一次"突发事件"的发生发展过程，以求寻找一些不易察觉的线索，尽可能将事态控制在先兆阶段。通过每天认真地记录，我发现每当他看到楼下有人经过时便用这种方式和人"打招呼"。于是，我一方面和他一起赔偿了被丢掉文具的同学，一方面迅速把他的座位调到了远离窗户的位置。渐渐地，"文具雨"再没有出现过，这种行为消退了。

　　班里课本剧展示，每个同学都积极地找寻自己的伙伴组成小组开始排练。不出所料，没有一个人愿意和小寒一起。我想让小寒不只拥有我一个朋友。于是，我走到他的身边跟他说："你来挑角色，我和你一起展示。"他抬起头，定睛看了看，露出了天真的笑脸，疑惑地说："可是你是老师呀！""我也是你的朋友！"我坚定地回答道。他摸了摸脑袋，若有所思了一会儿，爽快地答应了。到了展示那天，我和同学们说："我和小寒也精心地准备了，迫不及待地想展示给大家看。但是，还少一个人配合，谁愿意帮帮我们？"大家都争先恐后地举起了手。我给予了助人的行为大大的鼓励，这种莫大的关注让更多的同学开始接纳和关心小寒了。我趁势提出了我的"奢望"。"既然这么多热心的同学都想帮助小寒，我就给大家一个机会。如果你看到小寒又用他自己的方式和你'玩'，你能多给他一点宽容吗？"

　　有特殊需求的孩子，好比姹紫嫣红中迟开的花朵。命运的馈赠有先有后，尊重每一朵花的时令，尊重每一个孩子的差异。

38
改善学生攻击性行为之我见

北京市西城区育翔小学教师　李雪岩

一、基本情况介绍

小 H，男，一年级 4 班学生，7 岁，性格外向，脾气暴躁，易钻牛角尖，遇事冲动，爱用武力解决问题。

二、主要问题概述

他自我保护意识过强，同学有时无意的动作都可能会触怒他。他一旦发起火来，则是个天不怕地不怕的孩子，攻击性比较强，和同学厮打，上课的老师来劝阻，他也不理会，有时只有班主任老师能够阻止。本学期中就与本班同学屡屡发生争执，每次都是老师出面帮助解决。

三、背景资料

小 H 的家庭经济条件比较好，爸爸、妈妈工作比较稳定，收入颇丰。由于是男孩子，所以家人对他宠爱有加，养成了他唯我独尊的习惯。在家中，大大小小的事情都听他的，家长十分重视孩子的感受，认为这是尊重孩子。在集体生活中，他很少顾及别人的想法，于是日常生活中，他与同学之间的小矛盾也经常会被激化。

四、初步分析

以上现象表明，小 H 的行为是一种攻击性行为。攻击性行为不外乎三种：暴力攻击、动作攻击和言语攻击。对于他来说，由于年龄小，后两种行为兼而有之，如果不及时干预，到中、高年级就会出现暴力攻击的行为了。儿童具有任何一种不良行为，一般都具有一定的起因，要帮助他们改正这些不良行为，首先应找到引起这一行为的原因。

五、辅导策略和实施

（一）教师心理辅导策略

1. 教师首先要努力克制自己的情绪，让学生感受到老师的诚挚。

遇到这样的学生，如果老师抱着师道尊严这一套只会将学生与自己的关系闹僵，此后要再做他思想工作可以说是千难万难了。再者，当师生情绪都激动时，处理问题自然不可能很客观。教师作为成年人，应该先控制自己的情绪，不能受学生的影响，他们毕竟是孩子，他们的顶撞很大意义上并不是针对老师的，只是无法控制自己的情绪。哪怕真的是针对老师，那更应该冷静处理。

2. 教会学生控制自我的方法，表扬他的点滴进步。

出现这样问题的学生，不可能通过教师的几次谈话就能有立竿见影的效果，必须冷静地预料到他还会不断地犯同样的错误的可能性。因此，一次交谈就要求改善一点，给予切实的方法多一点，说理少一点。对于小H，我第一次和他成功对话后，提出一个要求，下次如果你很想动手打人，请你想方设法控制住自己的拳头，走离现场，让自己先冷静下来，试试看行不行。时隔没多久，他在美术课上与同学发生争执。当我看到他时，他正怒视着同学，脸涨得通红，高高举着拳头（但拳头没有打在同学身上，只是高高地举着）。于是，我拍拍他的肩膀，示意他到我办公室里。我第一句话就表扬他："你这次处理比上一次好多了，你当时是不是很想打人？"他说是的。我说："很好，你能控制自己的小拳头了！"这一次，我又提出了："当你觉得别人已经有些恼怒时，就别再火上浇油，不能把同学逼急了。换位思考一下，别人一再惹你，你也会很不高兴的，对吗？"就这样一次次地犯错，一次次先鼓励再教给方法。他现在能大致地控制自己的情绪了。有时情绪上来了，我就让他用一些正当的发泄方法来疏通自己。

（二）父母的配合

父母是孩子的第一任老师。经过和他父母长时间的沟通，在如何教育的问题上，我们逐步达成了一致意见。我劝导他的父母不可用一味溺爱的方法对待孩子，既要多和儿子相处、交谈，用温情和儿子沟通，同时又要在他有错时制止，要分清他的责任才行。小H特别爱看打斗火爆的场面，还时不时地拳打脚踢进行模仿。对此，我与他父母交换意见后，在家长的引导下，他改看一些既有教育意义，孩子又喜欢的书报、节目。当孩子的坏习惯逐渐改变时，我又要求他的家长即时给予表扬，从正面对孩子的行为予以肯定。

在不断辅导教育之下，他能够逐步控制自己的情绪，也能学会在一定程度上反思自己的行为，对我有比较大的信任和认同，我想这是对我这段时间的教育最大的肯定。对一个孩子的心理辅导真是一件需要日积月累的事情，急于求成，只能适得其反。

六、效果

经过一段时间的努力，小H的行为已经有了明显的改善。当与同学发生争执时，一般情况能够控制住自己，实在忍不住的时候，就往地下扔东西，等心情平静些后，再自己捡起来。虽然这种行为也不提倡，但对于小H来说已经是有进步了！在今后的学习、生活中，我会继续关注小H，持续与家长沟通，帮助孩子找到更合理、更健康的疏导情绪的方法。

39
充分沟通，艺术课教师做好家校互动

北京市西城区育翔小学教师　张乐融

我是一名刚入职未满两年的美术老师，对课堂的把控能力和从教经验都有所欠缺。上个月我要讲色彩滴染一课，让学生每人准备一盒滴染颜料。大多数的学生和家长们都非常支持我的工作，不到一个星期基本上就全买来了。可是，过两天当我去一个班上课时却遇到了一个难题。有一个孩子递给我一封家长的信。

信上写着：

1. 这个滴染颜料是否要用一个学期？

2. 可否两人用一套？

3. 下面列好了两人共用一套的人名单。

我数了一下，一个班有40个人，其中竟有20个人决定共用材料。老实说，当时我的脑袋一阵发蒙，因为我是第一次遇到这种情况。我连忙问那个孩子你们买了吗？孩子说已经在网上下单了。

因为是第一次教这节课，我也不知道两个人用一份材料是否够用，所以我让孩子先回去了，既没说可以，也没说不可以。

随着我在其他班陆续上完滴染课，发现滴水属于消耗品，学生并不愿意借给其他的小伙伴使。即使互相共用，也会因为互相争抢鲜艳的颜色而争吵。这样的学生注意力都在墨水上，反而影响听课质量。

那现在的问题是我如何与这个班的家长沟通呢？第二天，我把其他班同学做的滴染作品拿到他们班，同学们被这一幅幅美丽的画面吸引了，大声地惊呼："这是用滴染做的吗?"我跟孩子们说滴染的画面通常会用色彩艳丽的颜色,如:红、黄、蓝、橙、绿、紫。其他班在上完滴染课后这几个颜色剩的非常少,不够两个人用。即使剩下了也可以把墨水灌到水彩笔里,不会浪费的。

可能是学生太喜欢这堂课了,没到一天,家长纷纷和我说要补买颜料。学生有了充足的颜料,在画纸上尽情地创作。学生在课上"玩"得非常开心,要把自己最美的作品送给爸爸妈妈。家长都非常感动!

在此我要非常感谢家长对我的支持。我想,家校合作就是需要两者相互沟通、相互理解,共同为了孩子的发展而努力。

40
找准切入点,增强学生自律性

北京师范大学第二附属中学西城实验学校教师　梁洁清

新初一报到之后的暑假,在与新生家长交流过程中,初识一位学生的父亲。言谈中感到他对孩子的学习非常重视,但从他给孩子的假期安排上看,隐约感觉到他对孩子的管理过细过多。但不管怎么说,遇到能在教育上用心的家长,对开展班主任工作是个非常有利的因素。

开学后,认识了这个孩子:一个12岁的、长相憨厚身体敦实的小男孩。他成绩位于班级中上,作业书写规范,给人的最初印象是很听话。

但没多久的班干部班级"周工作总结"中,发现这个看似听话的小男孩儿还有我没看到的一面:需多次催促才能想起交作业;课上走神,找身边同学说话;课间与同学打闹;中午不在自己座位上用餐,饭后不清理桌面;做值日的时候偷懒儿。

面对他表现出来的问题,我第一个判断是小男孩儿淘气,自我约束力差。所以我找到他,列举了他的一些表现,一起分析哪些该做哪些不该做,并告诫他进入初中了,随着年龄的增长要对自己提出更高的要求。师生交流是顺畅的,然而没过几天,孩子又故态复萌,频频出现学习纪律的问题。

在后来班级出现的一些违反纪律的事件中,也总会出现他的身影,如打闹损坏教室的门,扔书包打到班级灯管。问题出现后,我找他谈话,说明这些行为存在的安全隐患,批评教育之后,让他写反思,想要通过反思让他认识自己的错误并督促自己改正。他的反思写得很深刻很规范,本以为他会有些变化,但过后他仍然"大错不犯,小错不断"。

为此，我又采取了公开批评的方式，在全体同学面前指出并批评他的错误行为，希望通过集体的舆论、同伴的压力给他施加影响，激发他的自尊意识。没想到这一招效果也不显著。

一段时间下来，我总结孩子的问题如下：不够自律，学习没有目标，主动性差，纪律较为松散。为了扭转他的问题，我坚持利用早读和午自习时间与他谈心，教育他树立目标的重要性："人靠别人推着是走不远的，要想走远，非得自己迈开步子走起来"。我还安排纪律好的同学监督、帮助他；经常与家长交流，请家长配合，以形成教育的合力。

家长非常认可我对孩子的要求，对于孩子在校出现的问题也能积极配合老师进行进一步的教育。孩子的父亲还积极与各科老师联系，在历次考试前陪孩子梳理知识进行复习，所以，孩子的成绩还说得过去。然而让老师和家长头疼的是，孩子的学习完全靠家长和老师的强力约束，一旦家长工作繁忙或者老师忽略了对他的要求，他的成绩马上一落千丈。家长表示很有挫败感，甚至还在家里安装了摄像头监管遥控孩子的学习。

问题最突出的阶段，我和年级领导还请孩子的父母亲都来到学校，试图找到解决孩子上述问题的突破点。然而，除了了解到孩子父亲在学习方面管理较多，母亲主要负责照料孩子生活，约束较少之外并没有在教育方法上有重大的突破。

虽然孩子总是反复出现学习纪律问题，虽然一时还没有很好的办法有效地教育他，但所有老师都没有放弃对他的要求，即使暂时不能帮助他建立好习惯，至少可以约束他不当的行为吧！

问题得以解决的契机源自一次外出坐车时的交流。

当时我们聊到了圣诞老人的话题。孩子和我说："我爸爸假扮了十年的圣诞老人。"当我问他对此事的感受的时候，他无奈而又认真地说："我不明白他为什么这么做！"看得出来，他是真的对父亲的行为非常"不理解"。

我说："我也假扮过圣诞老人给我家孩子送礼物呢。"

他若有所思地说："哦，原来你们大人都愿意这么玩！"

他怎么会对父母的"良苦用心"如此漠然？我把这件事和他的父母交流了一下，孩子父亲的一句话似乎让我一下子找到了答案。他说："我们作为他的父亲母亲,对他的各种付出是没有要求他回报的……"

问题似乎就是出现在这个"不求回报"上。顿时,孩子的种种不良表现似乎找到了共同的"病因"。

因为父母的"不求回报",所以孩子处处表现得心安理得;因为父母的"不求回报",孩子不懂得体谅父母,对自己频频给家长带来麻烦不以为然;因为父母的"不求回报",孩子不知道自己该做些什么、能做些什么,所以没有给自己定下什么目标;也因为父母的"不求回报",孩子不懂得在集体中自律、付出并主动维护集体的荣誉等。

我提出:即使父母对子女,也应该是要求"回报"的,只是这种回报不一定是物质形式,孩子的感恩之心、孩子的进步成长,都是父母应该期待的回报。无论哪种关系,如果总是单向付出,迟早会出问题的。

家长承认确实长期忽略了这一点,并同样感觉到这可能就是教育孩子的突破点。我和家长交流,要让孩子懂得回报,意识到自己的责任,首先应该让孩子知道父母的辛苦和对他的期待。只有从体谅父母做起,才会进而体谅身边的人,学会对自己对他人负责。

因此,家长尝试改变自己的行为。当他的父亲再一次赶着最早班的飞机出差,最晚班的飞机回家的时候,他会和孩子交流自己的辛苦和对孩子的不放心。父亲不再扮演超人的角色,他会让孩子知道,如果孩子自律多一些,自主管理好一些,父亲本不必要如此,从而让孩子体谅并懂得心疼父母,进而提高对自己的要求。

当孩子出现问题,家长被老师请到学校之后,家长向孩子敞开心扉说出自己的真实感受。把因为孩子而耽误了手头的工作,向领导请假的尴尬告知孩子……家长把这些情绪适当地传递给孩子,促使孩子面对自己的行为,反思自己,尽可能避免因自己的过失给父母带来的困扰。孩子懂得了体谅和感恩,很多问题就有了解决的着手点。

家长还试着尽量少插手孩子学习方面的事。尽管家长心里有担忧,但还是要让孩子知道,学习和成长一样,是自己的事,是必须自己做的,任何人代替不了。一个人只有对自己负责,才能自觉承担起对他人和社会的责任。当孩子再次没有记好作业的时候,家长让他自己想办法去找同学询问,学会交流的同时也学会对自己的学习负责，而不再是家长给老师打电话帮助孩子解决问题。

针对孩子学习做事不主动的情况，要避免包办过多，父母开始试着让孩子为自己的生活做主。父母不再事无巨细地为孩子做主，代替孩子做出判断。父母还尝试鼓励孩子参与到家庭建设中来，给孩子更多的存在感和成就感。

家长通过学习认识到"中学生是成长独立的重要阶段，也是父母改变教养方式的重要契机。父母不要怕孩子做错事，不肯放手锻炼孩子，也不能嘴上说信任孩子，实际上又不肯放心或者粗暴否定"。可能正是由于父母包办过多，孩子习惯于被管理，才逐渐丧失自我管理的积极性。让孩子自己支配自己的生活，从而获得心理上的满足，增加对学习和其他事情的兴趣，把外部动机化为内部动机，提高学习、做事效果。

以上是家校配合后找到教育切入点后尝试的做法，经过家长一段时间的引导，孩子养成了较多的好习惯。在班级好习惯反馈中，孩子父亲提到：孩子可以及时主动完成校内作业，饭后收拾碗筷，自己整理床铺，整理第二天的学习用具。家长还尝试在假期旅游中让孩子准备攻略，在提出适当的修改建议后尽可能地按照孩子的计划外出游玩。这一做法大大增强了孩子在家庭中的价值感和成就感。

在学校里，我利用孩子写字较好的优点，让他做一些文书工作。比如运动会他没有参与比赛项目，也不主动写宣传稿，我就让他为班级誊写广播稿。经他誊写的广播稿，文字布局合理，书写美观，大大提高了合格率。为此我表扬他为班级做的贡献，让他在班里不再是因犯错误而受关注。每天早晨到校后，我还会请他在黑板上书写班级课表，为大家服务。月考后他的英语成绩较好，但数学成绩却退步了，我请他说了说经验教训，他把英语的复习重点和大家分享了以后，还反思了数学落后的原因：觉得没有什么可以复习的，其实是忽略了习题的改错。他表示以后要重视错题本，端正学习态度。

在以上家校合作中逐渐形成的习惯虽然是点滴的，但好习惯养成过程中形成的思维方式和处事态度却成了他继续成长进步的动力。权威型教养方式被公认为最优的家庭学校教育方式，这一教养方式鼓励孩子自立，尊重孩子的自我管理和自主性发展，给孩子适当的规范和要求。给孩子做决策的机会，给孩子发言权和决策权，让孩子感受到教师和家长的信任，对结果不苛责，欣赏鼓励孩子的决定。

反思上面的教育故事，正是这一教养方式的具体运用。

在教育该生的过程中，我还认识到，孩子成长中的问题是一道综合题，需要慢慢观察，对症下药。头痛医头脚痛医脚的方法最不可取。一定要与家长配合，了解孩子的综合表现，发现核心问题，尽可能准确找到解决问题的切入点。

最后，我很想说，在教师和学生家长的共同努力下，该生取得了卓著的进步。然而，事实上我们仍然在路上，有点滴收获的喜悦，也有再遇问题的挫败。十年树木，百年树人，教育孩子没有速成法，即使能够有毅力改变，也要正视"道路是曲折的"这一现实。

值得庆幸的是，我遇到了对孩子负责、愿意反思和改善自己的家长。我相信，道路正确，即使慢，终会有抵达胜利的时刻。家校共育，只要能够坚持长期配合，以孩子成长和长远发展为目的，不计较一时一刻的成败，终会取得良好的效果。

41 小 M 不再抵触上学了

北京师范大学第二附属中学西城实验学校教师　周兆红

对学生的教育引导是学校教育的核心工作，但学生的教育离不开家庭的教育，因此学校与家长配合做好学生的引导工作，也是目前学校教育工作中的一项重要内容。对学生的教育，家校之间一定要理念一致，才能发挥合力的作用。这就要注意增强沟通，共同探讨、分析学生的情况，号准脉才能下准药，才能治好学生的"病"，使其健康成长。这其中，学校不但要做学生的教育工作，更多时候还需要做好家长的教育引导工作。

事件经过

小 M 进入我校后，逐渐显现出与同学的差距：文化课基础差，成绩远远落后于其他学生；个人卫生习惯不好，引起大家的反感；对同学不够友善，爱吹牛，大家逐渐疏远他；总也没有成功的地方，人不自信，但又好面子，容易与人发生矛盾，还总觉得别人欺负他（其实他也经常招惹别人）。

经过老师了解情况得知，小 M 的家庭教育也是有缺失的地方：这是一个"隐形的单亲家庭"，孩子与母亲居住，父亲与孩子的接触不多；母亲也知道孩子成绩差，但只是一味地给孩子报班补习，效果甚微；母亲在生活上对孩子的关爱和照顾比较少，有时连孩子的衣服、鞋子都不能适时准备好。

老师看到这种情况，一方面和家长沟通，提醒家长关注孩子的日常生活，另一方面也从生活、学习上关爱他。班主任、任课老师经常在课下给他辅导，看到换季时家长没有给孩子准备好合适的衣服、鞋，还经常吃不上早饭（其实他的家庭经济条件也不是很困难，就是家长不太关注），有的老师还时常送给他衣服、食物等。

尽管这样，小M依然跟不上大家的脚步，厌学情绪越来越重，后来还出现装病不来上学的情况。考虑到这种情况，有老师向他建议到专门学校去上学，一方面能够减轻学习压力，从低起点开始补起（专门学校实行小班化教学，老师对学生的辅导针对性更强），另一方面，纠正一些不良的生活习惯（专门学校是寄宿制学校，班主任24小时管理），在集体生活中培养良好习惯，逐步增强自信心。

经过一系列的考察和准备工作，小M转入专门学校去上课了。在去之前，我也再次和他的父母见面，谈到了孩子可能出现的问题。其间，他的母亲就问道："如果孩子在那里被别人欺负，不能在那里上学，我们能不能再转回来？"（这是一个伏笔）我就和家长说："孩子如果出现什么问题，咱们及时和老师沟通，做好孩子的思想工作，鼓励孩子正确对待问题，调整心态，努力学习。"

到专门学校仅一周，小M母亲就传来了消息，说想转回来。

于是，我们一方面和那个学校的老师联系，了解情况，一方面也邀请家长来校面谈，面对面听听家长的想法。

从专门学校了解到的情况是：小M因为个人卫生习惯不好，同宿舍的同学及班主任老师都提出了要求，但小M不接受，依然我行我素；他在和同学聊天过程中说到他家在国外有私人游艇，同学们觉得他在吹牛，他不承认；在和同学玩球过程中，球砸到身上时，总觉得别人都有意欺负他；端饭时同学碰到他，他认为别人有意撞他；听同学讲故事后，自己紧张，说别人吓唬他，晚上不洗漱就和衣而卧……其实老师们对于新入学的小M还是很关注的：看到他年龄小，老师有意在生活上照顾他，晚上陪他住宿；发现他和同学有矛盾，及时了解情况，做其他同学的工作；学习上吃力，老师就单独给他开小灶。

见到小M的父母，他母亲也主要谈到的是小M感觉别人"不是好孩子"，总欺负他，因此他不想再去那里了。

了解到这些情况后，我们和家长（特别是他的母亲）进行了深入的沟通，指出了孩子身上的问题，而且也向家长说明在孩子问题的背后，家长在教育孩子上出现的问题：要客观看待孩子的问题，要正视孩子的问题，关爱不是溺爱；帮助孩子不是仅仅在掏钱报班上；要教会孩子如何与他人相处，要教孩子友善待人、真诚相处；要教孩子怎样面对困难；已经是初中学生了，要让孩子去思考和选择，要增强孩子的责任感，不能还是懵懂、任性地生活和学习。同时也给出了引导教育孩子的建议。

在这个过程中，孩子的父亲还是能够认可孩子身上的问题，也认可我们给出的建议，表示尝试去做孩子的工作。

之后，我们又及时与专门学校进行交流，他的班主任也很负责地进行家访，多次做学生和家长的工作。

经过一番努力，小M终于又回到了学校，渐渐地，不再抵触上学，不再抵触和同学交往，再也没有中断学业。到目前为止，他在专门学校学习的状态也是越来越有进步了。

分析反思

小M最终又回到了学校，到目前为止能够完全正常到校上学，这个结果是令人满意的。通过这件事，我分析总结出以下几点体会：

1. 坦诚相见，学生为本

学生出现问题时，老师和家长坐在一起，平心静气地交流，客观地分析孩子的问题，这样会更有利于问题的解决。

作为学校、作为老师，都要本着为学生负责的原则去看待问题和处理问题。家长的爱是本能的爱，是血亲的爱；教师的爱是职责的爱，是有意的爱。二者虽本源不同，但如果在教育孩子问题上找到契合点，达成共识——一切以孩子为本，为孩子将来的发展负责，那么很多问题就可以迎刃而解，很多矛盾也可以及时化解了。

2. 合力指导，决不放弃

对学生的教育应该是体系化的，是社会共同关注的，无论是哪个学校、哪个部门、哪个机构都义不容辞。这其中，对家庭教育的指导也是不容忽视的。教师的责任是"教书育人"，这里面的育人其实不仅仅局限于所教的学生，对于他们的家长同样也有教育指导的作用。

任何教育都是有目的的，教育目的是指教育要实现的结果或要达到的目标。家庭教育的目的就是通过家庭教育活动和家庭教育的全过程，把受教育者培养成什么样的人。在当今全社会都在为实现中华民族伟大复兴的中国梦而努力奋斗的社会形势下，教孩子做人更是家庭教育的核心。家长要"千教万教教人求真"，孩子要"千学万学学做真人"，要树立正确的人生观和世界观，牢固树立社会主义核心价值观。因为社会的竞争，绝不仅是知识和智能的较量，更多的是意志、心理状态和做人的比拼。

对家长的教育与引导也是学校工作的重要内容，家长的教育观念是至关重要的。教育观念指的是支配教育行为的看法、思想。家长应该成为孩子思想的导师——引导正确的方向，行动的警察——及时指出错误，生活的朋友——把握关爱程度。提高家长素质，关键是端正家长的教育观念。家长要有正确的人才观，即对人才价值的观念和对子女成才的价值取向，这也是能否理解与配合学校教育的关键之处。实践证明，家庭生活的正常展开，家庭细胞新陈代谢的正常进行，对于保护社会肌体的健康，实现社会的更替和延续，都是十分重要的。除此之外，为了让孩子将来有更好的发展，为了孩子的可持续发展，还要注意从言谈举止、意志品质、生活态度、身心健康等各方面都对孩子有正面的教育及引导，家长也要做出表率。

习近平总书记曾强调："家庭是社会的基本细胞，是人生的第一所学校。"在党的十九大报告中也明确指出："以培养担当民族复兴大任的时代新人为着眼点"，"坚持全民行动、干部带头，从家庭做起，从娃娃抓起。深入挖掘中华优秀传统文化蕴含的思想观念、人文精神、道德规范，结合时代要求继承创新，让中华文化展现出永久魅力和时代风采"。

学校教育与家庭教育、社会教育的有机融合，是我们做好学生教育的有效途径，也是必须途径。让我们携起手来，为孩子们营造一个良好的成长氛围，激励孩子们树立一个坚定的奋斗目标，帮助孩子们打造一个坚实的成长基础，为孩子的发展、为民族的复兴、为共同建设我们富强、民主、文明、和谐、美丽的社会主义现代化强国贡献出自己的力量！

做"教师妈妈",用真心关爱受困学生

北京市西城区五路通小学教师 马 铮

传道、授业、解惑是作为一名教师的职责。我从进入教师岗位到现在,已经整整十个年头。这十年来,我深感肩负重任,从未怠慢。而今我对教师岗位有了新的认识,这一切要从与芃芃一家的缘分说起。

说到芃芃,一下要追溯到三年前。我第一次见到芃芃,那是一个夏日的午后。假期家访,顶着酷日进到芃芃家,家里十分整洁,看得出来芃芃妈妈是个勤快的女性,给我印象最深刻的就是在我坐定之后,芃芃递给我了一杯温凉的柠檬水。家访已经进行了好几天,每走到一家,都是一瓶冰凉的挂霜矿泉水,凉得扎心。后来我干脆自备水壶。可是这次不一样,这是多么善解人意的一家人啊。这一杯柠檬水直接拉近了心与心的距离。这个下午,我们四个人聊得很开心。芃芃有个幸福美好的家庭,妈妈是神经内科医生,勤快又善解人意,主要负责芃芃的衣食住行。爸爸是个大高个,又瘦又高。爸爸爱读书,在家里整面墙是落地书柜,满满的书籍是爸爸的最爱。虽然爸爸带着厚厚的眼镜,但是看得出爸爸的眼睛里充满了和蔼与温文尔雅。从我一进门,爸爸就一直面带微笑地听我讲,中间没有插过一句话,芃芃的礼貌和安静很像爸爸。芃芃更是灵巧可爱,静如处子动如脱兔这句话用在她身上,再恰当不过了。就是这样一个美好的家庭在短短三个月后,发生了天翻地覆的变化。

开学了,芃芃一直由爸爸来接。每天我带队出来,第一眼总能看到高大的爸爸在人群中鹤立鸡群。芃芃也总是班里第一个因为见到家长而露出微笑的孩子。

可是忽然有一天，高大的爸爸没有来接芃芃，来接孩子的是瘦小的姥姥。芃芃在放学路队中的骄傲的微笑也变成了寻找和焦虑。不仅如此，原本爱说爱笑的芃芃也总是愁眉不展，课间经常在座位上发呆，作业更是漏洞百出，居然开始不完成作业了。这样的情况大约持续了三天，我忍不住了，找到芃芃，打算跟她好好谈谈。细谈之后才得知，原来芃芃的爸爸生病了，角质脑瘤，是恶性肿瘤，如果不进行开颅手术摘除，那么肿瘤会越长越大，压迫神经，后果不堪设想。所以爸爸正在接受治疗，住在医院等待手术。听到这个消息，简直是晴天霹雳，我愣了好久才缓过神来。爸爸这一病，对家里简直是致命的打击。我想我得做点什么，让从前那个可爱灵动的芃芃快点回来。

我试着联系芃芃的妈妈，没想到这位瘦弱的妈妈能如此坚强。我们先是聊起了芃芃的学习和在学校的状态，又聊了爸爸的病情，最后还了解了目前家里的情况。现在爸爸住在妈妈工作的医院，每天接受放化疗，妈妈形影不离地陪在爸爸身边。芃芃由姥姥照顾。后来我告诉妈妈，如果有什么事，随时告诉我，必要的时候我可以把芃芃接到我家去住。

这样过了两个月，爸爸做了开颅手术，情况非常不好，肿瘤压到了重要的神经，如果摘除，会引起大出血，所以没有办法，只能缝合伤口，保守治疗。于是，芃芃爸爸从一个高大男神变成了连翻身都需要别人帮助的病人。芃芃的眼睛里也失去了往日的光泽。

在教室里，课间的时候，经常看到芃芃默默地失神地坐在座位上。我总是试着过去和她谈心。我永远也忘不了我们第一次谈心时，她双眼含泪地对我说："马老师，我爸爸生病了，很严重的病。"

从那以后，我经常有意无意地找芃芃聊天，从学习聊到家里，再到周末的游戏。我发现，芃芃很喜欢和我交流，在语文课上，发言也越来越积极了。眼睛里也越来越有神采了。后来，我和芃芃说好了，如果她考试能够得满分，我就带她去我家玩。

果然，在第五单元语文测验中，芃芃拿了满分的成绩，她高兴极了，我也能从她的眼里看出希望的光彩。兑现承诺，我带芃芃来到我家。我家住平房，院子里种了许多小辣椒。芃芃可高兴了，我们一起摘辣椒，给小植物浇水。吃过午饭，芃芃还给我拉了一段小提琴。

晚上，芃芃妈妈来我家接孩子，我差点认不出眼前这个瘦小的女人。她的变化太大了，一下老了许多。从妈妈嘴里得知，爸爸的病情在家人的照顾下，已经好了许多，现在已经可以下地了，并且向我深深地鞠了躬表达感谢。这一躬，我的心里如翻江倒海一般。

我在反思我自己，作为一位老师，除了教书以外，我觉得我还能做更多的事。在芃芃妈妈眼里，我就像救世主一样，在她的家里出现重大状况的时候，她不得不减少对孩子的关注的时候，我成为孩子的第二个妈妈——在学校的妈妈。我的鼓励对于孩子来说，简直就是最美好的礼物。在我的帮助下，孩子顺利地走出了那段阴霾。可是我自己呢，我清楚知道，我所做的，无非就是课间的几句关心，考试前的几句鼓励，我真的觉得自己并没有做什么。我忽然觉得，我自己做的太少太少了，可是我能做的却太多太多。我之前在班里对孩子们的关注和鼓励实在是太少了。

我反省自己，觉得自己身上充满了无穷力量，无限能力。我要在看似平凡的岗位上发光发热，我要用我的正能量去感染孩子。我相信未来，通过我的努力，我的孩子们都能够顺利度过每一个难关，能够自信、快乐、勇敢地去迎接每一次挑战。

教书育人，重在育人。每个孩子都是家里的一粒种子，每位家庭成员都在尽力地浇水，施肥。但是水质不同，肥力各异，开出的花、结出的果也必然不同。所以注重家庭，注重家教，注重家风，是我在今后的教学工作中应该着重注意的地方。

习总书记"注重家庭，注重家教，注重家风……使千千万万个家庭成为国家发展、民族进步、社会和谐的重要基点"的重要讲话使我深受启发。每次家访之后，我尤其感慨，虽然孩子们每天都穿着一样的校服，带着同样鲜艳的红领巾，坐在同一个教室里，听着同一位老师讲课，但是他们的成绩、表现、状态甚至游戏内容都大相径庭，这都是源于不同的家庭背景。放了学，有的孩子去兴趣班，有的孩子去公园玩耍，有的孩子要帮卖菜的妈妈收拾摊位，有的孩子在用放大镜观察爸爸考古带回来的标本……无论家庭带给孩子什么样的教育，作为一名教师，都应该给予正确的引导，让孩子们感觉到快乐、幸福，让他们学有所用。这是我肩负的责任，我将不辱使命。

43

家校共育,帮"蔫"孩子融入集体

北京市西城区五路通小学教师 张梦琪

去年,我担任了二年级一个班的班主任和语文教学工作,这个班的孩子聪明、活泼,同学之间都特别友爱,在校园里、教室中,处处洋溢着他们欢快的笑声。但是,很快我就发现了一个孤单的小身影,他总默默地躲在教室的一角。

小浩,一个瘦瘦小小的男孩子,他总是安静地在自己的座位上,不会主动和老师、同学交流,自理能力较差,每天沉浸在自己的小世界中。久而久之,班里的孩子也就不和他一起玩了。除了他的沉默寡言,我还发现他的写字速度很慢,上课时常走神,昏昏欲睡,晚上作业写到很晚,考试卷子也不能在规定的时间内完成。当然,他也有自己的"小乐趣",他喜欢读课外书,每每读到有趣之处时,都会浮现出会心一笑。观察到这些后,我也陷入了深深的思考中:怎样才能帮助这个孩子更好地融入班集体,提高听课质量和考试成绩呢?于是,我从多方面进行了沟通和努力。

首先,调查谈心,我与孩子拉近距离。

八岁的小浩并没有同龄人的活泼和调皮,不像其他孩子一样喜欢围着老师转来转去,于是我就利用课间、中午和放学时的时间,询问孩子今天是否开心,有没有需要老师帮助的,有没有想和老师分享的。有一次,小浩又一人皱着小眉头坐在座位上。我看到了马上走到他身边,悄悄地问他:"孩子,有什么需要老师帮忙的么?"他起初摇摇头,小声说:"你帮不了我。"听了他的回答,我开始慢慢引导他,告诉他如果有困难我们可以请求别人的帮助。在我真诚的鼓励下,他说:

"数学老师说今天要带一根红笔,而我忘记带了。"我随即在自己的笔袋中拿出了一根红笔,说:"老师可以帮你,先借你用!"我从他的眼神中看到了他对我的感谢和逐渐建立起来的信任。渐渐地,我发现他开始主动和我谈起他的喜怒哀乐了,我开始更有针对性地鼓励他,开导他,也更全面地总结出了孩子的具体问题,并逐渐理出头绪:想要解决这些问题,离不开他的家庭教育。

其次,家校合作,携手共进。

苏霍姆林斯基指出,一个人的童年是怎么度过的,童年时代由谁带路,周围世界中哪些东西进入了他的头脑和心灵,这些都决定着他将成为一个什么样的人。家庭早期教育在一个人成长发展中起到了重要的作用,因此,我与小浩的妈妈进行了长达两个小时的谈话。通过与家长的谈话,我了解到了小浩的成长环境:爸爸妈妈工作繁忙,他虽然和父母住在一起,但是一直以来都是由姥姥姥爷带他,只有很少的时候能和爸爸妈妈在一起。一年多前,妈妈又生了一个小弟弟,全家人的注意力又不得不放在了弟弟身上,小浩也变得更加沉默寡言了。其次,他的姥爷岁数大了,做事情难免有些慢,对他也没有习惯上的培养,而姥姥虽然在学习上对他进行辅导,但是有些溺爱他,从而导致孩子的自理能力很差,做事速度慢、懒惰、拖沓。第三,父母因不能照顾他,补偿心理严重,难得相处时也更加骄纵溺爱。于是,我请小浩的妈妈到学校来,和孩子的妈妈沟通了一下孩子的在校情况,引起了孩子妈妈对孩子的重视。父母是孩子的第一任老师,我诚恳地希望她能配合我的工作,让孩子能更开朗些,同时提高写字速度,改掉拖沓、懒惰的坏习惯。小浩妈妈在了解了孩子的情况后,非常焦急,她感到愧疚的同时,也很感谢我对孩子的关心。目标达成一致后,我们商讨了一些解决办法。

1. 家长尽可能地与孩子进行心灵上的沟通,关心孩子成长过程中出现的任何问题,及时引导他,让孩子能够感受到父母的爱、老师的爱和同学的爱。当孩子遇到问题时,能够及时向家长表达自己的想法,能够学会积极面对,而不是逃避。这样对孩子性格发展和正向的情绪发展都极有好处。于是,他的妈妈调整了工作时间,每天下了班后及时回家,陪孩子一起写作业。

2. 用不断的正强化增强孩子的自信心,避免用负面词语批评孩子。小浩曾经写过一篇作文,在作文中他用"大老虎"来形容发怒的妈妈。生活中,妈妈说话总是直截了当，面对孩子动作慢、拖沓的习惯时更是火冒三丈，气急败坏，经常严厉地批评孩子。于是，孩子在心里就埋下了"我不行"的种子。美国心理学家威廉·詹姆斯有句名言："人性最深刻的原则就是希望别人对自己加以赏识。"所以，打开孩子心扉，敢于与其他孩子交流、玩耍的最好的方法就是建立起孩子的自信。当一个孩子经常生活在周围成人对他的肯定和表扬之下的时候，这个孩子一定会变得越来越好，越来越乐观。

3. 培养学习习惯，提高写字效率。前两条建议更多的是针对孩子性格上的特点而提出的，但孩子的学习习惯也很重要。于是，我建议孩子妈妈可以利用周末时间，以游戏的方式，培养孩子的学习习惯，例如：书包应该如何收拾、记事应该怎样记好等。妈妈可以和孩子比赛，看谁做得又快又好，既增进了母子感情，又锻炼了孩子的自理能力，一举两得。

提出了这三点建议后，孩子妈妈非常感谢老师的细致分析和有针对性的建议，并且在接下来的一个月里，认真执行我们所提到的解决方案。

一个月后的小浩，确实有所改变，写字的速度比以前快了，收拾书包的时间比以前短了，可孩子上课的时候还是昏昏沉沉的，尤其到了下午，更是无精打采，昏昏欲睡。我又把孩子叫到了身边，看着他小小的身躯，一双肿肿的有着黑眼圈的眼睛，心里别提多难受了。我问孩子："昨天几点睡的？"他摇摇头，叹了口气，不说话。我又问："作业还是写不完吗？你这样多累啊！晚上睡不好，白天没精神，这不是恶性循环吗？"他说："没办法。"便低下了头。那天，我又和小浩的妈妈聊了好久，她也有一肚子的苦水，突然面对孩子的种种问题，显得也很焦虑。于是，第二天，我们又针对孩子这一个月来的情况，进行了一次谈话。小浩妈妈说，他每天都盯着孩子写作业，可是孩子的写字速度实在太慢，在学校又没有抓紧时间写作业的好习惯，课堂上完不成的都要拿回家来完成，写作业的时间自然而然就被拉长了。每天都要将近十二点才能睡觉。我听后非常吃惊，难怪孩子小小的年纪，却每天都睡不醒似的。另外，孩子没有同龄人之间的那种好朋友，每天都是孤孤单单一个人，在学习中也没有动力，所以感觉性格上的转变也不是特别明显。所以，我又针对孩子近期的情况，制定了一些计划。

1. 实行分层作业。课堂上该完成的任务，我会利用课间和中午休息时间，让孩子在我的监督下完成；家庭作业如果当天有时间，我也会让孩子在学校完成一部分，剩下一小部分回家完成；如果当天作业未在学校完成一部分，我会让各科老师实行分层作业，单独发给小浩妈妈，减轻孩子的负担，同时让孩子在家里慢慢提高笔速，争取早日追赶上其他孩子。

2. 让孩子妈妈重视孩子的人际关系，周末一定要带孩子出去走走，让孩子打开心扉，可以帮助孩子约着附近的小朋友一起来家中坐坐。大人可以帮助孩子建立比较长久的人际关系，让小浩有一两个知心的好朋友，在学习中也可以互相监督、互帮互助。

半个月后，小浩妈妈给我发信息说孩子的生活有了明显的变化，昨天，他竟然在写完作业的前提下，还看了半个小时课外书呢！要知道，这可是他以前从来不敢想的！他其实特别喜欢阅读！我听后，心里特别激动。我知道，我们的努力没有白费，孩子正在一点一点地朝着我们希望的方向发展呢！

时至今日，小浩依然不是班里最活泼的那个，但也不是从前那个沉默寡言、形单影只的孩子了；虽然写字不是最快的，但也能做到今日事今日毕了。通过几次与小浩妈妈的沟通交流、一次又一次地提出建议、修改对策，我知道，学校与家庭都在紧密地配合，谁都没有放弃。因此，小浩学习习惯和人际交往方面都取得了很大的进步，学习成绩也有了提高。可我心里很清楚，孩子不是一张白纸，而是一粒种子，教育是长跑，很多地方他可以做得更好，还有很多能力可以挖掘，我们的前面还有很长的路要走，还需要不断地沟通与分享。苏霍姆林斯基曾经说："如果你想成为一个真正的教育能手，那么你就不要企图用某些断然的、闪电式的、异乎寻常的措施，一下子就要孩子心里结成的冰块融化开。"万事皆有因，学生的健康成长，少不了学校阳光雨露的滋养，更离不开家庭肥沃的原始土壤。任何一方忽视对孩子成长的关注，都会导致孩子走入歧途。因此，只有老师和家长成为互相尊重的朋友，构建和谐的家校关系，才能使孩子在成长的道路上，一路披荆斩棘，奋勇向前！

如何帮助"多动"的学生

北京市西城区进步小学教师　王奕辉

我班有个男孩子何某,上课难有一分钟能坐住,要么搞小动作,要么下座位影响别人,提不起一点儿学习的兴趣;下课追逐打闹,经常和同学打架。在开学后的第一个月,经常性地打同学,和同学不能友好相处。于是我找他谈话,希望他能遵守纪律,按时完成作业,争取做一名好学生。可他却是一副爱理不理的样子,不跟你说话,不点头也不摇头。几次和他沟通,效果不是很好。

一、创建和谐的家庭教育环境

我找来他的父亲和母亲,跟他们认真地交谈了一次,希望他们平时能多抽些时间陪陪孩子,多关心他的生活和学习。他父亲一脸愧疚又无可奈何的样子,对我说:"王老师,我总是觉得对不起孩子。孩子爸爸妈妈平时工作都非常忙,回到家的时候已经是深夜了,孩子已经睡着了,孩子的一切情况基本不清楚,学习怎么样也不了解。"听了他父亲的话,我一下子全明白了。正是由于孩子缺少家庭温馨和家庭教育,使他自由散漫,不遵守纪律,学习成绩很差。作为老人带孩子的家庭,溺爱是不可避免的问题,除了要对孩子生活上学习上加倍关爱外,还必须通过交流沟通家庭成员之间的情感,这样才有利于孩子的成长。通过家访谈心,我的观点得到了家长的认可并达成了共识,决定共同为孩子创设一个和谐平等的家庭教育环境。

二、动之以情，晓之以理

了解了全部情况后，我深知要想转化他并非一朝一夕一言一行能做到，我必须给他更多的爱与宽容。起先，他对我的关心保持沉默。我想，只要多一些耐心，他会愿意亲近我的。于是我利用课上提问他最简单的问题，课间谈心，课后辅导等多种渠道亲近他。在学校他病了，我亲自给他倒水，拿药照顾他。俗话说：精诚所至，金石为开。他感到了我对他的爱护，从他的眼神中我读出了他内心的感动。感觉他对我的关心不再那么抗拒和抵触了以后，我给他讲，自卑感受的危害性，给他讲了很多从自卑的阴影中重新振作起来的人的故事。慢慢地，我发现他真的开始变了，他开始在课间的时候来关心我，问我累不累要不要给我捶捶背。我突然觉得这是个不错的办法，既能增进我和他的感情，又可以占住他的手和脚，不至于让他继续伤害同学，于是每天我都会抽出几分钟时间让他帮我按摩按摩，来增进我俩的交流。我不断浇水施肥，小心翼翼地保护着他这刚刚萌发的积极性，就像保护着一棵刚出土的幼芽，使他能够健康茁壮地成长。

三、以集体的温暖化开冻土

之前何某对同学们都有抵触心理，好像觉得大家都会笑话他，看不起他，所以他不愿意参加集体活动，不愿意和大家一起玩。要想改变这种想法，必须用友情的力量来感化他，让他觉得其实我们大家都很关心他。要知道，同学的帮助对一个后进生来说是必不可少的，同学的力量有时胜过老师的力量。同学之间一旦建立起友谊的桥梁，他们之间就会无话不说，让他感受到同学对他的信任，感受到同学是自己的益友，感受到同学给自己带来的快乐，让他在快乐中学习、生活！通过同学的教育、感染，慢慢地，他也会主动和身边几个同学交流。我看了特别感动，悄悄地告诉他，其实还有很多同学也想与你交朋友，你可以把自己的那些有趣的童话故事书和大家分享呀！听了我的建议，第二天，他真的主动把自己的童话故事书带来了。虽然他只对同学说了一句"给你看故事书"，可是同学们的一声声"谢谢"早已温暖了他的心田。

四、树立上进的信心

俗话说：尺有所短，寸有所长。学困生虽然有很多不足之处，但再差的学生也总有某方面的优势。因此，教师在日常教学过程中要细心观察学困生，从他们身上寻找闪光点，以闪光点为突破口，进行表扬鼓励，使他们树立"我能行！我不比别人差"的自我意识，让他们享受成功的喜悦，树立上进的信心。

五、在教学中想办法

本学期第五单元是有关人民币的内容，我们一年级组老师想办法制作了人民币的学具作为奖励在平时进行发放，对孩子进行及时的鼓励。何某从此来了学习兴致，课上也爱发言了，作业也书写认真了，课下纪律也安静了许多，学习中的重难点也在一点点地突破。他是在此次活动中收获最大的孩子！

经过一段时间的接触，我发现他写字很好，所以我经常在学生做作业的时候表扬他，还把他的作业贴在"优秀作业"栏里，让他发现自己的价值，消除自卑感。经过这段时间的努力，他的行为已经得到了全班同学和老师的认可，他感觉到自己不比别人差，心里非常满足，犯错误的现象也明显减少了，有时在课堂上还能看到他高高举起的小手。我知道，他变得自信了。

现在，我可以经常看到何某脸上洋溢着笑容，看到他和同学们在一起游戏的欢快场面。看到他在学习上的一次次进步，我的心里特别欣慰。

作为一名教师，我深深地体会到，要教育好学生，就要付出艰辛的劳动，就要坚持不懈，不断地探索适合学生的新方法。学生没有绝对的好坏，他们是可以互相转化的，只要我们老师愿意去关注他们，用心去教育他们，不让一个孩子掉队，那么，他们都会成为我们心目中的"优秀学生"。让我们一起帮助这些问题孩子找到正确的路吧！

45
家校合力,共促孩子健康成长

北京市西城区展览路第一小学教师　冯　静

对于成长中的孩子来说,他们身上每时每刻都会发生变化。孩子是变化发展的,教师和家长的观念是否也跟得上孩子的变化发展呢?

好多家长认为:孩子上学了,孩子的教育就完全交给学校了。还有些家长望子成龙心切,把自己的思想完全地强加于学校。教师是孩子学校生活的教育者,而父母是孩子家庭生活的教育者,家长仍是孩子的第一任也是最重要的老师。为了孩子,教师有应尽的义务,去指导和帮助家长提高素质,相互沟通思想,共同寻求教育孩子的最佳方法,共同承担起教育孩子的重任。这时"家校协同"就显得尤为重要。

家校协同是指在现代教育观念的指导下,家庭、学校等多方面的教育资源、教育力量主动协调、积极合作、形成合力,对教育对象实施同步教育,以求使教育效果实现最大化的教育模式。一旦学生家长们组织起来,参与到学校教育中来,他们对教育的认知,就会与学校越来越一致;他们当中蕴藏着的巨大的教育热情、教育智慧、教育资源就会被充分激发和调动起来,成为学校教育改革和发展的巨大的支持力量。学校教育不再是自我封闭的"象牙塔",学校不能再把学生关在学校大门之内,学生的成长与发展越来越需要社会资源的参与和支持。那么,如何调动全社会的资源支持学校教育?家长,无疑是一支不可忽视的巨大力量。

一、目前家长、学校教育教学过程中存在的不足

我认为现阶段家长、学校教育教学过程中主要存在下列问题:

(一) 相互沟通较少,沟通方式单一

现代社会每个人都说自己很忙,忙起来也就没有了和别人沟通的时间。家长和学校也基本上是这样,沟通不是很多,除了每个学校每学期一两次的家长会之外,更多的是在学生犯错误的时候才会通知家长,而家长也一般是在孩子有事情的时候才会主动和学校、班主任沟通。一部分学生家长都是在家长会的时候和班主任聊上几句,问一下情况,没有更多的、更深层次的沟通。

(二) 独生子女性格偏激自私,班主任工作难度大

独生子女家庭经济相对宽裕,孩子在家庭中的地位独一无二,若教育不得法,容易出现一些心理偏异:自私,缺少自觉性;任性骄横,不懂得尊重他人;缺少协同合作精神,孤僻,缺少热情;自主能力差,厌学。而现在的班主任几乎可以说是"全职保姆",从学生的一言一行到学生的学习成绩、从学生早上来到学生晚上回都是班主任在管。而一旦学生出了什么事情,班主任又是要负责任的,有时候甚至要承担一些不是自己的责任。本来现在的教学任务就很重,班主任还要花费很大的精力去承担这些德育任务,所以现在班主任的压力巨大,开展工作的难度也很大。

(三) 问题家庭较多,问题家长不少

问题家庭主要有以下几类:父母离异的单亲家庭,父母在外打工由祖父母或外祖父母照看孩子的家庭,由于父母工作忙直接找保姆照看孩子的家庭,家长把一切事情或责任都推给学校的家庭,由于孩子的问题而使家长绝望的家庭等。这是在我的教育教学中遇到过的一些问题家庭,有些家庭的问题特别严重,家长因为自身原因不能参与孩子的教育,导致孩子出现学习和心理上的问题,难以解决。

(四) 缺少理论指导,社会关注较多但没有实效

现在家长学校虽然已经有了,但是相关的理论研究还不是很多,学校也没有提供相关的理论研究文献让教师和班主任认真地阅读,我们这些德育工作者缺少

理论上的指导；另外，现在对家长学校、家庭教育、学校教育中存在的问题，社会关注虽然很多，比如说每年的两会教育都是人们最关注的几个问题之一，但是年年提、还是原来的老样子，没有什么大的实效，反倒是人们觉得现在家庭教育越来越难、学校教育越来越难。

二、新课改背景下家校协同的途径

家校协同的具体途径很多，传统的方式主要是家长会、家访等，新课程实施中以及在教育实践工作中，结合新课程的特点，又摸索出许多新的途径，主要有以下几种：

1. 家长委员会。我在班级成立之初就用自愿报名、相互推荐以及我在家访时对家长性格和工作弹性时间和性质的了解后以推荐的形式确立了本班的家长委员会。家长委员会不但适时地参与学校的教学工作，而且还参与学校规划决策的讨论、日常的教学管理，并且随时可以把家长的意见和建议反馈给学校。学校家长委员会推动着学生家长教育角色的改变。当一个家长参加了学校家长委员会之后，意味着这位家长从一位为学校输送学生的角色，变成了学校教育的同路人；意味着学生家长从站在学校大门之外的"教育看客"，变成了学校教育的"当事人"。

2. 家长开放日。我校每学期都有家长开放日，在这一天让家长走进课堂，了解学校。本学期家长开放日中，家长进入课堂随堂听课，了解班级课程进度、课堂管理和班级常规要求，参观班级环境和学校的校情展览。

3. 教育讲座沙龙。学校和家长通过"沙龙"的形式，定期在一起聚会，对学校的教育教学、学生的具体情况进行交流，也是家校协同的一种新途径。由于沙龙交流具有休闲、宽松的特征，家长和老师可以在宽松、愉快的气氛中畅所欲言，有利于家长和老师平等地交流，有利于激发家长参与教育的意识，共同提高教育能力。

4. 互动短信。学校和家庭教育的结合，首先是教师和学生、教师和家长的沟通，只有相互沟通，才能形成合力，只有协调才能提高质量。然而以往，我们跟家长交流的方式仅仅局限于家访、电访及召开家长会等，比较费时费力，而且效果不佳。我利用飞信，用短信的方式将学生的个人情况、学生所在班级的情况、学校的情况以及新的教育理念、教学方法等发给家长，同时，家长也可以通过回复短信向学校和班主任反映自己的看法和建议。这样，家长在百忙之中可以轻松掌握学生的基本动态，学校也可以通过短信了解家长的看法和建议，有利于家庭教育和学校教育相互融合，形成合力。

5. 网络论坛。本学期我校开通了校园网络及手机APP同步软件，家长和学校可以通过在论坛留言随时进行交流。家长可以通过论坛留言，向学校反映意见和建议，并且可以在论坛上与其他家长交流教育经验；学校可以通过论坛了解学生的具体情况，以便因材施教；学校还可以通过论坛把众多家长的观点收集起来，集中人力、精力进行分析和解答，减少不必要的浪费，提高学校教育的效率。

家校沟通的形式多种多样，作为班主任老师应结合具体的情况，选择不同的方式与家长进行沟通。沟通是一门艺术，也是教师取得良好教育效果的保障，同时良好的沟通能力也是教师工作能力的体现。

作为班主任，要想与家长形成家校教育合力，就必须高度重视与家长的有效沟通。掌握恰当的方法是必要的，也是沟通取得实效的关键。首先要尊重。尊重是家校沟通取得成效的前提、基础，也是保证。因此，作为班主任老师在任何情况下，态度都要诚恳、友善，特别当遇到问题时，要沉得住气，先问清原因，再提出解决问题的方法。与家长沟通，一定要用思想影响思想，用智慧启迪智慧，要让家长觉得你的做法，你的说法，你的想法确实高人一等，快人一步。同时，不论家长对你态度如何，一定要微笑面对，不要耍态度，不要有想法，要相信家长是尊敬老师的。其次要真诚。我们请家长或希望家长配合学校做什么，应该用商量、建议的口吻，对孩子的评价一定要客观、全面，既要肯定优点与进步，也要真诚地提出不足之处。在谈孩子的缺点时，要根据情况，区别对待。

没有合格的家长，就没有完整的优质教育。班主任除了教育学生，还有一个重要任务，那就是影响家长。从某种意义上说，只有影响了家长，我们对学生的教育才能真正成功。班主任是学校教育与家庭教育互相渗透的直接操作者，如果与家长沟通不畅，久而久之，难免会产生矛盾、积怨，甚至对立，严重影响班级工作的正常开展和家校关系的和谐发展。掌握好与不同家长的沟通技巧，是取得家校协作成功的关键。

家长是孩子的第一任老师，家长参与学校的教学活动，是教育教学工作的需要。让家长看到教师真诚对待每一个学生和对他们的关爱之情，以此换来家长的信赖，家长会感受到教师是诚意喜爱关心自己的孩子，因而就会更容易接受教师的意见和建议，也乐意配合学校和教师的工作，在家校配合上，就会收到良好的效果。

苏霍姆林斯基说过："向学校提出的任务是如此的复杂，以致如果没有整个社会，首先是家庭的高度的教育素养，那么不管教师付出多大的努力，都收不到完满的效果。"这说明只有加强家校联系，不断争取家长的积极支持和配合，形成强大的教育合力，发挥整体教育效应，才能取得好的教育效果，家校共育才会与时俱进，才能真正促进学生健康成长，我们的家校共育才会更有效率，更有价值，更有生机。新课程实施中，只有学校和家庭密切联系、协调一致，才能真正促进学生全面和谐地发展。

46
家校合作的有效途径初探

北京市西城区展览路第一小学教师　肖　军

苏霍姆林斯基说:"最完备的社会教育是学校——家庭教育。"在影响孩子的各种因素中,家庭教育和学校教育是最重要的两个。整合家庭教育和学校教育,形成教育合力,对孩子的健康发展非常必要。那么在我们的教育工作中,如何才能真正地做到家校合作?

一、充分利用日常的教育资源实现家校合作

1. 充分利用"家长会"制度

传统形式的家长会一般只是单向交流、缺乏互动,家长完全处于被动位置。为了改变这种被动的状态,每一次的家长会我都会结合学生的年龄特点精心设计一个"教育专题",向家长介绍学校教育教学的进程、学生习惯培养的状况与存在的问题、需要家长给予哪些帮助与合作。活动中家长之间互相切磋教育孩子的经验体会,激发家长关注孩子教育的热情,增强家长教子的自觉性。

2. 充分利用"校讯通"平台

通讯的迅速发展给人与人之间的联系提供了极大的方便,与此同时手机短信为家校沟通提供了更便捷的联络方式。通过家校互动短信平台,将学校和家庭联系起来,家长和老师在这个平台上随时交流学生的各种状况,发现问题及时沟通,及时纠正。

二、创建了"家长语录",提高家庭教育的质量

班里的一个孩子,总是无缘无故和同学发生肢体冲突。为了更好地与家长进行沟通,我建立了联系本。起初的目的只是为了能把孩子在校的表现及时地反映给家长,但是随着联系不断深入,这个联系本还成了培养孩子好习惯的重要途径。这个发现,给了我很大的启发,于是我在班里推行了"家长语录",借此方式宣传、指导家庭教育,以提高家庭教育的质量。

1."一一"探讨,诚心服务

"家长语录"这一方式,使每一位家长可以在自己方便的时间畅所欲言,并且有针对性地谈论自己教育孩子的态度、做法、理念等等。每一位家长写后,我都会认真阅读,并且根据孩子的特点,将自己平日收集的教育知识粘贴在"家长语录"上。当家长具备一定理论后,我会继续与家长一起探讨教育孩子的方法、途径。这样的交流使得家长消除了面对面的陌生感、距离感以及不必要的尴尬。在交流过程中,我也会经常为家长推荐一些书目,用来指导家庭教育:

如,有的家长因孩子磨蹭而烦恼,我就提供了《孩子磨蹭怎么办》这本书;有的家长习惯于陪孩子学习,我就推荐了《有个误区叫陪读》和《让孩子对学习负责》,让家长认识到这样做的危害。

又如,当连续看到两位母亲为教子失败而自责的留言后,我的心里久久不能平静,于是我提笔写下了《今日做父母》一文,用一位教子失败后,通过不断地反思,终使孩子成才的母亲的事例,鼓励她们不要放弃对孩子的教育,而且在家长语录中我写道:"母亲最了解孩子,母亲应根据孩子的潜质和社会的发展方向,告诉孩子应该学什么,应该往哪方面发展。"家长读后,特别感动,重新调整了心态,找到问题的症结,改进教育方法,最终取得了较好的教育效果。

再如,当家长与我探讨孩子不听话,向家长发脾气时,我会耐心与家长分析现阶段孩子的心理特点,告诉他教育孩子绝不是一个简单的过程,并推荐《说说孩子规则意识的培养》这本书,与他一起分析孩子现状,引导家长对孩子的要求不苛刻、不拔高、不受虚荣心的左右,要与孩子沟通,还要重视对孩子的行为训练,不能总是口头说教,而且要注意谈话的方式,要尊重孩子才能达到目的。很多家

长在尝试、摸索中，改善了亲子关系，家庭教育进入了良性循环。

2. "师长"互动，反思深刻

"师长"互动，就是教师和家长互动。

在短信交流的过程中，我还建立了以"家长语录"命名的微信朋友圈。在这里，家长们各抒己见、集思广益，很多家长开始反思教育中的问题与误区，反思自己在教育孩子过程中的得与失。渐渐地，我发现家长们愿意主动与老师沟通了，他们开始积极配合学校、老师的工作，开始意识到为孩子创建良好的家庭氛围的重要性，开始有意识地调动家庭的积极因素，开始努力做到知子女所想，晓子女所好，促子女所长，导子女所会，使学校、家庭形成良好的教育合力，促进孩子健康成长。

3. 言为心声，赢得信任

随着"家长语录"制的开展，我发现，它不仅调动起家长的积极性，而且赢得了学生的信任。孩子们也纷纷借"家长语录"吐露自己的心声，有的孩子还会为老师、父母推荐一些书目，如《影响子女一生的一句话》《阳光下的注视》和《面对渴望的眼睛》等。这些做法使老师、孩子与家长之间的沟通更加密切，使家校合作的作用发挥得更加充分。最令人欣慰的是在这个过程中，不仅增进了师生情谊，拉近了家长与孩子之间的距离，更重要的是在学习、总结、交流、沟通的过程中孩子们的认知能力提高了，他们也渐渐开始反思自己的行为，控制自己的情绪，渐渐地懂得了责任、学会了担当……这些都是学校教育与家庭教育协同一致的结果，也让我看到了指导家庭教育的成果。

无论是家庭教育，还是学校教育，都是孩子在成长过程中重要的组成部分，二者缺一不可。作为一名教育工作者，在工作中一定要努力找到这两者之间的契合点，使双方形成教育合力，共同完成对孩子的教育工作，共同托起明天的太阳。

借助"希望谷"网络平台，让英语学习充满快乐

北京市西城区五路通小学教师　赵　媛

英语学习是一个长期的日积月累的渐进过程，而每周仅仅三课时的英语学习对于小学中高年级的学生是远远不够的。英语课是短暂的，教师只能利用有限的时间讲授教科书上的知识。英语学习并不应止于这有限的书内知识，而是应在学生可以接受的范围内将所学知识进行运用，从而达到练习巩固的目的，或者根据自己的兴趣，通过多种途径接触英语，为自己创造一个良好的学习氛围。

当今社会是一个信息技术日益发达的社会，教育信息化、教育数字化的浪潮席卷了各个角落，比如各种各样的网上课堂、英语学习 APP 软件、各种英语在线教育……在这样的环境下，我们的英语教育也应与时俱进。如何利用好这些资源，家校携手共同帮助学生提高英语水平？我尝试借助"希望谷"这一网络平台，展开多种活动，激发学生学习英语的积极性。

一、创建英语角 ENGLISH SHOW 这一活动专题

依据我校"遵循个性本色，培育五彩少年"的培育目标，并根据学生的年龄特点，面向我所教五年级全体学生征集"我喜爱的英语＿＿＿＿"，同时提出了以下活动要求：

根据自己的喜好，从英文歌曲、英语小笑话、英语小故事、绕口令及中西方

文化差异这五个方面自愿选择一个或多个，上传至"希望谷"的英语角；

所选英语材料要求应积极向上，且难易适中，不能过于容易也不能难度过大；

此活动期限是一个学期，上传形式可以是自己朗读，也可以是录音、视频或是 Word 文档；

自活动发起一个月后进行评选，评选出来的优秀作品将在校园英语广播中进行播放。

该活动一经提出，最先响应的是各班喜爱英语的同学们，他们很积极地根据自己的喜好，上传了不同形式的英语材料。喜爱歌曲的同学们上传了歌曲，如 Run That Race、The Show、I Really Like You 等；喜爱读小笑话的同学们纷纷上传了各种英语笑话，如《我是司机》《他赢了》等；还有些同学也上传了自己喜爱的英语小故事，有些故事很幽默，如 Food and Talk，有些故事则有育人意义，如《猫咪钓鱼》；有些同学则上传了自己很欣赏的英语版中国古诗，让同学们一起感受语言之美。

英语材料上传的方式也是多种多样。有的同学上传了电影中的一部分视频，有的同学以照片的形式把在杂志上看到的小笑话照下来进行上传，有些同学很满意自己的书写，便把英语小故事或笑话抄在英语纸上，再进行上传。

这一活动很快成了课下热议话题之一。总能听到"你上传了吗？""你听了我上传的……了吗？""你也去看看我传的。""我传的是……"在这些喜爱英语的同学的带领下，渐渐地越来越多的同学参与进来。未参与上传的同学也很认真。不仅如此，所有文字类材料都配有中文翻译，对于英语偏弱的学生还是比较有帮助的。当评选阶段结束后，被选中的优秀作品在广播中播放时，无疑这些作品的主人是最高兴的，因为他们体验到了成功带给自己的快乐。总的来说，此次活动达到了预期效果。

二、发起"我们一起来配音"活动

英语角专题活动的小高潮还未结束，我发现它锻炼了学生听、读的能力，尤其是读的能力，但在口语能力方面稍有欠缺。如何提高学生的英语学习兴趣，提高其口语能力？练习听力至关重要，为了达到好的效果，就得花时间去练习听力，经常磨耳朵，时间长了，听到的内容就会被正确地反应在我们的大脑中了，通过模仿语音、语调，地道的英语便不难说出口了。于是我想到利用趣配音等APP，发起了全员配音活动，以此提高学生们的口语能力。我提出了以下活动要求：

1. 选择一部电影的片段，分小组进行配音。

2. 每组成员控制在2～6人。

3. 配音时间为3～5分钟。

4. 自活动发起的三周后进行评选，评选出来的优秀作品将在校园英语广播中进行播放。

很多学生很喜欢这个活动，一般在说明活动要求后，很快就找到了合作伙伴，一起商议要配音的电影，并在短短两周内便有10组作品上交至老师。我会根据每组作品的不同情况给出建议，学生也很虚心地听取建议，为以后录制更多更好的配音作品打好基础。当选出第一名时，起初有些同学不服气，但在听过别人的配音录音后，认识到自己的差距，决心下次争当第一。这更坚定了我举办这次活动的信心。除此之外令人高兴的是，在这次活动中，有一组录音是两名学生和其中一位学生的妈妈共同录制完成的。无论是学生还是家长的发音及彼此间的配合，都可以用完美一词来形容。

此活动不仅受到学生们的喜爱，家长们也反映自己的孩子自从有了配音活动，英语学习的兴趣比以前更浓了，主动邀请同学来家里一起录音。家长表示很满意孩子现在的状态，对老师也表示感谢。

在这个互联的世界，仅靠英语课堂是难以跟上现代的快节奏，而年轻的教师更不能故步自封，而要与时俱进，利用好时下各种好的资源，辅助学生提高英语水平。想学好英语，首先要培养对英语的兴趣。"兴趣是最好的老师"，兴趣是学习英语的巨大动力，有了兴趣，学习就会事半功倍，也更容易坚持下去。兴趣不是与生俱来的，需要培养。如何培养学生学习英语的兴趣？我认为应该利用好"希望谷"这个网络平台，让家长了解到我们在做的事情，并得到家长的认可与支持。开始时应多举办一些英语方面的活动，比如，唱英文歌、做英语游戏、读英语幽默短文、练习口头对话等。时间长了，懂得多了，就有了兴趣。当然，学习起来就有了动力和欲望。"希望谷"平台不仅省时、便捷,它还有一个特点,就是可以打破班级的界限,实现真正的资源共享。

英语学科核心素养包括语言能力、思维品质、文化品格和学习能力四个要素。参加英语角共享活动的学生们不仅语言能力可以得到提高,而且通过阅读地道的英美文章,对学生英语写作能力的提高也很有帮助。对比、选取英语素材的过程,也是学习能力提高的过程。未参加活动的同学可以参与评选活动,通过对比选出自己喜爱作品的过程,也是英语能力提高的过程。而选取正能量素材的要求,则力求塑造学生积极向上的良好品格。不仅如此,在展示中西方文化差异的活动中,充分展示了英语国家与我国的文化差异,也是对培养学生良好的文化品格的诠释。借助"希望谷"这个家校沟通的平台,不仅可以与同学们共享自己喜爱的英语材料,而且还可以很好地展示自己,一举多得。当然在此次英语角专题活动和配音活动中,学生们的点滴进步离不开家长们的支持与配合。

让我们共同携手,让英语学习快乐起来,让孩子们在学习语言的同时,去感受那意想不到的乐趣,真正体会到什么是"一分耕耘,一分收获"!

对智障学生社会适应能力的培养

北京市西城区五路通小学教师　赵　岚

如何接受别人的善意是一种智慧，也是一种风度。如何优雅地接受别人的美意，诚挚地道谢，在这人情淡泊的社会中是很重要的。对给予自己关怀和帮助的人抱有感激之心，的确是一种美德，对目前处在娇生惯养环境中的孩子尤为重要。

我所任教的班级中有一位随班就读儿童。经过长时间观察，我发现，因为她身体和智力上的缺陷，使得更多的人给予她无私的关怀和帮助。其实，像这样的特殊学生，长期伴随着巨大的心理压力，难以拥有健康、快乐、自信、向上的精神生活。作为老师，我们要重视对他们进行必要的心理疏导以及正确人格意识的培养。

在家里，父母给予她最好的照顾，不让她做一点家务，还把在外地的亲戚接来，又请来年事已高的姥爷专门接送孩子上学，照顾起居；在学校，老师和同学也给予她最大的关心和宽容，每天有人帮她拿书包、搬好桌椅，中午吃饭有人帮她打饭、打汤，上课时当她起身上厕所，同学和老师也报以宽容理解的态度。其实这些都是我们应该做的。可是渐渐地，我发现，别人的爱，也给她带来了一些负面影响。

我发现，每天早上当小姑娘的家人送她进教室，同学主动帮她们拿书包，摆放桌椅时，她没有一句感谢的话语，认为这一切都是理所应当的。当同学们帮她拿本、拿饭后，她的神情也是一片漠然。有几次放学，家人因为天气原因而稍微晚了一些，她竟然大声呵斥，以示不满。类似于这样的情况发生了很多次。我终于意识到，在我们无私帮助她的同时也应该教育她学会感恩。虽然她的肢体、智力不健全，但我们应该让她有一个健全的人格。针对这个问题，我采取了以下几种方法：

学会说"谢谢"

有一次课间，我特意找到她，请她帮我数一数作业本收上了多少本。当她数完并告诉我数字时，我摸了摸她的头说："谢谢你，做得很好。"听到我的感谢的话语她很激动，高兴得咧开嘴笑了。我借这个机会对她说："你看，虽然你只帮了我一个小小的忙，但我认为还是应该对你表示感谢。因为你帮助了我。"接着，我又说："老师相信你是懂事的孩子，希望你得到别人的帮助时也能说一声谢谢。"听了这话，她轻轻地点了点头。

有一天，正好一位同学帮助她把书包收拾好，我对她说："想想你该说什么？"她想了想，轻轻地说了声"谢谢你。"我高兴地说："对呀，你真有礼貌。"一句简单的表扬让她兴奋不已，小脸红彤彤的。

但我也意识到，只依靠学校的教育是不行的，要想让她有更大的进步还要依托家庭教育的配合。于是我联系了她的父母，告诉他们我观察到的情况。对于培养孩子健全人格的问题和他们进行沟通。告诉他们，孩子虽然身残、智残，但心理要健全。家长理解了我的好意，并对我的看法给予认同。我告诉他们，在家里也要像在学校一样，引导孩子从会说"谢谢"开始懂得感恩。在学校和家庭的共同努力下，小姑娘终于在接受别人的帮助后能主动说声"谢谢"了。

学会感恩

感恩并不是简单说声"谢谢"就行了，要让她知道，在感谢别人的同时，要力争自己的事情自己做，如果有能力还应该帮助别人做一些事。于是，我有意识地让小姑娘也参与到班级工作中来，有时我让她给同学发发本，有时我让她帮我给作业本盖个小印章。孩子很愿意做这些事，尤其做完这些事后听到老师和同学的感谢的话语，她更是兴奋不已，喜形于色。她终于意识到，原来自己也可以给予别人帮助，而帮助别人又是一件多么值得高兴的事。接下来，我又和她的父母联系，希望得到他们的支持和帮助。我提议，在家给孩子安排一些力所能及的家务，并且得到亲人的关心和照顾后也要表示感谢。父母很配合，在家里特意给孩子设立了家庭劳动岗。

经过一段时间的努力，这个孩子有了很大的进步。现在，她能做一些力所能及的事，并对于别人给予的帮助有了回应，偶尔还很乐意帮别人做一些事。在学期末的一天下午放学时，我欣喜地看到她主动帮来接她的姥爷擦去了额头上的汗水。

有些恩情是我们无法回报的，有些更不是等量回报就能一笔还清的，唯有用纯真的心灵去感受、去铭刻、去永记，才能真正对得起给你恩惠的人。国外的小孩从小就被教导"接受"的礼节，不管喜不喜欢别人的礼物，都必须得甜蜜蜜地道谢，因为要谢的是礼物背后的心意，不是礼物本身，更不是礼物的价值。不管多小的礼物都要写谢卡，不管多小的服务都要道谢，这种已经养成的习惯，使他们在日常生活中随时向服务自己的人说谢谢。这种口头的赞美冲淡了生活的压力，美化了人生。我们不得不承认，这是值得我们借鉴的一种很好的感恩教育。让孩子知道每个人都在享受着别人通过付出给自己带来的快乐的生活。当孩子们感谢他人的善行时，第一反应常常是今后自己也应该这样做，这就给孩子一种行为上的暗示，让他们从小知道爱别人、帮助别人。

在教育孩子时，我们掌握好沟通与交流的方法。这里的沟通包含教师与孩子，教师与家长、家长与孩子的有效沟通。只有通过良好的沟通，形成家校合力，才能开启孩子的心灵之门，达到最佳的教育效果。

每个人的生命都是美丽的，无私的奉献使教师的职业更神圣，细微的关爱使残障学生的生命更美丽。在学校这个大家庭里，我们将用博大的胸怀带他们走出无声与无知的世界，使他们与健全学生一样拥有一片属于自己的晴朗的天空。

49
育诚实之花，护幼小之心

北京市西城区五路通小学教师　张斯雅

"老师！我今天早上刚换的小奖品丢了一样！"佳佳着急地对我说。"是不是夹在了书包里，你再仔细找找。"我平静地回答她。面对刚刚步入一年级的孩子们，我似乎已经习惯了他们偶尔的丢三落四。毕竟，发生过许多次"丢东西"事件，每当我再去询问他们是否找到时，孩子们都会笑着对我说"找到了！"，因此这次佳佳告诉我丢了小奖品，我没有太在意。

午休时，佳佳再一次朝我跑过来，带着哭腔对我说："老师，我换了七样小奖品，只剩下一样了，都没有了！"这一次，我意识到了，佳佳今天丢东西，和以往相比，不太一样……于是，我停下手头的所有事情，拉着佳佳的手，安抚着她的情绪，开始细细了解。

"老师，我今天早上换了七样小奖品，有小沙画、小粘手、书签笔……但是，我一个课间少一个、一个课间少一个，现在只剩一个了。我把书包、座位全翻遍了，都没有。"佳佳稍微平复了一下心情，一点点回忆，向我讲述丢东西的经过。听了佳佳的话，我来到了孩子们的中间，展开调查。当我问到佳佳身边的同学有没有看到这些小奖品时，每个人都毫不犹豫地告诉我："没有。"只有小任，紧紧抱着书包，望着我，不说话。我知道，如果硬问的话，肯定没有答案。于是，我抓住一年级孩子想象力丰富、乐于听故事的特点，转换了提问的方式："孩子们，佳佳的小奖品觉得书包里太闷，出去遛弯了，你们快帮佳佳找找，小奖品遛到哪里去了？"话音刚落，小任对我说："老师，佳佳的奖品好像遛到了我的书包里。"就这样，我在小任的书包里找到了书签笔等五样小奖品。小任告诉我，五样中，蓝色小粘手是她的。就这样，我暂时把四样小奖品还给了佳佳，先安抚了佳佳。

奖品找到了，但是我知道，小奖品不会自己去"遛弯"，接下来我要做的事情就是，问清小任这件事情到底是怎么回事。但是，如果继续在同学们的旁观下调查，势必会伤害小任的自尊心。于是，我悄悄拉起小任的手，带着她去了只有我们两个人的地方。

"小任，你现在可以告诉老师，佳佳的小奖品，是怎么遛到你的书包里的吗？"我问。"我也不知道，可能是同学放的。"小任回答。我鼓励小任，告诉她只要说实话，老师就原谅她，诚实最重要。同时我引导她回忆，给她充足的思考时间，不打断她，让她想清楚了再告诉我。小任思考再三，承认了是她拿的，告诉我她觉得这个礼物好玩，她也想要，于是就拿佳佳的了。她特意对我说："老师，我没有偷。""偷"这个字，用在一个刚上小学的孩子身上，确实有些重。看着小任急于辩解的样子，我着实心疼。我说："是，老师知道小任不会偷别人的东西，老师也没有说你偷。"我想保护小任的自尊心，于是运用同理心，站在小任的角度上思考问题，"你只是觉得好玩，自己没有，所以拿过来看了看。"小任听了我的话，快速点了点头。看来，我说到了她的心坎里。我顺势给她讲了这样做是不对的，小任也明白了，当时就对我保证以后肯定不做这种事情了，并且希望我不要把这件事情告诉她妈妈。小任说，只拿了佳佳这四样小奖品，都还回去了。看在小任知错就改的态度上，我决定原谅她一次，并且不打算告诉她的家长。

当天放学做值日时，我发现小任旁边的空座位里（该桌同学由于生病，许久未到校）有许多垃圾，还有一支铅笔，还有……佳佳丢的沙画，一幅已经被玩过了的沙画。这时我感觉，佳佳丢奖品事件，并不是这么轻而易举就能解决的事。

第二天早上，我拿着空座位中捡到的铅笔找到小任，问她这根铅笔是谁的，小任说不是她的，于是我帮助她将这支铅笔和她的其他笔对比，小任承认了这支笔是她的。我告诉了小任我在哪找到的这支笔，同时告诉了她那个空座位里不仅有她的笔，还有垃圾。小任一口咬定座位里面的垃圾都是别人扔的。我告诉她，之前那个座位没有人坐，即使有人，我们每周五肯定会把座位全部清空。我接着慢慢地引导、鼓励小任，问她你要不要改变自己的说法。小任说："老师，垃圾是我扔的。"接着，我又告诉她，在那个座位里，我还找到了佳佳的沙画，但是是被玩过的沙画。小任又说沙画不是她玩的，我再一点一点鼓励她，说只要诚实，老师就喜欢你。最后小任说："老师我改说法，沙画也是我扔的。沙画是昨天您问这件事情之前，我拿的小朋友的。"佳佳的沙画也找到了，小任做错了事，理应向佳佳道歉，于是我陪着小任向佳佳说了"对不起"。佳佳告诉我，现在就差一个蓝色小粘手没有找到了。我清楚记得，第一天小任承认小奖品"遛"到她书包里时，出现过蓝色小粘手，于是我让佳佳先回去，还是我和小任两个人单独沟通，一切只为保护小任。"小任，你诚实地告诉老师，有没有拿小粘手？""我没有，那个小粘手是我的。"小任说。我告诉小任，我记得她昨天好像没有换小粘手。小任说："那个是我以前换的……""以前换的奖品是不能带到学校的，小任肯定不会违反老师提的这条纪律的。"我说。"老师，我承认，那个蓝色小粘手是佳佳的，我之前的小粘手是黄色的。"

就这样，佳佳丢奖品事件在一波三折中，终于水落石出。在调查的过程中，小任几次出现说谎的现象，我明确指出了孩子的错误：1. 随便拿其他同学的物品。2. 不诚实。告诉了她这样做的后果，并教会了她以后应该怎么办。

出于对孩子负责任的角度，我必须要把这件事情告诉她的家长。虽然在第一天我答应了小任不告诉她妈妈，但是随着事情的进展，我发现事情并不是那么简单。在第二天三番五次的调查中，我感受到了小任内心的害怕、纠结、忐忑，还有一丝希望能瞒天过海的侥幸。我认为，只有家校配合，才能真正地帮助她，一味帮助她瞒着家长，反而会起到反作用。

我拨通了小任妈妈的电话，向她叙述了整个事件的全过程。以下为我和小任妈妈的沟通记录：经过今天的调查，我觉得出于对孩子负责任的角度，有必要把这件事情告诉您。首先我们要肯定孩子，她很诚实，最终说了实话，并且意识到了错误，这一点特别棒。但是听我和您叙述这件事情的过程，您肯定也感受到了，在问这件事情的过程中，孩子内心肯定是纠结过的，是想隐瞒她做的这些事的，所以几次出现"老师我想清楚了，我改变我的说法"的情况。

小任给同学们带了那么多礼物，是个懂得分享、热情大方的好孩子，现在孩子还小，玩心、好奇心有点儿重，出现了随便拿别的同学东西的现象。现在我们要做的就是，帮助小任，告诉她这样做不对。我今天给孩子讲了，希望回家以后，您也可以给孩子再讲讲。比如通过几个类似的小故事，让她站在旁观者的角度上，说说应该怎么做，帮助孩子明辨是非。

在和小任妈妈沟通时，我的态度是平静的，就像讲故事一样娓娓道来。我相信小任意识到了错误，相信小任妈妈一定会借此机会叮嘱教育孩子，所以我没有咄咄逼人，而是在这件事情中，挖掘小任表现好的地方肯定她，希望以此能平复小任妈妈的心情，给予她帮助孩子解决问题的信心。

通过和小任妈妈的沟通，我们达成一致意见：1. 给小任主动承认错误的机会，家长不主动挑明批评。2. 讲有关的品德小故事。3. 妈妈近期观察孩子，关注孩子有没有拿回不属于她的东西。

第三天，小任高兴地告诉我，昨天她主动向妈妈承认了错误，妈妈对她进行了批评教育。为了弥补她已经玩了的小沙画，她和妈妈给佳佳买了一幅更漂亮的沙画，已经送给了佳佳，佳佳非常喜欢。佳佳和小任非但没有因此事影响友谊，反而感情越来越好了。小任知道了别人的东西即使自己再喜欢，也不能随便动，自己犯了再大的错误，也要说实话。时至今日，小任再也没有做类似的事情了。

在老师和妈妈的配合下，小任的心中种下了一颗名为"诚实"的种子。那颗幼小的心灵，也在家校共育的保护下继续健康成长。

50
家校合作，共育守规矩的小雏鹰

北京市西城区育翔小学教师　柳　晶

今年，我从中年级段教学转到低年级段教学。好多年没有教低年级了，听老师们说，现在的一年级家长可都是新新人类，他们大都是80后，独生子女的第一批，他们的孩子可都是新新新人类。突然间我不知要如何面对了，只是还按照我以往的家校工作，有的在假期就提前开始着手进行了。开学第一周，我就遇到了一个小困难。班里有两个男生总发生矛盾，几乎每天都向我告状。告状时，由于孩子小，说不清，要不就是不承认，总有自己的理由。于是我把困难交给了家长，也是想家校合作，共育守规矩的小雏鹰。

家长讲述	老师回复
孩子在传达室跟我分析了自己头晕的原因，说可能是自己昨晚没睡好，被太阳一晒就晕了，被我批评了一顿，对不住啊，给您添麻烦了，回去我再给他调整下作息时间。另外，我跟他爸也会对他的上学纪律再进行批评规范。感谢柳老师！再祝节日快乐！	第一周孩子在适应，希望孩子在第二周有一个好的表现，尽快适应小学生活
柳老师好！看到您在家长群里的留言，想跟您了解一下这两天孩子的情况	语音通话 感觉这个孩子跟其他孩子不一样，不听从老师的管理，有自己的想法，违反纪律，影响其他同学学习，尤其是在老师批评他时，总是摆出一副无所谓的样子。跟同学尤其是××，总发生矛盾

家长讲述	老师回复
非常感谢老师给我们的反馈，大周末的还让您费心。我跟他爸爸也正想给您打电话问问情况，但又担心打扰到您。刚才他上完英语课，正好问问他今天的情况，也说起了他跟××小朋友的事情，他觉得特委屈，说对方先来捏他鼻子，他急了才动脚。我跟他爸批评了他，不管起因如何，他的处理方式不对，破坏课堂纪律更不对，主要引导孩子遇到这种情况的处理方法。吃饭的事情他没说，待会儿再说说他，让老师费心了。我跟他爸会持续关注他的行为规范，感谢老师！周末愉快	如果是这种情况，我也要周一再调查，把事情弄清楚，我感觉他俩在一起，总有矛盾。早点休息
我回头也联系一下××同学的家长，回头约他们一起玩，看看能不能让这俩孩子和解。老师，早点儿休息吧，回头跟您汇报沟通成果	这种沟通方法真好
老师，跟您汇报一下与××家人沟通情况。周末我联系了××妈妈，本来想让孩子凑一起玩一下，顺便解决一下两人的小矛盾。因他家还没有搬到马甸这边，聚起来不方便，就放弃了。不过，我回头会主动跟××妈妈多多沟通，看怎么才能更好地处理他们的关系，别因为他俩影响班级纪律。昨天回家问孩子在校情况，了解到××又跟××同学发生摩擦，再次给您添麻烦十分抱歉。我对他的行为已经严肃批评，首先要求他不主动挑起摩擦，其次如果××主动招惹，应避免回应或者告知老师，他说他尽量做到。我知道您管着这44个孩子还得上别的班级的课非常忙，所以您不用回我的信息，我发信息主要是想让您了解我们关注到的情况，我们当家长的尽量不给您再添麻烦，再次感谢您	语音 （俩孩子又发生矛盾，我不得不与家长进行沟通，把发生的事情大致陈述了一遍，也试着想让家长重视，借助家长的力量及早解决俩孩子的问题。）
好的，老师，他去上篮球课了，我待会儿见到他一定问清楚。××的家长我联系过两回，对于解决孩子之间的问题，他们不太积极，我总想约着一起看看怎么办，可能住得比较远，不是很方便。不过，待会儿我还是再联系一下看看有没有更好的办法。他午休的问题，我一定会严肃批评他，其余的纪律问题，也请柳老师该教育教育该批评批评，我们作为家长坚决支持老师对他的严格要求。小雏鹰的事情，昨天他一见我就跟我说了，特别骄傲，我认为孩子也是有强烈的荣誉感的，知道什么是好的什么是不好的。请老师多费点儿心，我们家长一定配合老师规范好××的纪律行为	语音 （在我采用没有办法的办法时，我给××一个管理班级卫生的工作，给孩子带上一条鲜艳的红色绶带，当时孩子就有种特不一样的感觉。）我把这一举动告诉了妈妈，随便又告了个状，还是俩孩子出现的矛盾

家长讲述	老师回复
柳老师，我跟××妈妈又深入沟通了一下，决定联手积极接触密切沟通，希望能尽早解决两个孩子的小矛盾，您就放心吧	动画表情
这是我们做家长应该做的，您太客气了！您也忙了一天了，好好休息吧	
老师，真是太抱歉了。昨晚上接上孩子下课回家的路上我就开始教育他，早上在送他上班车的路上还在叮嘱他跟××的问题、午休的问题，他也是点头答应得很痛快。没想到半天不到就这样，我也真是没招了。周末我要带他跟××把他们的问题好好面对面解决一下，又没有深仇大恨，真让人发愁啊。针对孩子犯错以后的态度问题我会好好教育他，请老师放心，太抱歉了	语音沟通（主要是俩孩子又发生矛盾）一个上午发生了两起事情，我一气之下给××家长致电，及时沟通刚发生的事，想让家长再次引起重视
对于他们两个孩子的问题，学校老师们确实把能做的都做了，作为家长，我们非常感激。我们在校外，肯定积极采取措施，尽快解决他们的问题。这周不管怎样我都想办法让他们解决一下，回头跟您汇报情况，再看看下一步应采取什么措施，这期间肯定会少不了麻烦到您。在此，要先跟您说声抱歉，不过，咱们都是为了孩子们好，您肯定也理解，让您费心了	
孩子这两周状态确实有很大进步，放学在家我能感觉到。他喜欢去上学了，喜欢回家说在学校发生的有意思的事情，这跟您与其他老师们对他的关心跟帮助密切相关，真的非常感谢！他自己也说，得好好表现，要不老师就换别的同学当数学课代表了。我以后也会经常提醒着他，家里学校一起帮助他保持上进心，争取尽快成为一个合格小学生。我跟孩子爸爸非常感谢您对孩子的耐心帮助	我们一起努力，让他有力量成为最好的自己，周末愉快

××同学的家长也为此总结了孩子开学以来的表现与进步。

一只小雏鹰的成长历程

××从9月初成为一名一年级小学生，到现在已经过去整整两个月了。在这两个月里，××身上发生了巨大的变化，作为他的家长，我们关注并见证了他这两个月飞速成长的过程。××这两个月的成长基本可以分为三个阶段。

第一个阶段，适应期。××是个十分活泼外向的孩子，上学伊始，他以自己的方式去探索新环境，表现出一种我行我素的状态，在遵守纪律和与同学互动方面屡有问题发生，让我们作家长的十分焦虑。针对这些情况，班主任老师与我们进行了高频次多形式的沟通。对于××在学校发生的问题，无论大事小情都一一与我们家长进行交流。我们也把他在学前班、幼儿园和家里的表现向老师详细说明。在老师的细心引导下，针对××的问题终于把准了脉。这个阶段，他主要的问题是不觉得自己身上存在问题，做什么事情总有自己的一番"道理"，对于学校的规范缺乏认识。参考老师的建议，我们给××有针对性地制定了10条在校行为规范，要求他每天上学的路上复述一遍。同时，老师通过视频、照片、文字、语音等多种形式，让我们充分、全面地了解孩子们在班上的各种表现，使我们能够有效地和××一起回顾学校的一日生活，积极地进行纠正、引导，并且及时将与他达成的"协议"告诉老师，请老师在学校对他进行引导和鼓励。通过学校和家庭的积极配合，××终于走出了状况不断的适应期，开始能够管住自己了。

第二阶段，平稳期。度过焦虑的适应期，××已经能够平稳地完成一天学校生活，但是老师和我们并没有停止对××在校表现的关注。老师与我们一起仔细分析了××的性格特点和行为习惯，观察挖掘他身上的优点，然后在学校生活中进行引导和鼓励，我们也在家中同步积极关注他的进步。通过引导和鼓励，××不再是被动地避免犯错误，而是逐步形成自己认可又符合学校规范的解决问题的方法，开始能够自如、积极地融入学校生活中。

第三阶段，成长期。这个阶段，××积极参与班级工作，能够进行自主管理。有了前两个阶段的基础，班主任老师开始充分鼓励孩子，在学校采用激励机制，针对孩子喜欢帮助别人的特点，创造机会，鼓励孩子勇于参与班级日常事务，包括打扫卫生、发放物品等等。通过这些小事，孩子不再仅仅认为自己是个被管理的对象，也是集体环境的创造者和参与者。最终，他获取了自我管理小雏鹰的荣誉称号。同时，他不仅开始珍视个人荣誉，也对集体荣誉有了认识，他回家会说"我们班的卫生是全年级最好的""我们代表年级上了音乐公开课"等这些开心的事情。在这一阶段，孩子表现出对学校生活的热爱和向往，每天回家有各种说不完的学校、老师、同学的新鲜事、趣事。孩子开始增强对自我的认可和集体意识，开始逐渐对自己提出更多的进步要求。这是我们作为家长最希望见到的，同时也是对班主任柳老师一直以来辛劳的安慰与回报。

  两个月的时间一晃而过，××在育翔开启了他的小雏鹰成长之旅。这期间，他的同学朋友们、各位老师们给予了他非常多非常有耐心的帮助。作为家长，我们对××在一年级××班这样一个集体中成长，对有班主任老师这样一位有经验、有耐心、工作细致负责的老师带领这个班级深感欣慰。对各位老师和学校的细致工作我们深表感谢，今后我们也将一如既往地配合好老师和学校的各项工作，让××和他所在的××班一起快乐成长。

  开学已有两个月了，孩子们从不同的家庭来到育翔小学，加入××班这个大家庭。经过这两个月的磨合、改变、纠正以及老师、家长的帮助与关注，孩子们在各自成长和发展。我庆幸遇到好的家长，在我需要帮助的时候，家长愿意和我同心协力，一起教育孩子、帮助孩子；我感恩遇到这群可爱的10后的孩子，让我能够走近他们的心灵，共同成长；我更加感激、珍惜在班主任培训班中的学习，让我对班主任工作更加有自信，同时班主任工作也让我感受到幸福和自己的价值。

51
引导家长做"教育路上的同行者"

北京市西城区育翔小学教师　苏姗姗

行为习惯的养成是低年级学生培养的重中之重。在学生建立好习惯的过程中,问题的反复是非常正常的。尤其对于低年级学生,缺乏自律性的他们在老师、家长不断地提醒监督下,好一阵,坏一时,反反复复,曲折前进。我们总希望能用最短的时间达到最佳的效果,而达到这一目标的捷径便是"家校携手,一路同行"。

一、用事实引起家长对习惯培养的重视

低年级的教学内容并不复杂,因而很多家长就认为孩子上一年级跟玩儿似的,不用管太多,顺其自然就可以了。其实他们不明白,低年级最难也最重要的不是学好哪门课的知识,而是养成良好的习惯,为孩子将来的学业、人生奠定坚实的基础。无论初次与新生家长见面还是低年级每一次的家长会上,老师们都会不厌其烦地谈到习惯的重要性,反反复复强调孩子的自理能力、专时专用习惯、读写习惯、审题检查习惯等有多重要。但每次开完会老师们都会感叹:负责任的家长一如既往地重视对孩子习惯的培养和落实;而一些不管不问的家长还跟原来一样,开了也白开。这其中确实有家长责任心的问题,但也有一部分习惯差的孩子的家长始终没有从思想上认识到"拥有好习惯"对孩子的学习成长有多重要。他们只是从形式上对孩子的学习加以关注,而对孩子的行为习惯抓一时,松一阵,用工作忙、没时间照看孩子当理由。他们还会抱怨,孩子从小、从幼儿园就有这些问

题，我们也发愁。其实，理念决定行为，行为累积成效果。如果家长真的从理念上把对孩子行为习惯的养成上升到该有的高度，就会克服困难，想尽办法，坚持配合落实。那怎样才能让这些家长的理念有所转变呢？我选择了"用事实说话"。家长都关心孩子在学校的表现，于是我把习惯上有问题的孩子的表现做成案例，在家长会上"真实演绎"：

上课了，老师请大家自读课文。其他同学直接打开书读起来，小 A 好不容易翻箱倒柜找出课本，等翻开书其他同学已经读完了。

老师范写指导过后，同学们开始自己练写。小 B 桌子课间没整理，垫着各种学具写起字来，没写几笔就硌歪了字迹。橡皮找不到，借了半天。好不容易赶在放学前交了作业，却因粗铅笔印，没用尺子连线被老师批评重改。

小 C 听讲不认真，老师讲过的题目还理解错。错了也不问不改，听写、练习时再次出错，依旧不改不问。考试同样的题目同样出错，试卷分析时才恍然大悟。想要记住正确的内容，可是就是记不住，而错的内容印象却很深刻。

听老师讲述着班里孩子的真实表现，很多家长不住地感叹，仿佛看到了孩子因为没有好习惯而在学校表现出的种种窘态。当我再次对比呈现两种截然不同的作业完成情况：认真观察后用尖铅笔认真书写的作业；不看书凭感觉写了擦，擦了改，最后没时间潦草应付的作业。家长们一下子意识到不是别人家的孩子能力强，也不是别人家的孩子天生乖，而是别人家的孩子有好习惯的支撑。于是无须老师再苦口婆心地提醒带齐学具，准备好尖铅笔，及时改错等，家长们自觉就知道要在习惯上持之以恒地给孩子把关。家长们不再胡子眉毛一把抓，把精力都用在了"刀刃"上，老师的角色也从此不再被动。当家校的理念达到了统一，配合自然变得更加默契，于是家校合力便开始发挥巨大的作用。这次家长会后，我可喜地看到班里的几个小邋遢开始注意课间学具的整理；孩子们练习里也没有了黑粗的笔迹；平时需要各科老师催着改错的孩子也主动追着老师判改错……我知道，这些变化背后是家长们更加给力的配合，是家长们理念的更新。事实给家长们上了一门生动的"育子课"。

二、充分发挥家校合力，引导家长做"教育路上的同行者"

一年级教育很重要，尤其第一个月是行为习惯养成的重中之重。很多有经验的班主任都会抓住学生入学的第一个月，狠抓学生的行为规范，紧密和家长联系沟通，力求让家长和学生尽快适应小学的生活，遵守常规秩序。例如进班做什么，物品摆放在哪里，课前准备什么，课间要做哪些事，怎样取餐放饭，练习有什么要求，改错规范和时限等，事无巨细。虽然我们的习惯养成9月只有一个主题，但校园生活常规的活动安排还是要一一明确规范，这样学生才能在一开始就按照规范的要求去努力适应并逐渐形成习惯。

开学第一周是可想而知的忙碌，好在一切都在计划和提前准备下有条不紊地进行着。虽然一天驻扎在班里8个小时不停地忙碌已经让我筋疲力尽，但每天放学、开完会后，我还要坐在电脑前认真梳理这一天对学生习惯培养和训练的情况，在微信上与家长分享交流，便于他们在家配合训练和引导。因为我知道，要想让我每天的努力不付之东流，必须让家长们成为我"教育路上的同行者"。很多家长看到老师的辛苦付出，也表示出深深的感谢。而孩子们在家校双方共同的努力下成长变化，最令我欣慰。

除了开学频繁的家校交流，雾霾天的沟通，每课自学内容的指导，自主练习

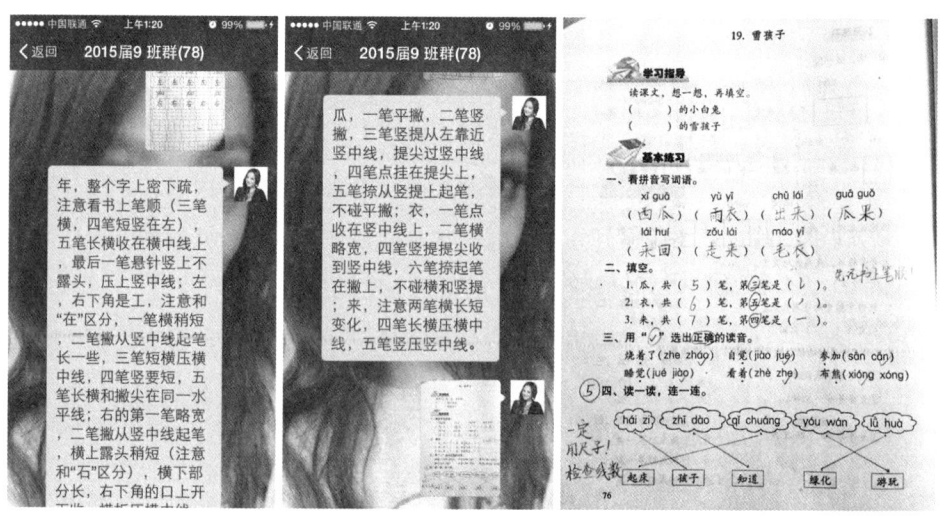

讲解的图片分享，也让家长看到了我们停课不停学的态度。因而复课后不少孩子们的练习依旧规范认真。期末家长会上三位家长不同角度的教育经验分享，也让全体家长见证了做"教育路上的同行者"带给孩子的无穷益处。

而我们在鼓励孩子进步的同时，也不忘肯定家长的努力。当家长们晒出我在孩子作业本上的批阅"你和家长的努力，老师看到了"表达对老师的感谢时，引发了全班家长的强烈反响。这让我相信，越来越多的家长已经和学校站在了一起，成了"教育路上的同行者"。

52
牵一只蜗牛去散步

北京市西城区三帆中学附属小学教师　黄新玉

作为老师，作为孩子的妈妈，我很喜欢张文亮的一首小诗——《牵一只蜗牛去散步》。教了这么多届的学生，尤其是一年级的学生，我曾自信地说："学生就是我生命中的蜗牛，和他们在一起，我学会了放慢自己的速度，学会了用相同的高度陪他们一起看风景、走世界。"

但是，当我真的碰上一只很慢很慢的"小蜗牛"，一只超级慢的"小蜗牛"的时候，普通的催一催、说一说甚至吼一吼完全不见任何成效，我也不再淡然、不再自信。我也曾自己问自己：他难道是老天派来考验我的吗？

这只"小蜗牛"到底有多慢呢，请看：别的同学进学校从校门口到二层的教室，最多也就两分钟，可是他却需要十分钟，甚至是更长时间。有时早自习都快结束了，他才慢吞吞地走到教室门口。

这只"小蜗牛"虽然个头不高，却也是健健康康，没有身体问题呀，怎么不到100米的距离需要这么长的时间呢？每当早到校的时候，我就站在二层的窗户旁，静静地观察这只"小蜗牛"，终于发现了问题所在：

1. 妈妈送完他总是站在学校门口看着他进教学楼，可他却像成心和家长作对似的，不慌不忙地、摇摇晃晃地、慢悠悠地走路。

2. 别人进教学楼是直接走台阶进楼内，他却总是绕着去走台阶旁的斜坡路。

3. 他上台阶、下台阶是一个台阶走两步。再加上早上楼梯上学生很多，他还时常停一停，走一走，所以就更费时间。

发现了问题所在，和家长齐心协力、协商解决办法是正道。放学时间，受到邀请的妈妈如约而至。我拉着"小蜗牛"的小手，告诉他："我们要进行一次计时比赛，请妈妈当裁判，看看你从学校门口走到教室门口要多长时间，你愿意吗？"他很高兴地点了点头，我请他按下手机的计时器，然后拉着他的小手从学校门口直接上台阶进教学楼，再随着他的步伐两步一个台阶，慢慢地走上二层，到教室门口一看，三分钟多一点。我告诉他："你瞧，只要你不磨蹭，其实你走得也挺快的。你愿意自己试试吗？"他点点头同意了，一旁静静看着的妈妈也笑了。

陪伴成功了，还得让他自己来一次。我拉着他的小手下楼，还请妈妈做裁判。出楼门时我问他："想要节省时间，走台阶快还是斜坡快？"他不假思索，说："当然是台阶快！"我紧接着说："多明智的选择呀，希望你说到做到！"再次回到校门口，按下计时器，"小蜗牛"再次出发，自己上台阶，进楼门，两步一个台阶、两步一个台阶慢慢上楼，到达教室四分钟。我问他："你对自己的成绩满意吗？"他高兴极了，说："挺满意的！"我又接着问："你还想让自己更快吗？"他愣了一下，好像有点不相信似的，说："还能更快？"我冲着他肯定地说："对，还可以更快，如果你能一步一个台阶的话。"

接下来是和孩子、妈妈的协商。首先是请妈妈利用上下楼的机会，少坐几层电梯，帮助训练孩子一步走一个台阶。其次是以后妈妈或者是家里人再送孩子，不要站在门口等待，而是转身就走。孩子和妈妈都愉快地答应了。

第二天，早到校时间，我又站在了窗户旁。妈妈很棒，把孩子送到校门口，悄悄地说了两句话，转身走了。只见"小蜗牛"真的提速了，朝着楼门口直接走了过来。我赶紧按下了手里的计时器，回到班里等待。七分钟之后，这只"小蜗牛"出现在了教室门口。我假装特别高兴的样子，对着全班同学说："瞧，××多有进步呀，早读还没开始，他就能进教室了，多有进步呀！快给他鼓鼓掌！"听到同学们热烈的掌声，"小蜗牛"的小脸笑开了花。

有了这一次的经历，"小蜗牛"走路磨蹭、爱绕远路的习惯渐渐没有了。但是两步一个台阶的走路习惯却是急不来的，只有坚持不懈地反复训练和耐心等待了。我悄悄地向妈妈打探训练进程，妈妈说一直在坚持，只要有时间就会练习上下台阶。果然功夫不负有心人，两周之后，我惊喜地发现"小蜗牛"上台阶时能一步一个台阶了。一个多月之后，他也终于能够做到下台阶时一步一个台阶了。

有了这一次成功的经历，我再次体味到：教育是急不来的，"小蜗牛"之所以慢既有习惯方面的问题，更重要的是他还没有发育成熟。

虽然以后的路上还有更多的沟沟坎坎等待着我们，但是我想对你说——"小蜗牛"你慢慢地爬吧，我会和妈妈一起陪着你、帮着你、等着你，等着你一点一点地成熟进步。

53

自信

——点燃孩子成功的心灵明灯

北京市西城区育翔小学教师 殷园园

一、案例背景

小A，父母都是高级知识分子，家庭生活条件较好，父母对这个孩子从小就有很高的期望值，家里没有老人，小A从小在家中接触的就只有父母。上幼儿园时，父母鼓励孩子参与了很多幼儿园及社会活动，但是孩子不是很主动，也不是很喜欢，可是又不敢反抗家长。小A在活动中的表现很胆小、很被动。

二、学生情况

小A，男，7岁。有礼貌，团结同学，关心老师，家庭条件优越，性格较外向。不足：不自信。对小学生自信心理的培养，是素质教育不可缺少的重要内容。很难想象，一个刚上一年级，没有自信心的孩子能够克服困难，勇往直前。所以，具备良好的自信心，对一个人的成长十分必要。我们班的小A，长着一张惹人喜欢的脸，家长也很注意情商的培养。开学一个月，老师们都以为这是个聪明、伶俐的男孩子。但在生活中，我们发现，在他的众多优点背后还隐藏了一个巨大的隐患——不自信。他学习动力不够，目的不明确。如预习课文时应熟读课文，扫除生字生词，他往往很难做到；写作业时，书写乱，时常缺笔少画。学习习惯没有培养起来，书写速度慢，质量不高；上课很少举手发言。同时，他的卫生习惯及自理能力都比同龄的孩子要差一些。

三、我的研究故事

根据他的实际情况，我对他存在的问题进行了分析，主要原因是他缺乏自信心，如学校或班内的活动很少参加，总处于旁观者的位置；协调能力相对较差，动手动脑的能力有待于提高。课上注意力不集中，有时开小差，对教师留的作业虽放在心上，但检查时，往往不知如何下手，错误百出却全然不知。

帮助他树立自信心。多肯定，少批评；多鼓励，少指责。一旦发现了他的闪光点就要及时肯定；一有进步，哪怕是很微小的也一定要及时鼓励。譬如发现他做值日时，打扫卫生干净彻底，我就会对他说："我代表全体同学感谢你。"在学习上，我常对他说："只要你努力去学，就一定会有收获，老师相信你。"我还在班会上注意适当表扬他。慢慢地，他找回了自信心，成绩明显进步。

学好功课的关键是课上专心听讲。针对他听课有困难的情况，教学时，我力求每堂课都把学习重点在课前告诉学生，让好学生在重点之外，再自学一些新内容。而对他的要求则适当降低，能让他感受到成就感。读课文时，读准每一个字，每一句话，只要无错，学生们就鼓掌，对他表示鼓励。

另外，对于这样的学生，光靠一个人去帮助，难免力薄势单，顾此失彼。因此，我发挥各科老师的作用，争取家庭的支持与配合。课下我及时与任课老师取得联系。从事多年低年级班主任工作的我，深深地知道，孩子的学习成绩重要，但更重要的是他在学校一天是否快乐？我能感觉到他的快乐，但似乎这快乐和其他的孩子比又少了些什么？终于在与数学老师的聊天中我们发现，入学来的几次考试，他都在倒数的位置。虽然老师不公布成绩，但别的同学之间互相看成绩时，他却把头深深垂下。对于一个刚上一年级，仅仅参加了几次考试的孩子这无疑是重重的打击。我想可能正因此，他觉得自己不如别人，从而产生了自卑心理，进而不和同学、老师交流。怎么让这个孩子抬起头来呢？能不能借此机会让他扬起自信的风帆呢？从哪里跌倒，就要从哪里爬起来。我找到了问题的切入口，开始了与他的近距离接触。具体是这样做的：

（一）让他以名人为榜样，认识自我，培养自信

科学家爱因斯坦奠定了相对论的伟大基石，然而他在上小学时却是一个"笨

小孩"。有一次老师叫每个学生做一个小板凳，当他拿出自己做的板凳时，同学们都大声嘲笑起来。他告诉大家，这个不像样的板凳，是他做的第五个，前几个比这个还要差。很显然，小爱因斯坦有一种自信心理，他相信自己能做好板凳，事实上也是一次比一次做得更好。正是有这样一种自信心，才使得他在科学的道路上不停地攀登，最终取得丰硕成果。我给他讲这个故事，就是让他正确认识自己的潜力，相信自己通过努力一定会获得成功。

（二）让他在锻炼中挑战自我，培养自信

锻炼学生的方式很多，我实行轮流班委制，让每个学生都有当"管理者"的机会。传统的固定班委制，使大多数同学认为自己当不上班干部，也干不好班干部，从而产生自卑心理。实行轮流班委制，使每个学生都可当上班干部，参与管理班级事务。实践证明，只要给每个学生提供舞台，他们都可以成为出色的班干部。当小 A 连续两个单元都考试失利后，我抓住时机，在第三次考试时特别注意他，我不时走到他身边，看看他的卷子。看到做得好的题就马上打个大对勾，但看到有错误时就给他指出来等待他改对了再走。就这样在我的特别关注下，他取得了优秀的成绩。发奖状时，我特意大声地读出他的名字。同学们听到他终于进步了，报以雷鸣般的长久的掌声。他接过奖状高兴地笑了。我借此马上提议他做下周的值周班长，大家一致同意。下了课，他走到我身边小声地说："谢谢殷老师。"我问："谢我什么？"他不好意思地说："没有殷老师的帮助，我考不了这么好。我还是有点马虎。"看，多明白事理的孩子呀！我笑了笑说，我们共同努力，你会越来越好，他不住地点头。实践证明，只要放手让学生去做，他们就会越做越好，同时学生在锻炼中不断增强了自信心。

（三）及时与家长沟通，争取得到家长的积极配合

考试结束后，我晚上给小 A 的妈妈打了电话，一来报告喜讯，二来把事情的经过告诉家长。毕竟不能回回考试都这样帮助他。当小 A 的妈妈了解到老师的良苦用心后，感激的话语说了很多很多。是呀，哪个家长不希望自己的孩子优秀？小 A 妈妈说："老师，您比我还更爱护他，更在乎他的自尊心呀！我们全家谢谢您！"听到她的话，我适时抓住时机说："不用谢，我分内的工作而已。我还有事要麻烦您。"她一听连忙答应。我说："我特别理解您工作一天回到家后想休息、放松的心情，同时，也特别知道您白天工作的压力和不容易。但是无论您和他爸爸工作多么出色，能挣多少钱，如果在孩子成长的关键时期没有重视习惯的培养，没有关注孩子心理的健康成长，孩子长大后没有能力在社会生存，到那时后悔就晚了。"听了我的话，小A妈妈像个孩子似的不停地说："我听老师的话，我按您说的做，谢谢老师。"可能是我的真诚打动了她，可能是我的话点醒了她，从那个电话后，我们的沟通更勤了，她对孩子日常的关注更多了。我们共同努力，孩子无论是自理能力，还是学习都逐渐在进步着。

总之，对学习困难学生的转化，我们必须施以爱心，期以耐心，持之以恒，了解并尊重他们，才能够有效果。在小学班主任工作中不可忽视德育教育，要在平常的生活学习中点滴渗透，让孩子有一个健康的心理，做一个快乐、自信的孩子。

四、我的反思

从这个案例中，我发现其实每个学生都有不同的特点：善于学习的，可能在动手能力方面比较差；擅长体育的，可能在美术方面有所欠缺；德智体美劳各方面都完美的，可能在性格方面会薄弱些。作为班主任，要尽量做到客观，多作肯定性评价，给他们创造机会，让他们发展，锻炼自己的能力，培养自信心。学生的判断能力比较弱，老师心理投射是他们形成自我评价的主要来源，这在小学低年级尤其明显。我们的时代，希望孩子要有敢于冒险，敢于探索，善于竞争的优秀心理素质。在众多心理素质中，自信心的培养显得尤其重要。

在现实生活中，盲目自信，期望过高，力不从心，导致失败的事固然时有发生。但在学生当中，更多的却是自我评价过低，在能够完成的事情面前，认为自己不能胜任，于是畏缩犹豫、裹足不前，压抑了内在能力的发挥，丧失了锻炼的机会。过强的自我否定评价就是通常所说的自卑感。有自卑感的学生行为怯懦，处处依赖老师、父母和同学，活动效率低。小学生处于生理发育和自我意识迅速发展阶段，情绪的两极性较为明显。老师的疏忽、教育误区很容易使孩子产生自卑感。要使学生增强自信，获得成功，享受成功的喜悦，途径有很多。针对班级情况，在平时工作中，我对学生多做肯定性评价，用期待的目光、激励的语言培养学生的自信心。

一个合格的老师应该面向全体学生，不光是品学兼优的学生，还有那些学习困难而导致缺乏自信的学生。几年来，我对帮助学习困难学生有了一些体会，这些孩子一般在心理上比较缺乏自信心。借此心育个案的机会，我想以个体情况对学习困难的学生如何提高自信的问题进行一些分析，积累一些经验。

除了案例中所描述的口头肯定的方面，我在平时的工作中还经常利用家校联系本评价他们的聪明、能干，突出夸奖他们的优点，写些激励性语言。学生认为自己确实是这样，遇事就敢于动手去做；如果平时是讲有损尊严的语言，他们就觉得自己真的不行，失去动手去做的信心。总之，我们可以用一句话来归结：教师的一句肯定，是学生找回自信的一剂良药。就让我们用肯定的语言点亮他们心中那盏自信的灯吧！

54
家校合作丰满孩子的羽翼

北京市西城区进步小学教师　刘　宇

作为新老师,谁不想让孩子们在轻松中学习,在快乐中成长?邻班孩子们做操整齐有力、排队安静有序、上课认真活跃,看着就让人心情舒畅。再来看看我班,女生狂野、男生不羁,个个自由散荡。对他们严加管教还是等他们树大自直?这个"度"该怎么掌握?

空有理论,但经验不足,要多实践。当然仅靠我一人拾柴火不旺,不如众人拾柴火焰高。

冲动的 M

阳光大气是对这孩子最初的印象,但在学校的表现却截然不同。

为培养孩子珍惜粮食、不挑食的好习惯,我班午饭都有一位同学检查剩饭情况。但是每到其中一位同学时,负责检查的孩子都会叫我,说他没吃完就要送餐盘。我过去一看,就是这个孩子——M。每次说到这个问题,他瞪一眼,加之一句"我不爱吃嘛!"对于他的挑食行为和做事态度,我觉得如果不进行纠正,对他自身和班级会带来很大的负面影响。

于是,每次吃饭前都提醒孩子不要剩饭,但效果不佳。后来同家长沟通,整个过程中,能够感觉到孩子是紧张的,生怕自己做错事一样。了解到他们对孩子要求严格,我这才意识到,原来我们都过于注重孩子不好的一面,孩子似乎做什么都是错的,感受不到快乐。

我们商量,共同改变对孩子的教育方法,更多地正向鼓励孩子。

如果发现吃饭剩菜,就会对他说"这点青菜难不倒你!"相信他可以做好;如果发现表现好的地方,就积极鼓励。渐渐地,孩子不再和老师唱反调,饭菜也剩得少了,主动把空空的饭盒放到我面前,高兴地说:"老师,可以吗?"有时还会不够,要求加饭。不仅吃饭的问题解决了,我们的关系也变得融洽,每天早晨进班后,先主动地向我问好。孩子变得有礼貌,笑容也变多了。

批评与鼓励带来的反应显然不同,鼓励效果更加明显,日后我会更多鼓励,少用批评,给孩子创造安全、舒适的成长环境。

腼腆的小 C

班里小 C 性格内向、腼腆、不爱说话,不敢大声表达自己的想法。这学期我们学习一篇课文内容是日记两则,要求掌握日记格式,能够规范书写,练习册上就有一道相关的练习题。

当他做这道题时,写不出来东西,家长不解询问孩子原因,他说:"老师说过,日记要写一天当中留给自己印象深刻的一件事,可这一天没有印象深刻的事。"当然家长明白,老师是希望孩子们在写日记时,不要把一天的事情像记流水账一样记录下来。家长再来给孩子讲,日记并不是一定要记印象深刻的事,也可以写写自己的心情等等。最终孩子接受了家长的说法,但是完成得并不理想,家长先问孩子一天发生的事,选择一件事组织好语言后,家长边说孩子边写才完成了这道题。家长可真是下了不少功夫,但也清楚孩子的做法要与老师沟通。

待和家长沟通后,我明白孩子们在这地方犯了难,在判作业的时候也发现不少的孩子把周记抄了上去,想必这一要求对于孩子有些难度,于是对他们说:"日记也可以写一天的心情是怎样的?为什么呀?写一句话都很棒!"我不断地鼓励孩子们,尽量让孩子们觉得这不是件难事,激发他们的兴趣。

下课后,我把小 C 单独叫了出来,和他说:"写得很好,再加把劲完成一篇周记!"可是等啊等,等了一周,我问他完成得怎么样了?他说没得写。眼看孩子的兴致就要没了,家长和我真是着急啊。

正好单元测试下来了,小 C 最近考得不错,我和家长说今天让他试着写拿到卷子的感受吧。第二天他真交上来了，我还挺高兴。一看写的是数学，为什么没写语文呢？最近对他要求得多，有压迫感了？后来和家长沟通，原来孩子觉得语文虽然成绩优秀，但比上次成绩低，认为有退步。原来小C还是挺要强的，写了就好，"有进步！"我继续夸奖孩子。

孩子趁着假期，对自己喜欢吃饼干写了一篇周记，出去游玩又写了一篇。真为孩子高兴，同时我也深刻地意识到，当我和家长劲儿往一处使，收获最多、受益最大的还是孩子。

家校合作可以实现学校教育和家庭教育的共赢，当我们的观点一致时，通过多沟通交流，双方共同努力，厚积薄发，家校合作必能给孩子的成长插上更丰满的羽翼。

55
"小霸王"的改变

北京市西城区三帆中学附属小学教师　李红艳

孩子在成长过程中，都会遇到一些挫折或问题，此时老师的悉心引导尤为关键。特别是一年级的孩子刚刚走进校园，大部分孩子以自我为中心，不懂得如何与同学相处，难免把在家里的任性、霸道带到学校。

记得有一次，下午最后一节课同学们都有序地找老师判作业。昊昊走到前面一看，有这么多同学排队，于是就想往前面插队。可是前面排队的同学根本就不让他，于是他就顺手把对方推倒了。我刚要询问原因，下课铃声响了，为了不影响其他孩子放学，于是我就要求昊昊单独留下来解决问题。昊昊一听要留下，就不干了，在我面前又哭又闹，说："我不要留下。"特别是当我要带班级队伍下楼时，他一下子拦在我前面，缠住我不让我下楼。我说，等老师先放学再回来解决你的问题，他就是不肯，还是拦住了我的去路。时间就这样一点点过去，最后我还是没能"脱身"，只能先找来副班主任帮我放学，我留下来单独解决他的问题。

类似的现象还有很多：跟同学玩时，如果某些同学不跟他玩，他就会把同学推倒；当老师提的要求与自己意愿不相符时，他就会"撒娇"式地说："我不，我就不……"

孩子的种种表现，反映出他还缺乏在集体生活中与人交往的能力，特别是当同学之间遇到问题时，缺乏相互的理解，不懂得如何与他人交往。一年级孩子刚刚入学，他们对于集体生活需要一个适应的过程。在校园生活和同伴交往中，学生往往出现两种现象：一种是有的孩子表现为胆小，不敢和小朋友一起玩；另一种表现为蛮横无理，不管在什么时候，想做的事情就一定要做，不能为其他同学着想，遇事斤斤计较，总是跟同学争执，不能谦让别人。班中的昊昊同学就属于第二种情况。

一、正视问题，寻根溯源，了解原因

当正视了孩子的问题之后，我并没有简单地制止或者武断地批评孩子，而是先单独找来家长，了解孩子在家的情况。得知孩子是独生子女，由于父母工作忙，平时由爷爷奶奶看着，是家中的"小皇帝"，凡是遇到的好东西都自己独享，要什么有什么。在家里也是总跟爷爷奶奶发小脾气，从而被纵容了任性、自私、霸道的性格。

二、帮助孩子认识自我，并教给孩子与他人相处的方法
　　——从尊重开始

那天放学之后，教室里只剩下了我和昊昊。此时他的情绪才慢慢平复下来。我先询问他为什么要插队？他低着头说："因为要放学了，我想放学之前赶紧改完。"我先肯定了他能积极主动改错的态度，接着就帮助他分析："你的想法是这样的，那其他同学的想法呢？他们是不是也想抓紧时间改完呢？你替他们想想，好不容易快轮到他们了，结果你横插了进来，如果是你你愿意吗？"昊昊惭愧地说："不愿意。""是啊，所以在跟他人相处时，首先我们要学会尊重对方。如尊重同学，尊重老师，尊重长辈，学会替别人着想，要考虑到对方的感受。同学们到学校聚在一起，形成一个集体。在集体中，我们每个人都是平等的，要相互尊重，相互谦让，相互包容，这样你才能适应集体，在集体中认识更多的朋友。其实与同学相处的方式有很多，不是光靠小拳头就能解决问题的。比如当他们遇到困难时，送上关心的话语，主动帮助他们；又如跟同学说话时用上文明用语，礼貌待人；再如离开时让对方先走，谦让有序等等。老师相信，只要你能做到这些，你会结交更多的朋友。"听完我的一番话后，昊昊高兴地说："老师我知道了，以后我不再欺负同学了，我要和同学友好相处。今天我也不应该不尊重您，以后我一定学会尊重，尊重同学，尊重老师，对同学有礼貌。"

三、家校合力，制定措施，促行为习惯的改变

孩子这些不好行为的出现，表明了他需要学习如何有效地表达自己的需要和情感。但他们还不成熟，语言表达能力还很有限，不能正确表达他们的需要和感受（不知如何说），没有社会交往经验（不知道如何做），很难从他人的角度来考虑问题（自我为中心）。所以，父母和老师在对待这些情形的时候，不仅仅是简单地制止，更重要的是要帮助孩子学习表达自己的需要和感受，并学习考虑他人感受，思考如何才能解决问题，从而帮助孩子发展社会交往能力。

所以谈完话之后，我又及时找来了家长，首先让家长明确父母陪伴的意义和重要性。毕竟爷爷奶奶年岁大，在教育和管理孩子方面会力不从心，所以作为父母，要抽出时间多陪伴孩子，关心孩子，了解孩子每天的情况，并及时纠正孩子成长中的小问题。其次，通过与家长沟通孩子在校的情况，使家长明确孩子的问题所在。如：不懂得和同学相处，任性不能统一按要求做等等。并针对孩子的问题，我们分别从纪律、相处、尊重三个方面制定了评价表，每天对孩子在校表现进行评价。希望孩子能遵守学校的各项纪律，和同学友好相处，对老师和同学有礼貌。

经过一段时间的尝试，孩子的行为有了明显改善，能主动帮助同学，规则意识增强了，打闹的现象减少了，同学们也都喜欢跟他一起玩了。经过家校的共同努力，孩子学会了与同学友好相处，逐步适应了学校生活，适应了集体。

家庭和学校教育决定了孩子的成长。家庭给他提供了成长的环境，学校是他接受教育的主阵地，所以孩子的成长需要老师和家长的扶持和帮助。"小霸王"变了这个故事，让我明白了：当孩子遇到问题时，简单的批评教育是不够的。作为教师，就要善于发现和分析孩子成长中的问题，寻找解决问题的方法，耐心、细致地引导，用心呵护每个孩子，这样孩子才会健康、快乐地成长。我愿成为孩子成长路上的指路明灯，给孩子的成长指明方向。

56
用"心"播撒阳光

北京市西城区育翔小学教师　姜海超

小 A 是小学三年级的一名男生，性格内向，较孤僻，学习成绩一般，与同学交流较少，喜欢独自在座位上玩尺子。这样一位沉默寡言的男孩，不淘气、不惹是生非，也没有给我留下特别深刻的印象。直到有一天收到来自他妈妈的短信，我才意识到这个孩子此时此刻是最需要帮助的。事情要追溯到开学初，小 A 的奶奶放学接他的时候给我一封信，信的内容大概是说家里发生了一些事，小 A 在暑假里过得并不好，整天闷闷不乐的，希望开学之后有同学们的陪伴心情能够好转，让我多关心他，多关注他的情绪变化。因此，在接下来的两个星期内我特意观察了一下，并没有发现小 A 的状态有什么异样，与同学交往也很正常，并跟奶奶反映了他在学校的状态。当我以为这件事告一段落的时候，突然收到了他妈妈发给我的短信，说她现在胃癌晚期，每天都经受着病痛的折磨，丈夫每天陪床照顾，无暇顾及孩子，只有全权交托给老人照顾，一家人都很疲惫。如果孩子出现问题或者没有完成作业可以谅解孩子，有事情或通知的话给爸爸发短信，并附上了孩子爸爸的手机号。不久之后，我就接到了孩子妈妈去世的消息。亲人的离世对于每个人来说无疑是一次沉重的打击，对于一名 9 岁的孩子来说打击更是不言而喻的。奶奶说，他周末在家的时候或是心情不好的时候，经常会说想妈妈了。对此奶奶常常感觉手足无措，不知该如何作答，为此感到很苦恼。

面对这种状况，在尊重学生人格的基础上，我特别注意观察小 A 在学校的行为表现，并及时向他的奶奶了解他在家里的情况。经过一段时间的观察，我发现在家庭里缺失母爱的小 A，对待周围的人和事特别敏感，不愿与别人交往，封闭自己，经常因为一些鸡毛蒜皮的小事与同学发生矛盾。这些事情的发生不存在明显的对与错，而是同学之间斤斤计较造成的。为此我并没有立即批评当事人，而是在小 A 和同学发生矛盾后找他们谈话，耐心地进行教育，让他们知道什么是同学之间的和睦相处，有了矛盾之后怎么做才能化解，并和另外一名学生家长交谈了这种现象，希望家长帮助孩子正确面对这种事情。尽管如此，我知道真正的问题并没有解决，小 A 经常以与同学发生矛盾来排解心中压力，寻求一种心理平衡，所以在面对他的错误言行时，坚持正面教育，不用贬低性语言，更不当众嘲讽、羞辱，尽量保护其脆弱易伤的自尊心。

由于家庭的变故，为人父母者往往更加怜悯孩子，什么事都依着孩子，一切都任由孩子摆布，宁愿自己受苦受累，也不让孩子受一点"委屈"，结果常常导致孩子处处以我为中心，变得自私、专横和任性。所以我在课下与家长沟通的过程中，说明了孩子近期的情况，并提醒家长要注意多和孩子进行交流和沟通，重视孩子情感方面的需要，给予孩子更多的关爱，但是绝不能溺爱孩子，要教育孩子自尊、自强、自爱、自励，给他正向的引导，鼓励孩子积极参加集体活动，尽可能地参与社会活动，不要逃避问题，主动与他人交往，从而培养孩子健康、乐观的品格。

在学校中，小 A 的心理压力很大程度上来自与同学之间的相处。由于母亲的离世使得孩子有些自卑，对别人有些防御心理，但是其实内心还是渴望得到别人的同情和关心的。于是我就鼓励班上的同学多接近他，下课一起玩耍，在安排小队成员的时候，特意把他所在的小队成员都安排了一些性格温和、态度比较随和的同学，在小队活动中缩短小 A 与同学的距离。同时我也主动与之接近，缩短他与老师之间的心理距离，用集体的温暖来消除他内心的焦虑和孤僻。结合班里人人有事做，事事有人做的职责分工表，随时提醒他按时完成任务，培养他的责任心，并在班里提出表扬，提高他的自尊心与自信心。随着时间的推移，小 A 会越来越适应这个集体，抛弃自卑的心理，减少对同学、老师的防御心理，通过同学的和谐相处，心灵的交往，为他孤僻的心带来一抹阳光，使他重新回到班集体之中。

57
以爱育爱，重塑学生规则意识

北京市西城区五路通小学教师　王林义

一、家校携手，困难与成果共存

我是一名四年级的班主任，班中一个叫小高的女孩子可谓是"闻名全校"，校长、老师、学生几乎没人不认识她。有的任课老师甚至笑称她为"大神"，原因很简单：这个孩子规则意识差，上课时无法像其他同学一样安静坐在座位上，总要制造出一些动静吸引同学和老师；无法和同学友好相处，总爱欺负同学，作为班主任的我经常充当"灭火器"，为她浇灭被她欺负同学、家长的怒火；待人没礼貌，别人的东西想拿就拿，经常顶撞老师……

这还只是微不足道的一小部分问题，对于她来说，类似的事情基本上天天在发生。老师在黑板上写完记事后她会立刻拿起抹布把记事擦掉；会突然掐着其他同学的脖子，老师跟她讲道理后她反而轻松地回复一句："他命大着呢，不会有危险的"；会上课时突然大叫，重复老师说话……

总之，为了她，我真是伤透了脑筋，甚至有时候都想到了放弃。但又转念一想，越是这样看起来有些特殊的孩子越是需要我们用心、用爱去感化她，让她敏感细腻的心灵得到抚慰。

二、多角度分析，追根溯源

随着工作经验的积累以及发自内心对孩子的爱，我渐渐觉得，在班主任工作中，只要有耐心，有爱心，讲求方法，即使是一块坚冰我们也能用自己火热的心一点一点把它融化。为了更好地帮助小高，我决定通过和孩子沟通谈心、加强家校联系、寻求有经验的班主任帮助，多方面去了解、分析原因，制定切实可行的策略。

1. 学生特点分析

通过日常的接触，我发现小高这个小女孩其实是个优、缺点都很鲜明的孩子。她的优点很多：她很聪明，听课效率很低但知识听一遍就能牢记心中；她善良，心思细腻，有时候连我生病了脸色不好都能注意到；她热心，班里同学遇到困难总会出手相助，但这仅限于她自认为看着顺眼的同学。

同样，她的问题也是很突出的：过度开朗，规则意识差，不能和同学友好相处，没礼貌，爱顶撞老师等等。

2. 家庭背景分析

小高从小一直和爸爸妈妈爷爷奶奶生活在一套使用面积只有六十平方米的两居室里。爸爸妈妈在其幼年时期一直忙于工作，对孩子疏于管理，爷爷奶奶对孩子又是百依百顺。据奶奶说，在家里她是领导者，所有人都要听她的，即使犯了错爷爷奶奶也会偏袒她，帮她求情。在小学低年级时，家里也没有有意识地培养她的规则意识和良好的学习、生活习惯，家里的东西想动就动，甚至会趁妈妈不在家把指甲油涂得满墙都是。

小高的爸爸经常出差不在家，妈妈对孩子的照顾也不是很精心，比较溺爱孩子，但看到孩子总惹麻烦又会很烦躁，对她一通指责，根本不会从根源发现问题，耐下心来解决问题。

3. 找有经验的老师沟通

为了解决小高的问题，我特意询问了有经验的老师们。针对小高这种情况，他们纷纷为我出谋划策。另外，在我、任课老师和她家长反复沟通后，她妈妈带她到北京儿研所做了相关检查，结果显示她患有儿童多动症。学校的心理老师也认为她存在总希望能引人注意、行为偏激的心理问题，需要进行专业矫治。

三、将心比心，以爱育爱，成就和谐家校

我深知，帮助小高改变身上的一系列不良习惯是一个任重而道远的过程，唯有将心比心，以爱育爱，才能让孩子的内心一点一点变得柔软。因此，我采取的

方法和策略如下：

1. 小步子策略

每到周末，我就会利用休息时间和小高爸妈进行电话沟通，一起商量为小高制定专属计划，明确告诉她每天需要做什么事情。如果计划上的几件事都做到了，可以得到一枚印章，连续两天得到印章可以额外得到 3 张进步卡，连续三天得到印章可以再得 2 张进步卡，连续一周得到印章可以在班级奖品箱里挑选一个奖品。

高宝贝的一周计划

日期	今天我要做什么	盖章处
周一	1. 上课时能够做到安静 2. 帮助同学发一次本 3. 进校门后对遇到的每一个同学说一声："早上好！" 4. 课间上好厕所，接好水 5. 午自习时间完成至少一项作业	
周二	1. 上课时能够做到安静，不看课外书 2. 帮助同学发一次本 3. 进校门后对遇到的每一个同学说一声："早上好！" 4. 手长在自己身上，管好它，不用它误伤其他同学 5. 午自习时间完成一半的在校作业	
周三	1. 上课时能够做到安静，不看课外书，不下座位 2. 帮助班级擦两次黑板 3. 放学跟上路队 4. 手长在自己身上，管好它，不用它误伤其他同学 5. 午自习时间完成一半的在校作业	
周四	1. 上课时能够做到安静，不看课外书，不下座位 2. 帮助同学发一次本 3. 进校门后对遇到的每一个同学说一声："早上好！" 4. 不打人，不骂人 5. 午自习时间完成一半的在校作业	
周五	1. 上课时能够做到安静，不看课外书，不下座位 2. 帮助班级墩地 3. 借的书当天借，当天还 4. 不打人，不骂人 5. 午自习时间完成一半的在校作业	

2. 利用同学的评价，满足她希望获得别人关注的需求

班里的孩子都知道小高性格开朗，朗读能力强，所以我以此为契机在班级开展了"诵读大赛"。通过"诵读大赛"让同学们看到小高的优点，愿意走近她，和她结交朋友。同时，我也希望通过这次活动让她知道：你的优点这么多，要从正面引起别人的关注，别的同学才会真心地喜欢你，和你成为好朋友。

3. 做彼此信任的朋友，帮助其寻找成功经验，形成未来的愿景

之前提到过，小高其实是个心思很细腻的孩子，有些时候她不愿承认自己的错误其实也是不希望让同学、老师和家人不喜欢她，不欣赏她。所以，要想帮助她，作为班主任我就要努力去做她能够信任的好朋友。接班一年多来，能感受到小高还是很喜欢我的，所以做到这点并不难，于是我和小高约定每天互相分享一个小秘密，并一定为彼此保密。一段时间后，我开始在谈话中帮助其寻找成功的经验。她总爱和个别女生闹矛盾，于是我就鼓励她思考："是什么让你和你最好的朋友王若珏相处得这么愉快呢？"她告诉我：她愿意帮助王若珏，劳技课要带材料，她都会想着帮王若珏多带一份；王若珏不愿意和她玩时，她虽然有些难过但一点都不会生气，会思考怎么能让王若珏高兴……我听后，顺势接过话茬："哎呀，怪不得你能和王若珏相处得这么好，你真是她的好朋友啊！"接下来，我就开始了一个奇迹提问："如果你能像对待王若珏一样对待张禾佳、张茗洋、赵若冰（几个经常被她欺负的同学），你觉得他们会不会和你成为好朋友呢？"在交谈中，引导学生找到自己目前可以开始做的事情，鼓励学生描绘未来美好的愿景。

4. 加强家校沟通，告诉父母如何帮助孩子

针对小高的家庭教育问题，我只能"双管齐下"，告诉父母每天要做什么，如何帮助孩子。我和小高妈妈基本是每天都通过微信进行沟通交流，让孩子保持在家和在校的习惯统一。

有时小高的妈妈工作忙，对孩子要求宽松，导致孩子在学校的情况时好时坏。面对这样的情况，我也从不抱怨，反而会站在孩子的角度去想一想：宝贝最近缺少爸爸妈妈的关心和关注，那她一定会渴求得到更多来自老师、同学的爱护和理解。那么，在学校，我就要做她的知心大姐姐，每天抱抱她，和她聊聊今天的开心和苦恼。

如今的小高，已经成为一名五年级的小姐姐，在家校的共同努力下，她变得越来越有规矩。这学期，我让她担任了学校的图书管理员，她没有让我失望，变得越来越会给其他同学做榜样，不再像以前那样让同学们"避之不及"。通过长时间以来对小高的教育和转化，我对于班主任工作又有了许多新的感触：

①类似于小高这样的特殊孩子，在今后的班主任工作中还会遇到很多。他们比其他孩子更需要老师付出耐心和爱心，要坚持，不厌其烦地帮助他们。孩子终归是孩子，他们的可塑性很强，终有一天我们能看到自己的努力没有白费。我们的努力，终将变得美好！

②对于问题学生，问题是表象，但我们要去抓根源——什么原因让其产生异常行为，要从根源出发解决问题。

③孩子就像家长的一面镜子，一个孩子身上的行为折射出的正是他的家庭教育。所以，我们在工作中一定要重视家校合作，取得家长的信任，赢得家长的支持。

④作为一名年轻的班主任，每天面对一群不到十岁的孩子时，我常用"假如我是一名学生"这样的假设句式来提醒自己，要真正深入到学生的生活中，设身处地地为他们着想，仔细考虑自己说的每一句话、采取的每个行动将会引起学生什么样的反应。

雅斯贝尔斯在《什么是教育》一书中提到过："教育就是一棵树摇动一棵树，一朵云推动一朵云，一个灵魂唤醒另一个灵魂。"我很荣幸，自己选择了这样一份伟大而又光荣的职业。但我更深刻地意识到在今后的工作中一定还会有更多更为艰巨的任务在等着我，但我要做的是无所畏惧，为我所钟爱的事业奋斗一生，为每一个孩子的幸福人生奠基……

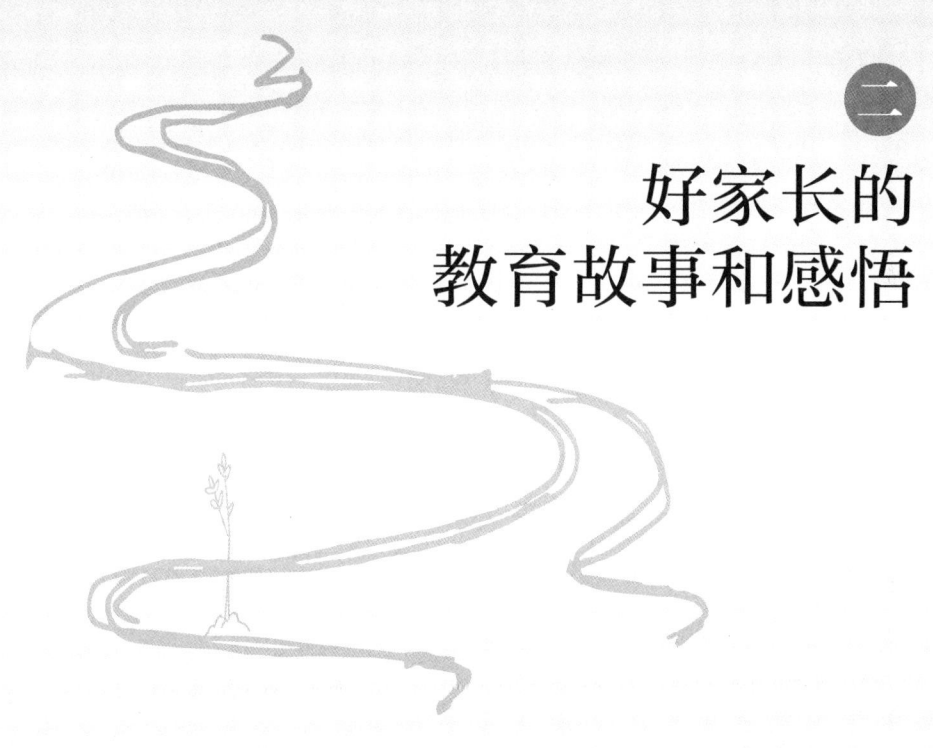

二

好家长的
教育故事和感悟

58
捕捉教育契机，家校共育促雏鹰成长

北京市西城区育翔小学家长　韦　莹

我是一位小学三年级学生的妈妈。作为家长，我深感教育孩子是门大学问，而且因孩子个体差异，很难找到一种适合每个孩子的方法。从孩子一出生，我就告诉自己，要努力让孩子度过一个快乐美好的童年，用赏识教育来引导他，让孩子在"我是好孩子"的心态中成长。所以，从他第一天离开我去上幼儿园开始，每天我见到孩子的第一句话都是"你今天过得开心么？"这件简单的小事情，我们已经坚持五年多了，这似乎已经成为我们母子之间沟通的一种习惯。但是，孩子是必须要立规矩的。孩子毕竟是孩子，虽然有规矩，但他总会最大限度地试图挑战你的底线。二年级的时候，孩子开始喜欢玩游戏。我们觉得玩可以，但是得有规矩：必须在周末完成作业后，每次玩的时间不能超过15分钟，玩之前必须先定时。有一次，他玩得起劲，好像是15分钟一局没打完，停了就前功尽弃，所以闹铃响后摁掉继续玩完了那一局。当然，犯错误肯定是要接受惩罚的。我们从小立规矩的对价惩罚就是扎马步。看着他额头的汗水和发抖的小腿，很心疼但必须坚持。他体会到付出代价的滋味，但同时也锻炼了身体。之后，他学会了守时。最重要的收获是在这学期，我们家校配合，共同帮助孩子度过了三年级开学后的低谷期。到了三年级，孩子自己的玩意儿越来越多了。他经常自己把学具都搭成各种武器，拿围棋棋子摆阵，拼乐高不亦乐乎……尤其开学前几周，心都收不回来了。有一天，我突然收到班主任老师发来的长长的几段语音，仔仔细细地跟我说了孩子近期的各种反常表现：课间有跟同学打闹，自习课讲话，书写也退步……

其实，最近我也有感觉，只是因为工作、二宝等事情，每每想起又打岔过去了。但是那天，一回家，第一件事情，我们让孩子回忆自己近期的表现。不出所料，跟老师反映的情况一样。接着，我们一起从头到尾认认真真地听了三遍老师发来的语音。当天晚上，我就和孩子爸爸一起商量让孩子自己主动改进的方法。我们想到了老师在学校采用的积分换奖品的正面激励法，这也得到老师的肯定。她告诉我说："学校好的教育方法可以迁移到家里，家校配合，共同为孩子营造一个积极的改进环境。孩子总会有自己的各种小需求，他可以用自己在学校和家里的表现争取积分进行兑换。只要有效果，适合孩子，都是可以尝试的。"于是，我们和孩子沟通了这个想法，并且我们一起约定：他做的每件好事都可以加分，实在过分的事情才会扣分，一般情况不会扣分，主要还是以鼓励加分为主。比如：每天下午六点前完成作业可以获得50分，在学校表现好拿到奖票、跟着Ipad读英语、看课外书、下围棋、自己洗饭盒、洗袜子、在力所能及的范围内帮助别人等，每项可以加10-20分，还有时间的话，可以做课外题目，每题10分，分数可以累加，不过期……累计的分数可以兑换好吃的，可以请同学来家里做客，周末看电影，冲抵惩罚……规定好了当天我们开始实施。就这样，一周算下来，孩子的得分基本都在1000以上（分数虽然有点毛，主要也是为了借此机会让他练习万以内加减法）。孩子的积极性空前高涨，还时不时地主动要求我给他出题，有时候我忘记了，他还会自己给自己出题，我真是感到欣慰，同时还有感动。有一次因为身体不舒服，加上工作和两个孩子，身心疲惫的我回家后心情有点低落，就顾着自己做事情，忽略了孩子。孩子竟然看出了我的状态，悄悄地在我耳边说："妈妈，我想用自己挣的分换您开心，多少分数都可以，马上兑换，行吗？"听了儿子的话，我心里突然一下子觉得暖暖的，真的被感动了，我立刻就兑现了。过了两周，老师也发来了好几段表扬的语音，跟我详细沟通了孩子这段时间各个方面的变化，从遵守课堂、课间纪律，还得到了课间文明之星；到书写的进步，恢复到以前书写在班里拔尖示范的水平；再到积极主动帮助班集体打扫卫生，不怕脏不怕累，而且做得有模有样等等。我们发现孩子从学校回来后，与我们的沟通除了心情的交流，还多了其他方面的话题。在学校，老师发现孩子有了退步，及时与我们家长沟通，捕捉到了最佳的教育契机。我们家校配合，把学校里面好的方式方法借鉴到家里，共同促进孩子的成长。通过这两周大家的共同努力，我们欣喜地发现孩子的进步，现阶段来看，这个问题得到了很好的解决。当然，我们还会继续观察孩子后期的表现。

教育路上，我们都是摸着石头过河，可能有的地方河水深些，有的地方河水浅些，有的时候顺流，有的时候逆流。但是，我们的目标始终都是明确的，为了培养一个健康快乐、积极向上、受人喜欢的对社会有用的人。对下一代的培养，应更多地关注孩子积极性主动性的引导和能力素质的培养，这比知识教育更要先行。孩子的成长也不是一朝一夕的功夫，需要扎好根，未来才会健康茁壮成长。

59
初一新生家长由焦虑到淡定的心路历程

北京师范大学第二附属中学西城实验学校家长　李海霞

作为00后孩子的家长，我们对子女的教育重视程度都非常高，特别是在北京这样的环境下，家长对子女的教育更加关注，北京的教育堪称是精英教育。

以前我们中国人常常提"孟母三迁"，但在北京这样的大环境下，父母对子女教育的重视程度、投入度远远高于"三迁"，而且教育也不只是父母的事。有次陪孩子上奥数课，我旁边就是一个70多岁白发苍苍带着老花镜的奶奶，在帮孙子记笔记。所以现在的教育连爷爷奶奶辈的也都上阵。感觉目前的教育也和自己小时候学习内容不一样，不仅课内的知识要比我们小时候学习的内容深，而且各种兴趣爱好孩子们的水平也很高。因此在这种状态下，作为父母哪个不是望子成龙，哪个不是望女成凤。

特别是对于孩子刚刚由小学升入中学的家长来说，都很不适应也不习惯。我想每位经历过小升初的家长，可能都会和我一样，对孩子升入一个好的初中抱有很大的希望，毕竟孩子六年来不论课内课外都取得了不少成绩和荣誉。实际上很多人也和我一样，孩子实际升入的初中与自己的期盼值有差距。所以很多家长抱着是金子在哪里都会闪光的信念，决定和孩子共同努力，通过三年的苦学，凭实力考入自己心仪的高中。

往往事与愿违，孩子进入初中之后一次次考试不但要接受排名，而且还有其他严格的选拔。面对这一切，孩子和家长都束手无策。面对不理想的名次，家长心里的焦急还不能流露出来，面对即将进入青春期的孩子我们家长显得很无奈。

所以家长必须要与老师密切联系，关注孩子在校情况，家校共同努力助力孩子成长就显得尤为重要，只有家校齐心协力才能事半功倍。

记得第一次期中考试之后，我家孩子语文考得非常不理想，作为家长来说肯定是坐不住，第一时间就和老师联系，把自己的困惑告诉老师。晚上，孩子睡觉后，我自己辗转反侧怎么也睡不着，于是深夜在微信里给老师留了大段的留言，发完留言后，自己冷静下来想想我的留言中一方面是孩子的学习情况，但是很大程度是家长焦虑的情绪宣泄。所以我也很后悔想撤回留言来，但是已经来不及了。最让我感到意外的是，半个小时之后已经午夜十二点了，老师居然给我回复微信。老师首先就是道歉她由于批改作文，没来得及看手机让我久等了。接下来老师耐心地分析孩子在学校的学习情况，课堂表现以及平时作业情况，孩子们刚刚升入中学的一些通病，告诉我不要焦虑，紧接着详细地向我介绍语文学习方法，一再叮嘱我孩子学习语文需要多积累，多读书，以及如何读。和老师通完电话之后，一看表已经午夜一点半了。对于我来讲第二天上班还好说，状态不好就把事情推一推，但是老师没办法推啊，老师还需要精神饱满地站在讲台上给孩子们讲课，此时我真是很感动，想想自己的鲁莽，这么晚打扰老师，真觉得自己太自私了。

就在我刚刚平静心情准备睡觉时，我突然听到手机响，一看原来是老师给我发的初中生必读书目录、必会古诗文清单，此时的我真是无法用语言来表达对老师的感激和敬佩之情。要知道老师可是五十多岁的即将退休的老教师了。（我也是事后才知道老师年龄的。）这么晚都没法睡觉对于一个老教师来说是多么影响休息啊，多么影响身体健康。在接下来的学习过程中老师针对孩子阅读弱，特意挑选比较不错的辅导书送给孩子，让孩子加强练习，并一再叮嘱孩子："学习没有捷径，只有多读多写多积累，成绩才能提高。"通过这样的小事情可以看出老师对孩子的教育是多用心。今天是我家孩子，我自己经历了，但是我不知道的我没经历的呢？老师有多少个这样的夜晚呢？老师在孩子身上得倾注多少心血？通过这件事，我真正感受到"人民教师"四个字的真正意义。

也许您看到这里会觉得，老师教孩子学习是应该的，孩子的成绩也是老师业绩的体现，那接下来我就再说说，我们老师对孩子品质和行为习惯方面教育的事情。

记得刚刚开学时学校召开家长会，会后我想了解一下孩子上初中的情况，但是心想开学不到一个月，说不定老师还不认识孩子呢？所以抱着试试看的心态，家长会结束后我留了下来。当然老师的周围也有不少家长围着，所以我就耐心地等待老师和其他家长谈话。一个小时过去了，老师没有停下来的意思。老师说每个孩子都很到位，把孩子在学校的一些细节都介绍给家长，特别是班上几个自控能力弱的孩子，老师更是语重心长地和家长交流着。看来我真是想错了，没想到老师对孩子们一个个都了解得这么透彻，而且也没想到孩子们在学校和在家里真的会有差异，也没想到初中和小学真的差别会如此之大，所以我坚定了谈话的决心，因为只有了解了孩子在学校的情况，家长才能踏实，于是我就站在老师旁边等候。大概晚上七点左右，终于轮到我和老师交谈了。从下午一点开始开家长会直到晚上七点，老师就一直站着，而且是不停地和家长交流，六个多小时了，老师没有丝毫的疲倦和不耐烦。老师耐心地给我讲述孩子开学以来的表现并且告诉我孩子值日时犯的错误，第一次值日孩子因为有事先走，所以就安排别的同学替他，但是他没有和同学交代明白，所以放学离校时没有关灯，也没有关空调。第二次值日的时候，孩子注意改正第一次值日犯的错误，值完日后，还兴冲冲地跑去找老师汇报让老师检查。老师跟着孩子走进教室，才发现桌椅摆放不整齐，老师说孩子态度很好，也有意识，但是老爱忘事情。接下来老师又认真耐心地和我说："那说明孩子的责任心还是不够，现在基本都是独生子女，让孩子自己承担任务的机会少，所以孩子缺乏锻炼。"接下来又给我举了几个例子详细地告诉我孩子在校的其他表现，最后谈话即将结束时老师轻描淡写地说："班级三次评比得分，都是因为孩子值日没做好而扣的。"老师并没有因为孩子失误影响班级得分而责备孩子，而是通过值日的事情来教育孩子做事要有担当，要有责任心，从培养孩子做事的角度来教育孩子。

老师不急不躁耐心细致地教育着班级的每一个孩子，也用她自己的行动来感染孩子们。学校9月底召开运动会，老师带领刚刚从不同小学走到一起的班级团结友爱，努力拼搏，在各项比赛中都有我们班孩子们矫健的身姿，也有孩子们热烈的助威呐喊声，但是最亮的风景却是休息时间在看台上吃热乎乎卤蛋的孩子们。这些卤蛋是饱含着老师对孩子们关怀的爱心蛋——这是我们老师特意给孩子们煮的。此时大家必须要考虑一个问题，按照学校的安排，学生是早上6:00到学校集合，而老师至少也需要提前半个小时到校，大家可以推算一下那四五十个卤蛋老师得几点起床煮啊！孩子们是幸运的，也是幸福的。我们的老师就是一直用自己的行动来诠释"为人师表"的全部含义。

我觉得00后这代人身上最缺乏的就是锻炼。现在生活水平提高了，教育水平也普遍提高，但是孩子不仅要学习书本知识，更重要的是学会做人做事。而现在家庭对孩子的重视，往往是越俎代庖，把孩子应该和要做的事情都代劳了，所以孩子在这方面的锻炼是最缺乏的。在孩子以后的人生道路上，往往做人做事的态度和方法对他的影响最大。老师在当今追求升学率的社会现实下，在每个学校、每个班级、每个老师、每个学生、每个家长都在追逐分数的压力下，还能淡定地从孩子人生长远发展的角度来教育孩子，我真心觉得非常不容易。学校的教育不是急功近利的，而是真正的用心教育。

作为刚刚升入初中的孩子来说一切都是崭新的，对于家长也一切都是未知。我们对孩子出现的状况，往往束手无策，看到孩子每天背着重重的书包早出晚归，有时真是心疼孩子小小的身躯是否能承受这般重压；看到每次考试激烈的竞争排名，有时担心幼小的心灵能否承受这些压力。这一切都必须要面对，只有经过磨炼孩子才能成长，才能提高。我由原来的焦虑到现在逐步趋向淡定，孩子也因为家长的淡定而自己的心情才能平静，才能在一个愉悦环境下成长。这一切全是学校一点点潜移默化地教育我，让我这样一位慌乱的家长在不知不觉中改变心境。因为我心境的改变，家庭气氛也恢复到原来的温馨状态，孩子脸上也有了往日的笑容。

在孩子成长教育的过程中，学校和家庭必须协同配合，两者都是教育的主体缺一不可，忽略了哪一方的教育孩子成长都会受影响，甚至会走弯路。

十年树木，百年树人，教育的长征路上需要学校和家庭手挽手共同前行。

最后祝：学校越来越棒！

祝：孩子们快乐成长每一天！

60

家校协作，励字先行

北京市西城区育翔小学家长　黄晓亮

本学期换了新的班主任，经过三个月的学习，孩子取得了很大的进步。这离不开老师的帮助和家里的配合，家校配合一起分析、解决问题的效果很显著。在此，将家校携手帮助孩子进步的过程跟大家分享一下。

小A从小都很懂事，接受知识和理解能力也不错，所以我和他爸理所应当地认为他上学应该没什么问题。可是一年级时突然发现孩子思维特别发散，上课注意力不能集中，总是停留在自己的兴趣点上，不会跟着老师的思路……这个问题从孩子回来的作业情况和他询问老师的要求时就能明显感觉他没有认真听，甚至完全没有听到。当时的班主任杨老师也是反馈他课堂上可能大半的时间都在神游的状态。这让我们非常头疼，也专门跟杨老师聊过，她建议我们给孩子做一些提高注意力的训练，也教给我们一些日常培养孩子专注力的方法，并让我们做好长期坚持不懈的准备。

所以，我和他爸爸一边开始给孩子每天做一些注意力方面的训练，比如舒尔特方格，同时也分析孩子自身的特点，检讨我们自己的一些问题，因为孩子的表现一定是家庭环境所造成的。

一方面，小A从小由老人帮着照看，家里人比较多，频繁地招呼他，比如吃、喝或者逗乐，过多地干预他活动，不利于他专注力的养成。

另一方面，他在兴趣爱好方面比较单一，有着自己很强烈的偏好。因为我和他爸爸都在航空系统工作，他从小就对各种飞行器、航空知识、科技杂志、科幻类的作品都特别痴迷,他在研究飞机和阅读时表现出的专注度极高。

再一方面,我们平时工作比较忙,加班多,忽略了一些应该幼儿园时着重养成的习惯的培养,比如独立自理、规范书写、课上与老师的互动等等。基于这些情况,我们全家就有意识地采取了一些改善措施,帮助他提高学习专注力,主要有以下几个方面:

一、给孩子安静的学习环境

写作业固定在他的书桌旁,写作业前做好各种准备,如喝水、上厕所,打开台灯,削好铅笔,整理书桌等。小A写作业时,我们尽量保持安静并且不去打扰他,我也尽量不在他旁边盯着,而是自己到其他房间。我跟孩子商量好:在写作业的过程中不要碰到不会的就来问,而是自己先思考。如果自己想过后,还是不会,就把不会的先放一放,待一门功课完成后集中一起问妈妈。孩子在背书中出现错误时,我不马上指出,而是等他通篇背完后,再指出错误,让他再认真读一遍后,再背一次。在听孩子背书的整个过程中我都面带微笑和鼓励的眼神认真地听。

二、尊重孩子的兴趣爱好,有意识地拓展其他爱好

兴趣是最好的老师,所有学习的内在动力都来源于兴趣。因为小A以前的兴趣点太单一,又太痴迷,我们有意识地抽出一些时间丰富他的活动,比如带他爬山,进行野山探险,认识和了解动植物;带他运动、跑步、打篮球。孩子好奇心重,求知欲强,对什么东西都表现出浓厚的兴趣,所以我们希望他既能够保留自己对科技、军事、宇宙探索这方面的爱好,又不要太过于沉迷,让他充分体验各类活动的乐趣。这样一来,孩子能一直对各类学习保持兴趣,能够更加主动地学习。

三、引导孩子课堂认真听讲,积极举手发言,尊重和理解老师

以前每天早上上学路上,我都给他念叨:"上课认真听讲,积极举手发言,注意力集中,坐姿端正,认真书写。"引导孩子在课堂上目光专注,老师讲课时看着老师的眼睛,老师写字时看黑板上老师写出的字。告诉孩子上课积极举手发言,举手是给老师传达信息,我在认真听讲,我听懂了。班级人多,老师请不到你也没有关

系。主要是想督促孩子通过举手发言能在课堂上紧跟老师的思路，减少溜号。

随着年龄的增长，孩子也逐渐意识到课堂听讲的重要性，愿意自己进行控制。到了二、三年级，我按照老师介绍的激励办法，专门跟孩子制订了关于课堂听讲发言的家庭奖励制度，每个月制定一个小目标，比如拿到30张发言的小奖券可以自己选一个一百元以内的玩具，如果他想要的乐高系列更贵时，就需要积攒更多的小奖券来兑换。这让他一度发言很踊跃，但我发现当他得到这个玩具后，可能会出现一个课堂发言的小低潮。所以还得适时地洞察孩子的需求，可以再通过美食、电影、书籍等他感兴趣的奖品来调动他。这些都是为了引导他将课堂认真听讲，积极举手发言形成一种习惯，这也是我正不断努力的最终目标。

上学后，我们告诉他班级里有很多个孩子，老师的责任很重大，很辛苦。一是要管理好自己，尽量不给老师添麻烦，少让老师操心；二是要帮老师做力所能及的事。偶尔也有被老师批评的时候，我们告诉他：老师批评你，实际上是为你好。老师喜欢你，对你负责，才会在你做得不好时，批评你，是希望你能做得更好。现在他在学校受到批评，回家后也能很坦诚地告诉我们。如果是原则性的问题，他也愿意接受一些小的惩罚，比如取消一个星期的电影、游戏时间，或者加练俯卧撑、仰卧起坐等。尊重和理解老师更容易让他跟老师产生亲近感和信任感，从而更容易接受老师的教导和建议。这其实也挺重要的。

四、培养孩子的时间观念、做事的条理性和计划性

三年级以来，我们鼓励孩子跟时间赛跑，作业高效完成后，才安排自己喜欢的事。我给他准备了一个计时器，学习40分钟，休息10到15分钟，这样孩子可以把注意力集中在学习或是休息上，不需要时不时地去关注时间。晚上或是周末在开始写作业前，我们经常会问问他，你今天还有几件事情要做呀？孩子1、2、3地说出来，在记事本上，做完一项，打一个勾。事后分析做得好的和做得不足需要改进的，以及哪个科目效率不高，出现了什么问题，有进步的要适时地表扬和鼓励。

五、主动安排孩子玩耍的时间，满足孩子玩的心理需求

每天放学回家到晚饭前是自由活动时间，还有晚上九点前如果完成作业后还

有时间就可以自由安排。他一般用来看他喜欢的动画片或电影，或者读书、画画。我们告诉他，这些时间要靠自己的高效学习来赢得。周日我们会安排亲子户外活动，有的时候去公园或是爬山，有的时候在户外打打球，骑骑自行车。通过很长一段时间的坚持努力，孩子听课的状态和作业的习惯有了一定的进步，同时我也感触很深：一是要想培养孩子的专注力，家长的情绪管理也非常重要。以前我陪他做作业，经常急躁，甚至干过不少破坏他学习专注力的事。比如，总在他写作业用橡皮擦的时候责怪他；比如，他写错了提醒他；比如，孩子背书错误了，马上指出；再者，总在他写作业过程中提醒他把头抬高，坐端正。这些不当的干预，会让孩子在写作业时情绪非常糟糕，直接影响了孩子的学习积极性和效率，反而欲速不达，适得其反了。二是父母在教育中的配合也很重要。自从去年有了二宝后，小 A 的学习主要由爸爸负责。我发现爸爸的管理更为理性，执行力更强，也就更见效。这样更好地培养了孩子做事的条理性和计划性，爸爸的耐心也被磨炼出来了。

最后，也是最重要的就是做好家校配合，针对孩子的问题，加强与老师的沟通。真的非常感谢十三班的几位老师，确实经验丰富又认真负责，给我们提供了好多切实有效的方法，引导孩子养成课堂专心听讲、积极回答问题的习惯，尤其是王老师和于老师，一直关注和反馈孩子每个阶段的表现，并对他的点滴进步给予适时的表扬和鼓励，不断进行正向激励引导的阳光教育，帮助孩子改掉一些不好的行为（比如坐姿），并且逐渐形成良好的学习习惯。

由于我们以前的疏忽，让孩子的成长走了一些弯路，起步慢了，但是相信在积极向上、班风优良的集体中，我们继续加油努力，一定会迎头赶上。

培养孩子的专注力是一个长期的过程，现在他课堂听讲状况有所好转后，我们的下一个阶段性小目标是克服粗心大意。我希望在这方面有心得的家长朋友也能够有更多的交流，互相学习在教育孩子方面的经验和方法，让我们成长为更合格的家长，跟老师一起做教育的同行者，培养出更优秀的孩子。

61
借力"青春期",让青春远航

北京师范大学第二附属中学西城实验学校家长 高宏扬

青春,是清晨天边的一抹朝霞,如锦似火却稍纵即逝;青春,是波光粼粼的涟漪,满湖泛金却随波游走;青春,是蓄势待发的小舟,豪情万丈却前程未卜。如何让迈入青春期的孩子汲取爱和力量,如何让父母读懂"00后"的青春密码、跨越岁月的代沟,家校平台伸出了援助之手,给出了孩子成长的普遍性规律和家庭教育的针对性策略,助力孩子健康茁壮成长,助力青春的小舟扬帆起航……

我的儿子今年14岁,是初三年级的一名学生。和天下所有的父母一样,无不望子成龙望女成凤,在家庭教育中出现过急于求成、揠苗助长的行为。正是家校平台让我懂得了教育孩子就像是种树,只要培土浇水、养护施肥,终有一天会枝繁叶茂、绿树成荫。

一、转换家长角色,给予孩子尊重和信任

以前在孩子心目中,父母是保护者,在各方面给予着无微不至的照顾,包括学习生活习惯、兴趣爱好等,都是依赖父母的决定。随着年龄的增长,特别是初二以后,青春期的"叛逆性"逐渐显露出来,一句话就是"叫他往东他偏往西,叫他赶鸭他偏撵鸡"。和小时候招猫逗狗不同,现在是以与你顶牛为乐趣。哪怕是大冬天让他加衣保暖这样的事儿,他也不以为然,穿着单衣、光着脑瓜、手插着衣兜就扬长而去,直到冻得哆里哆嗦连打喷嚏。遇到这劲头,真是打也不是骂也不是。关键是一米七五的个头,打也打不动,说也说不过,好言相劝又被视作唠

唠叨叨、婆婆妈妈，真是让人无可奈何、无计可施，就好像唐僧百试不爽的紧箍咒突然失灵了。无奈之中，我翻看了家校协会的《读懂孩子》这本书，在"进入青春期"这一章节，从中我找到了答案。

到了初中阶段，孩子身体和心理上日渐成熟，逐渐形成自己的人生观、价值观，处处要体现个体的存在。这时候父母就要转变角色，从教育者转变为陪伴者，不再单纯地告诉他应该做什么，不应该做什么；而是要以陪伴者的角度出发，以平等的心态去信任、去倾听、去陪伴，作孩子的伙伴和朋友。在家庭生活中，每名成员都可以对某件事情发表看法，尊重彼此不同的意见，存同求异、相互包容。以往大家都爱穿亲子装，恨不得从上到下都一模一样，好像从一个模子里刻出来的。现在我们的手机品牌都各有风格，我选择"华为"、孩子妈钟爱"苹果"、儿子喜欢"小米"，而且都是各自品牌的忠实粉丝。我们通过讨论不同品牌手机的性能特点，更能体会彼此出乎意料的想法和观点，进而在孩子成年后对这个社会更具包容性，有利于孩子的心智成长。

二、坚持励志教育，让你的青春不负梦想

很小，儿子就会吟诵唐代书法家颜真卿的《劝学》，"三更灯火五更鸡，正是男儿读书时。黑发不知勤学早，白首方悔读书迟。"我常常以古今中外的名人事例告诫儿子青春的弥足珍贵，辛勤努力才是送给自己最好的青春礼物。在家长会上，班主任老师曾对家长们语重心长地说："你要想孩子成为什么样的人，你就去做什么样的人。"在一个家庭中，父母始终是孩子模仿的对象。为了让孩子保持紧张的学习节奏，每天在他起床前、回家前，我都关起门来伏案工作。孩子一回来就四处找爸爸，当他轻推门缝看到我专心致志的神态，自然心中就充满了无形的压力。即使休息时看会儿视频、刷个微信，也会满脸愧疚地解释"就看一会儿、就看一会儿"。

网络上流传了马云关于青春励志的一段话："不奋斗，你要青春干吗？在最能吃苦的时候你选择安逸，自是年少，却韶华倾负，再无少年之时。"如果命运眷顾你，给了你良好的物质生活，请不要磨灭斗志忘记初心；如果命运对你冷若冰霜，请不要怨天尤人垂头丧气。当你有了歇一歇、松口气的念头时，想想那些比你还

优秀、比你还努力的人。

龙应台在写给儿子安德烈的一段话中这样说:"孩子,我要求你读书用功,不是因为我要你跟别人比成绩。而是因为,我希望你将来会拥有选择的权利,选择有意义、有时间的工作,而不是被迫谋生。当你的工作在你心中有意义,你就有成就感。当你的工作给你时间,不剥夺你的生活,你就有尊严。成就感和尊严,给你快乐。"

只有从理想和现实两方面理解了刻苦学习的目的和意义,才能迸发出无穷的动力。以前孩子学习时,我采用陪读、紧盯的战术。但是随着孩子长大,他做作业时紧闭房门,拒我于千里之外。我又不甘心这种怅然若失的感觉,于是使出一些小伎俩。但我太低估了孩子的智商,这些伎俩无一不被儿子识破,让我尴尬万分的同时也更加疏远了我们的关系。当我怀揣忐忑的心情放手之后,我发现孩子表现出意想之外的自觉性。当学校布置的作业完成后,他会自我加压提前完成次日的作业。他会主动要求找来课外辅导书,去体验不同风格的题目类型。他会找来中国古代经典的唐诗宋词元曲,熄灯后有滋有味地背诵《长恨歌》。这让我深深地感受到信任与尊重始终要放在第一位,内因才是发展进步的基础。学业的长进是无数次反复磨炼的结果,但只有将兴趣爱好转化为内因,才能让这种重复磨炼有效果有意义。

三、培养坚强的性格,为梦想插上坚毅的翅膀

当下的教育,依然会让人不自觉地按照成绩的高低去评价孩子教育的成功与失败。然而,当某某家的孩子遭遇挫折而告别人生时才会感叹我们太关注于成绩,忽略了对孩子身体和心智发展的关心。

在一次和班主任老师的交流中得知,儿子不够自信,做事缺乏勇气。回来后,我和他聊天寻找原因。原来,同学曾拿他的体重开玩笑,让他很没面子。于是我有意识地带他去徒步、骑车、打球,从大运动量的体育活动中磨炼他的意志。通过体育活动,不仅愉悦了心情,有效降低了体重,身体变得匀称,同时也让他在同学交往中重拾了自信。不仅如此,我还常鼓励孩子多参加学校的社团活动,加入校学生会、在运动会上担任志愿者,学会融入集体,做一个有担当的人。在家

庭生活中，注重引导他参加力所能及的家务劳动，打扫自己房间的卫生，每天晚上自己完成洗漱后做到物归原处、盆洁地清，培养孩子的自理能力及劳动习惯。利用假期时间，带他到"生存岛"拓展训练基地，体验溜索、速降、攀岩等高难度项目。从完成项目的过程中，达到挑战自我、锻炼胆识的目的。让他用行动告诉自己，"没有什么不可能"。我还经常把工作中的事情与孩子分享，让他知道无论做什么都要有认真负责的态度，都要有攻难克坚的毅力，都要有持之以恒的信心。

转眼孩子已经渐渐长大。在孩子的身上，教育的点滴心血正在结出令人欣慰的果实。我们高兴地看到，孩子活泼开朗，是非分明，懂事听话，有集体荣誉感……我们为孩子点滴的成长、进步而感动。

我们都说孩子是祖国的花朵，是花朵就会有不同的花期，相信在学校和家长的共同努力与辛勤培育下，每一朵花都会以不同的姿态绚丽绽放。我们要做的就是以一颗平常心精心呵护，然后——静待花开！

62
家庭、学校、社会共同育人

北京市西城外国语学校附属小学家长　张荣鲜

南非国父曼德拉说："教育是用来改变世界最威猛的武器。"

英国哲学家洛克说："每个人来到这世界，就像一张白纸。而后，他生存的环境开始给他上色，他的生存环境是什么样，他就会变成什么样的人。"

教育从所属性可分为家庭教育和学校教育，社会教育既是前两者的分解又是前两者的合并。它们相辅相成、不可或缺，只有它们配合默契、沟通畅通无阻，才能使被教育者受益最大化。

教育始于家庭——家庭的教育重在品德。

一、童蒙养正：培养孩子的良好品格及行为习惯

你想让孩子成为什么样的人，家长就做什么样的人——榜样的力量。在我们家，大女儿从她三岁上幼儿园时，我们就有意识地培养她：

1. 自我管理意识，学会管理并整理自己的衣物——"置冠服，有定位"。她做得很好。还没入学时自己就可以把上衣叠得如同初卖时一样，直到现在她的衣柜、书桌、床铺都是自己整理。

2. 科学计划意识，学会有计划地做事情。几件事都要做，她会提前做安排和计划以至于不慌乱手脚。

3. 思考与沟通意识，尝试独立去完成某项力所能及的事，遇到不可解决的问题可以问家长，一家人围坐在一起商量解决。这个习惯一直沿用至今，现在已经

成为我家定期的家庭会议。家庭成员在会议上畅所欲言，总结自己最近的不足和进步的地方。所遇问题都有正向改进或完美解决。在这个过程中，孩子做事的条理性、对问题的总结能力、思考能力、判断能力、分析解决的能力都明显地在进步中。虽然过程中难免有瑕疵和不足，但是我们允许她在错误中学习进步。

人生是一场马拉松，在家庭教育中"育人"就是一场马拉松，不能着急，允许孩子慢慢来。孩子需要参与自己的成长，而不是被动地长大。如果家长竭尽所能地满足了孩子的要求，那么不仅剥夺了孩子自我管理的机会，也折断了孩子思考的翅膀。我们家长要学会放手，也要有一双慧眼去发现孩子的长处，留给孩子一个独立的思考空间让孩子的长处更长、更亮。在没去学校前，孩子养成了良好的行为习惯，那么进入学校后，在良好行为习惯的支持下，他对知识的汲取必将进入良性循环；反之，在家没有养成良好的行为习惯，那么进入学校想通过学校来约束并改变孩子，那是极为艰难的过程，也未必能如家长所愿，知识的汲取肯定会受到不良的影响而进入恶性循环。一个坏习惯难以纠正或改变，同样一个好的习惯一样难以改变。

二、讲文明，懂礼貌——家庭礼仪素养的培养

荷兰教育家伯纳德·李维胡德说："孩子对他周围环境的感知越是无意识，这种感知渗透进灵魂的就越多。"

国际通用的评判"文明儿童"的三个标准：1. 不打扰他人；2. 不伤害自己；3. 不破坏环境。而以上三条都始于家庭的教育。

家庭礼仪素养的培养首先是家规的建立。俗话说：没有规矩，不成方圆；国有国法，校有校规，家有家规。

1. 家规之本意。很多事情知易行难，比如家中来客人要起立打招呼问好，实际做起来并不是顺水乘舟，既需要我们教，更需要我们垂范。规矩的设定是为了给孩子更多的安全感，让他知道这个世界并不是宽阔而无边界的，相反世界是有边缘和界限的。规矩要清晰明确，并确认孩子是否清楚。这样的孩子在生活中能感受到来自规矩和规则的保护，学会遵守而不是漠视规则，长大后就自然去遵守法律、尊重规则。

2. 家规之遵守约定。在规则下能开心地享受"赢",同样能平静地接受"输"。比如在我家的周末,只要我和爱人都在家的情况下,我们家都会有三人打牌一人旁观的情况。有时想赢的大女儿会试图违规耍赖,但我们会告诉她,打扑克是有规则的并且事先已讲述清楚,能赢就赢不能赢就要学会接受输。凡事都有规则,我们不能随意人为地去破坏。从此女儿每次都按规矩认真打牌,总赢已是她常态。家规的设定需要全体成员的遵守,而不是只让孩子遵守;家规是相互监督而不只是长辈监督晚辈。

3. 家规之公共礼仪。你在品尝美食,别人在品位你的家教及修养。在家什么样在外就是什么样,孩子是家庭和家长的一面镜子。所以在家懂得不打扰别人,在外他一定不会有打扰别人之行为;俗话说家是温馨的港湾,在这安全和温馨之地都不会伤害自己,在外遇到挫折和困难一定积极去想解决办法而不是用气馁、自暴自弃来伤害自己;在家懂得保护珍惜自己的生活环境和物品,在外他一定不会有破坏环境之行为。

4. 家规之礼貌用语及礼貌行为。我们从独立、勇气、承担、尊重、分享、恭敬等这些看似容易做起来却又不容易的几方面总结家庭礼仪,素养并不只是说在嘴上而是要付诸实践。比如:

(1)自己的事情自己做,逐渐学会自我管理;

(2)交流时先称呼后讲话,声音不要过大并要看着对方;

(3)晨起互道早安,晚睡前互道晚安;

(4)出门前告知和返回后打招呼;

(5)家中来客起立问候,客人走时送别,接送礼物需双手;

(6)不插话,学会等待;

(7)用餐时,取食长幼有序,餐具只用来用餐,闭口咀嚼不发出声音,懂得分享,不独占自己喜欢的食品,用餐结束方可离开餐桌,如果中途离开就不能再返回餐桌继续用餐;

(8)向做餐的人致谢,需要帮忙"请"字当头,接受帮助说"谢谢",做错事情不但要说"对不起",而且要为自己错误的行为承担后果;

(9)尊重别人的劳动成果,爱惜环境中的物品等。

孩子们习得某个习惯或技能时，出错在所难免，甚至有时不能坚持，我们都允许孩子在错误中学习、总结，哪怕提升一点点我们都给予鼓励。

三、共同育人，合力教育

家庭教育的重心在行为习惯的培养，学校教育的重心则在知识传授上，两者互为补充，互相促进。在学校孩子可以丰富自己的科学文化知识，有家庭良好行为习惯培养的孩子，在学校里可以自由、快乐、如鱼得水地汲取文化知识，随之学习的兴趣被激发；相反，如果有的家长没意识到家庭教育如此重要，或者知道重要又苦于不知道该怎么做的时候，那作为学校一方面要提供基础科学知识的拓展积累，另一方面要寻找资源来弥补家庭和孩子这方面的空白，帮助他们共同进步提升。

缺乏家庭和社会配合的学校教育是不完整的教育。只有在学校、家庭、社会紧密配合的教育模式下，实现共同育人的目标，孩子们才能接受到更完善更全面的教育，才能培育出更受人尊重、更容易让社会接受的人。

63
得法于课内，得益于课外

北京市西城区阜成门外第一小学家长　秦迪泓

随着国民物质文化水平的提高，家庭教育愈来愈受到普通家庭的重视，家长在日常生活中有意识地在德、智、体、能各方面对孩子实施教育影响，对学校教育起到了有益的补充，学生综合素质也得到了全面发展。作为一名小学生家长，承蒙学校征文之邀，借此机会梳理归纳日常家庭教育过程中的一些经验教训和思考，从家庭教育如何配合学校基础教学活动方面谈谈个人的一些思考和做法。

一、家庭教育如何巩固、丰富和完善学校基础教学效果

学校教育作为现代教育制度的重要组成部分，为学生学习文化知识、社会准则和经验提供了目的明确、组织严密的系统的、稳定的专门化教育。

作为小学阶段接受基础教育的学生，对于学校课程设置的教学内容，应该做到熟练掌握。从学校日常教学安排来看，由于课堂教学安排的学习时间相对有限，在教学过程中教师处于主导地位，课堂上基本以课本知识点的传授为主，学生的学习处于被动地位，对于教学中书本上抽象的间接经验知识的接受，学生缺少一定的时间和空间去自主实践和思考，有可能不能全面、准确理解和掌握教师的课堂教学内容。学生对课堂知识的消化理解和掌握，这时就需要在日常家庭教育中安排出一定的时间和作业量来配合完成。具体来讲，家长在每学期开学时，可以先通过通览各科教材，大致了解本学期的基本教学内容、重点，做到心中有数。小学阶段的教学内容，基本体现了循序渐进、反复强化、前后有机结合的特点。

家长通读教材时，可以从教师和学生两个角度去考量教与学的体验。家长在平时通过学生作业完成、单元测试情况，对学生学习过程中的薄弱环节采用不同方式及时进行针对性辅导训练；根据学生问题形成的症结，围绕需要掌握的知识点，不限于问题本身，在学生自身能力范围内适当地展开，补充完善课堂教学的相关内容，引导学生自发地思考，达到理解性学习效果，这对帮助学生学习掌握课堂教学内容是行之有效的。家长应该充分利用家庭教育及时性、连续性的优势，在学生平时的学习过程中，及时掌握学生学习动态和发现存在的问题，配合教师考查学生学习效果，起到拾遗补阙的作用。也可针对学生个体的兴趣特点，为学有余力的孩子提供必要的条件，满足其自主学习的需求。从这一点上来看，"因材施教"更适合家庭教育来完成。

二、根据教学内容事先安排相关实践活动，配合课堂教学

课堂教学的课前预习，一般学生都按教师要求基本能自觉完成。而针对一些特定的教学内容，家长可以从一学期整体的课程设置上，在时间和空间安排上通过实践前置来配合课堂教学。以语文作文练习为例，每学期语文作文训练的体裁类型和语文课本每单元的文体类型相对应，小学作文一般以叙事、记人、景物描写、观察笔记说明为主。在平时生活中，家长可在带领孩子假期游玩、看电影、参观博物馆、阅读交流等活动中，或者在学生讲述日常学校、班级里发生的平凡琐事或对某一社会现象、事件讨论等各类主题交流感受时，引导学生以其所见所闻、所知所识、所思所想，在不设可资比较长短的标准评价下，让学生来学会如何充分、准确地表达自己的思维、感受。或者在每一阶段，选择性地安排学生阅读相关书籍，以开阔和丰富其思维、见识。日常可以日记和随笔随时练笔，完成素材积累。通过上述这些平时有意识的、针对性的提前安排，在学生进行作文训练时，学生已有了充分的身体力行和思考准备，自然而然就会形成来源于其真实生活场景、感动于学生自身情感、回应于语文学习效果的文字了。

三、家庭教育配合学校基础教学的方式、手段

家庭教育的过程是家长与孩子之间相互影响、相互教育的过程。在这个过程中，家长在教与学中不断地经历角色转换，才能把握、平衡家庭教育的目标和节奏，才能合理规划、配置合适的资源来达到预想的效果。家长按照每一阶段的学习目标要求，根据学生自身的实际情况和条件，可以采取学生自主学习拓展、家长辅导、从社会教育资源获取等不同学习方式和手段来实现学习目标，让学生在不同的教学方式和手段的学习过程中比较、体验，以学生自主完成各项课题的形式深化、完善所学知识，有机构建知识体系，从而帮助学生提升其学习内升力。其次，为学生提供学校基础教育之外的艺术、体育、科技等兴趣爱好特长及针对各学科选拔性考试等更进一步的个性化教育条件，也是现阶段社会形势和条件下家庭培养学生综合素养的一个重要手段。

作为家庭教育中起相对主导作用的家长，协调、平衡学生课内、课外学习，使其能相互有机结合，互补互助，做到"得法于课内，得益于课外"，这需要学校、家长、学生去共同努力和探索实践。

64
给孩子一个加速度

北京市西城区进步小学家长　张莉平

明朗从很小的时候就表现出对各种符号的关注和喜爱，大到交通标志，小到数字和字母，所以他认字、算术开始的时间也比一般小朋友要更早一些。认识他的人都觉得他是一个爱学习的孩子，将来上学肯定不发愁。我对此一开始也抱着很乐观的态度，所以在明朗刚进入小学的时候，把大部分精力都放在如何引导他控制情绪、遵守纪律方面，对他的学习有所忽略。

一年级的时候还好，大部分课内知识他之前都接触过，依靠吃老本也没出现大问题。但上了二年级之后，明朗开始出现课上作业完不成、课后作业拖延的现象，生字听写和单元测试也屡屡出错。我旁敲侧击地提醒过几回，效果也不明显，为此我暗暗着急。接下来的一段时间，我仔细观察了他在家学习时的习惯，发现他对待课业处于比较被动的一个状态，基本上都需要家长督促才会去做，而且每一项完成之后，下一项的启动都需要家长提醒甚至催促。虽然学校留的作业不多，但是因为效率不高，再加上课外兴趣班的课下练习，每天往往都要到九点之后才能洗漱上床。而且在这个过程中，我们小声提醒他，他可能会充耳不闻，声音大了或者语气严厉一些，他又会产生反感情绪。但令人欣慰的是，我发现明朗在完成某一项任务时一般都会比较投入。如果没有外源性的干扰，这种投入的状态可以持续较长的时间。综合观察的结果，我认为孩子本身对于学习这个过程是喜欢的，但因为没有建立起良好的习惯，家里的干扰因素也过多，所以才导致他的学习效率不高。为此，我跟明朗爸爸想了很多办法。

我首先跟他约定了一个大原则：每天回到家，先把未完成的课堂作业补完，再完成课后作业和其他任务，包括弹琴、练习英语等，所有任务完成了之后，剩余时间他自己支配。听说能自己支配时间，明朗很高兴，回到家之后急急忙忙做作业，然后很快就开始玩了。我问他，任务都完成了？他回答，是啊。我再问，英语录音做了吗？明天的书包收拾了吗？他恍然，连忙扔下手中的积木去做。

只有大原则还不行，还得有操作性更强的策略。我试着引导他把每周要完成的课内外作业整理出来，然后每天回到家，先问他自己打算完成哪些项，按照什么顺序完成。他自己会想一想然后做出安排，我尽量做到不插手，免得破坏了孩子的自主兴致。但惰性使然，他往往会选择把轻松的任务先完成，留下一些比较棘手的，到了周末还没完成就比较紧张。为此，我心生一计。明朗平时特别喜欢写写画画，模拟各种表格，包括饭店菜单、列车时刻表、电视选项卡等，所以我就建议他针对自己的家庭作业规划一个表格，引导他先想好可能会涉及哪些课业，并适当地给了一些建议。给自己设计表格是头一回，孩子兴致勃勃地打表格，填内容，内容写了又改，忙活了一晚上。最终，一张还算合理的任务计划表诞生了，并被贴在他房间的书架上。

有了这张表格，明朗每天的家庭任务完成起来确实更主动更有效率了。偶尔，他也还会搬出"懒得动""我好困"之类的借口拖延执行。我心里着急，但表面上也不多加干涉，而是采用"迂回"战术：明朗，如果你不想做那就先休息一天，不过我倒是为你坚持了这么久的习惯被中断了感到挺惋惜的。或者，我会说，你不做可以，但是你得保证明天去学校的时候乖乖接受老师的批评。这种情况下，孩子一般就会认识到后果，不再找借口了。

为了保证孩子的注意力集中，提高学习效率，我会提醒他把可能会吸引他注意的课外书、玩具、手机之类的东西放在不容易看到不容易拿到的地方。我还建议他建立了一个综合错题本，把平时写错的字词、算错的题目都记录在上面。我们有意识地帮助他慢慢养成完成一项作业收拾完毕之后再进入下一项的习惯，让面前展开的只有当下需要的书本。对于他课堂作业拖沓的情况，这也应该有一些效果。

针对明朗喜欢重复性的工作、不喜欢接受挑战的特点，我跟明朗爸爸也想了一些办法。我们会陪他一起钻研某一道数学题，故意发出质疑：给这个条件有什么用处？孩子就会跟着开动脑筋，一般情况下原本不会的题目就迎刃而解了。我们还会比赛做数独，玩词语接龙、英语单词接龙，这能很好地激发他主动学习的热情。

在我们看来，孩子对于学习的热情远比他的任务完成情况更重要，所以我们的大原则是绝对不破坏他对学习的兴趣，尽量尊重他对于学习的选择性和倾向性，通过不易察觉的方式引导他学习的方向。前段时间，我专门买了一些关于历史的漫画书，放在书架上不起眼的角落。某一天他翻看起来，然后就开始跟他爸爸交流一些浅显的历史知识了。

现在看来，明朗在学习方面虽然还存在着一些这样那样的问题，但总体上来说，学习主动性增加了，学习效率相应地也提高了不少。其实道理很简单，如果是"要我学"，家长推着他跑，那么他的速度只能取决于家长用在他身上的力气；而如果是"我要学"，那他可能会爆发出源源不断的潜力，把家长远远地甩在身后。帮助孩子建立好的学习习惯，想办法维持他对知识的好奇和兴致，这就相当于帮助孩子建立起了"加速度"。在这一点上，我们才刚刚做了初步的尝试，将来还需要对孩子给予更加用心、更加科学的引导。

65
家校联手，助小鹰飞得更高

北京市西城区育翔小学家长　苗钰奇

四年前，从我目送孩子走进育翔小学的第一天起，在欣慰孩子成长之际，也有点未知的担忧。因为六年的小学生涯，对于一个孩子的成长至关重要。它关系到孩子一生的学习、生活习惯的养成，关系到孩子初步的人际交往能力的形成等等。

如今，我的女儿在育翔小学已经学习了三年多，这种担心早已烟消云散。在这里，我感受到了学校对于孩子全方位的关心与培养。在管理规范、课程设置、主题活动、课外兴趣班等方面，为孩子们全面发展创造了充分的条件；一支业务过硬且具有高度责任心的教师队伍，带领孩子们开启着知识的宝库。而最令我感受深刻的，是家校联手、共同促进孩子成长的做法，贯穿在孩子学习的每一天。

学校和家庭，对于孩子的教育缺一不可，只有形成教育合力，才能把我们的孩子们培育得更好。当孩子在学校有一点点进步和成绩时，我们都会收到来自老师的微信、喜报和证书；当孩子的表现有所退步时，我们会接到老师急切的提醒电话；每个学期的两次家长会，更是让我们家长与学校可以及时沟通，了解孩子的学习情况。作为家委会的成员之一，班主任老师还经常和我们讨论，为孩子的成长提供一些有意义的教育主题，以及在特殊的日子里为孩子们送上小礼物。这些点点滴滴，都将成为孩子们在人生成长当中的小惊喜，作为美好的回忆伴随一生。

家校联手，助小鹰飞得更高

"你们家孩子在哪儿上学呢？太棒了！"这是我女儿英语课外班老师的评价。让这位老师感触最深的，不是课堂上的学习成绩，而是源自于一场小话剧的排练。老师安排孩子们自编自导自演一场话剧，且时间紧迫。分组之后，每个组都很混乱，吵成一团，分角色、抢道具、乱七八糟。这时候，我的女儿主动站了出来，为她所在的小组成员分配角色、修改台词、安排排练……很快，他们小组就完成了老师的要求，老师和小组同学们都对我女儿称赞不已。当得知我们在西城区的育翔小学上学时，老师感慨地说，大家都说西城区培养出来的孩子能力强，果然如此。

这一幕让我非常感动，深深地感觉到了孩子在育翔小学这几年来的成长与变化。刚刚上学的时候，我女儿不但自己没有上进心，更没有班集体的概念。三年级的下半学期，她获得了代理小队长这个职务，"一道杠"的符号就像一个神奇的魔法，一下子把她的集体意识培养出来了。每天下课，她会去检查小队成员学具的准备，检查地面的清洁，收取作业……尽管占据了她的课间时间，她也没有怨言，反而期待自己做得更好——带领小队争得荣誉。同时，她跟我也表示过，她要做好这个小队长，不辜负老师对她的信任。

她不时地会带几个同学回家排练，大家一起商量，共同完成一项作业——作为家长，这样的作业我是非常支持的，它对于孩子的动手、思考能力以及一些协作能力的培养都有非常好的帮助。这个时候，我也经常会关注孩子们的一举一动。我发现，女儿不但对于作业的投入度非常高，参与意识很强烈，在协调分工等事情上也主动承担了很多，分配角色和台词，尽量平衡每个人的"戏份"……这个时候，我明白了英语课外班老师夸奖我女儿的原因了，就是因为平时这样的活动非常多，每个人都在积极参与，她也在不自觉中养成了协作与指挥能力，特别棒！

随后，女儿摘掉了"代理"，竞聘成为真正的小队长了，她也对自己提出了更高要求。班主任有个特别好的传统，不辞辛劳地为孩子们设计了"工资条"，将孩子们在学校的各个阶段，从早自习、课堂、课间、午餐、人际交往等各方面进行量化管理。每个月结束后，我们都可以收到一份"工资条"，孩子在学校的表现一览无余，还有班级最高分与各项得分的对比表。一开始女儿并不在意"工资条"，但当了小队长之后，她对自己的要求提高了：9月份，她的"工资条"没有达到班级平均分；10月份基本追上了平均分；11月份，她的"工资条"超过了平均分。看着"工资条"上每一项的分数，女儿还会一项一项分析，找出自己可以提高的空间。

这样的例子特别多，尊重师长、热爱学习、团结友爱、关心集体、积极参加体育锻炼等优良品质，在孩子身上逐渐形成。或许有时候还有点反复、懈怠，但积极向上的观念正在学校的培养中不断灌输在孩子的头脑中。

看着孩子一天天的变化，作为家长，我看在眼里，喜在心上。我知道，孩子所取得的每一点进步都离不开各位老师的谆谆教诲，离不开同学们的无私帮助，当然也离不开我们家长的辛勤付出。还是那句话，培养孩子的过程中，学校与家庭必须通力配合，缺一不可。我相信，在我们共同的陪伴下，孩子们一定可以更健康地成长，他们一定会成为我们共同的骄傲！

66
让我们共同成为护航使者

北京市西城区育翔小学家长　孔德源

如果用一艘首航的轮船来比喻我们的孩子，那老师就是船长，家长则是大副、二副、三副……老师负责制定航线和掌舵，日常船务和技术支持则是大副等不可推卸的责任。

在二年级11班度过的时光在孩子童年的记忆中刻下深深的痕迹，也是孩子综合素质全面提高的良好开端。孩子们每天都笑着，每天都期盼着上学，每天都迫不及待地和家长"汇报"今天学校又发生的有趣事情，充满自豪地展示自己的收获。看得出来，令孩子们欣喜的不仅仅是铅笔、橡皮、棒棒糖等这种小小的物质收获，更多地则是对自己的努力没有白费和又获得的一点进步的自豪。

继二年级上学期李老师带着孩子们一起经历了"大海的故事"演讲、班干部竞选、"工资条"制度、朗读比赛、班干部开家长会等丰富多彩的活动后，二年级下学期在学校集体活动的基础上，李老师充分研究孩子们的心理，及时把握孩子们关注的热点，有效利用班级资源独创性地开展了运动会庆功会、与冠军面对面、"大海的胸怀"演讲、班干部述职、阅读读后感展示、魔尺魔方比赛、制作PPT开展数学复习等一系列令家长目不暇接的活动，给孩子们和家长们制造了一个又一个惊喜。

一、围绕集体运动感受团队奉献的力量

4月，首届育翔教育集团运动会在奥体中心隆重召开。之前的几天，一起排

练、准备服装道具等已经令孩子兴奋不已，再加上引发的家庭关于志愿者家长为班级做贡献、家长儿时运动会的回忆、国家体育赛事的准备、运动员十年磨一剑的艰辛等多种话题，让孩子对运动会更加充满期待，也对骄阳下的酷热、彩排的漫长等待等磨炼意志的困难顺理成章地有了心理准备和自然接受。赛场上同学拼搏的表情和倾尽全力的动作感染了看台上的同学和家长，大家奋力地为他们加油，那一刻集体荣誉感爆棚。二年级团体第一名的成绩让11班孩子们自豪，李老师组织的庆功宴，则更让孩子们品尝到集体荣誉的喜悦和赞美"功臣"给自己带来的促进。

如果说运动会让孩子们分享了集体的快乐，那必要的挫折教育更深刻地让孩子们理解了什么是集体荣誉感。5月，学校组织了体操比赛，得知消息后，我们就及时下载了视频，利用晚上做完作业的时间，让小教练带着全家运动起来。复杂的动作让我们顾此失彼，借机的"吹捧"大大增加了小教练的自信，后续的练习主动、积极了很多，原本就熟悉的动作掌握得更扎实了。由于各种原因，赛场上班里没有取得名次。这次体操比赛、运动会再加上刚刚开展完的与冠军面对面活动之后，李老师给孩子们布置了一项有意思的作业——谈谈我对荣辱与共的理解。这三个事例足够生动，动笔之前我和孩子一起回顾了这三件事，让他说说自己的心得体会。虽然不够全面、不够深刻，有时还会偏离主题，但通过总结他还是经历了思考的过程。讲解、列出纲要后就由孩子自己写草稿了，完成后再帮孩子润色、修改，重要的是让孩子明白为什么这么修改，有哪些好处。虽然改完的文字丧失了孩子大部分的印记，但我个人认为学会观察、思考是写作的关键，逻辑和文字驾驭需要一个相对高的标准引领和慢慢成长的过程，只要这个过程是原发的就好。

二、自发地逐渐养成良好的学习习惯

大部分孩子都爱看书，到了这个年龄偶尔也愿意抒发下自己的小感想，李老师很适时地开展了读后感自愿展示活动。精致的小卡片增加了孩子们的兴趣，只言片语是符合孩子词汇特点的真实情感流露。我们也经常会感兴趣地向孩子询问后面的黑板都贴了哪些书的读后感？谁写得特别好？以充分利用这个活动让孩子们相互加深了解、推荐分享好书、学习别人的表达,让阅读和写作的习惯逐渐养成。

6月的期末复习是学生都不太喜欢的一段时间,为了调动孩子们的积极性,李老师采用了学习小组制作PPT带领同学复习的新颖模式。孩子们按章节内容自行分工,这本身就考察了孩子们对本章内容的理解。在各自制作PPT的过程中,题目内容的选择是吸引孩子注意力的关键,我选择了鸭子游船、圣诞老人、大白和猪猪侠这些孩子们喜欢的人物,再加上有趣动画效果的吸引,保证了孩子的全程参与。从例题的选择、思考的顺序、做题的步骤、易错的内容到拓展思维都采取有问有答的方式,生动的PPT完成了,孩子也快乐地完成了多角度的复习。有了单独演练时演讲技巧的辅导及合练时的内容熟悉、协同配合,孩子们顺利完成了演讲。枯燥的复习变成了复习巩固、学习新技能、加强团队协作、分享快乐的过程,一举多得。

李老师创造的"工资条"制度已经坚持了近一年的时间,"工资条"的分类涵盖了学习质量、学习态度、学习习惯、文明卫生、课间午饭、交往表达等孩子在校的每一个方面。为此孩子们积极发言、认真写作业,甚至为此按时喝水。每个月当孩子领回自己的"工资条"时,我们都会坐在一起认真地查阅,和以前的"工资条"对比,和本班最高得分对比,找出进步再接再厉,分析不足重点改进。孩子已经将"工资条"当成了自己的另一份成绩单,因为每一分"工资"都代表着他们的进步。

三、创造德、智、体,IQ、EQ全面发展的机会

4月,在班级同学妈妈的大力支持下,同学们获得了与花样滑冰世界冠军面对面的机会,这次活动孩子不仅明白了"经历风雨才能见彩虹,没有人能随随便便成功"的道理,更让他突破了不敢面对众人主动参与的心理障碍,而这第一步的迈出是李老师通过五十积分和赠送现场光盘这一小诱惑实现的。在老师的鼓励下,经过反复的练习,孩子圆满完成了担当小主持人的任务,自信心大大提升。

班干部的述职报告被李老师拿出来展示,报告中的想法全部是孩子在担任班干部近一年的时间里的点滴体会,我们也就每一次体会有短暂的交流。班干部述职活动,给家长提供了一个可以帮孩子系统总结的机会。总结的过程让孩子学会

了概括性、有条理地表达想法。总结的结果让我们都大吃一惊，原来一年来孩子的点滴体会早已硕果累累，包括如何做到律己和律他、如何与同学交往、虚心听取别人意见、尊重他人的辛苦付出……

在上学期李老师组织演讲"大海的故事"的基础上，这学期"大海的胸怀"的演讲让孩子们认真地去挖掘了身边的品德美，感动了自己，感动了他人，更懂得了做人的道理。

除此以外，李老师还敏锐地捕捉到孩子们的兴趣点，为既要保证人身安全，又能让孩子们得到放松的课间、课后生活找到了好的工具，那就是魔方魔尺比赛。我家的魔方魔尺基本与孩子同龄，但却从来是被冷落的对象。有了预期的比赛，有了班级的榜样，有了进步的参照，孩子开始回家摆弄起这些小东西。我们及时跟进，派爸爸出马讲解使用技巧甚至是开展家庭比赛，让孩子在玩儿中学，在学中玩儿。

看着蓝天下孩子们一张张灿烂的笑脸，我体会到教育工作者们正在用心践行符合中国特色的教育改革。这种快乐的、不以应试为目的的素质教育是每一个家长所期盼的。眼看着懵懂的孩子变得越来越活泼、越来越自信、越来越会"玩儿"，越来越能融入集体，40个孩子的家长们心中充满了欣慰、快乐和感恩。活动不仅让孩子们收获了宝贵的财富，教育的实践更给家长上了生动的一课，那就是"言传不如身教"。在我们浸泡式地陪伴孩子准备一个又一个活动的时候，孩子们不仅收获了知识和技巧，更收获了无比珍贵的亲子时光和满满的爱。

最好的配合是心与心的交流，与其说是家长很好地配合了老师的工作，让孩子们在丰富多彩的活动中得到锻炼和提升，不如说是老师和家长们有了一致的目标——让孩子快乐成长，运用了大家都赞赏的方法——通过实践原发地去感悟，看到了共同的希望——孩子们情商、智商、体商甚至挫折商的全面进步。正因为此，家校的携手才能更紧密，共育的雏鹰才能飞得更高远！

67
家校携手，静等花开

北京市西城区育翔小学家长　唐　君

我的孩子现就读于三年级二班。他是一个阳光活泼、充满爱心的孩子，同时，也是一个马虎闹腾、大大咧咧的孩子。

作为妈妈，我因为孩子的识字早而骄傲，因为孩子的智商高而自豪，但是，随着步入小学生涯，我也发现了孩子不可忽视的毛病：邹昊辰上课喜欢做小动作，不认真听讲；喜欢和周围的同学聊天，一说起感兴趣的事情就没完没了；有时候自我意识严重，不允许别人侵犯他的利益；写字潦草，做事毛糙等等。

为此，我苦恼过很长时间，将在单位的压力和对孩子迫切的希望一股脑地倾注在幼稚的孩子身上，严厉的批评，对磨蹭行为的直接推搡，对写字不认真的说教，十八般武器恨不得都用在了孩子身上。但是，我发现效果甚微，有的时候还适得其反，不仅家里充斥着火药的气味，大人郁闷，孩子也不开心，家里一刻不得安宁。

升入三年级，我发现孩子的思想在发生变化，他也是知道要努力的，也是明白道理的。有一天，孩子突然对我说："妈妈，我将来是要成为一棵参天大树的，所以，我现在还不能开花。"我当时有些发懵，多次看到过此类的心灵鸡汤，但是，孩子的一番话语，还是让我无比震惊。还有每次我批评他时，他眼眶里的泪水，他的"你为什么总看见我的缺点，看不见我优点"的反问，都让我检讨自己。我是不是真的患上了一种叫作"望子成龙"综合征的毛病了呢？

后来，我慢慢地转变了思想，深刻地认识到一个问题，就是培养孩子是一个渐进的过程，不能拿过去的标准去要求孩子。或许我们小时候没有让大人操心，但是并不代表我的孩子不用我操心，只不过是大人表现出来的操心方式不一样了。我收敛了我的急躁，放低了心态。我的孩子或许不那么优秀，他身上有诸多的缺点，但是，我不能总拿别人家的孩子跟他比，我要做的是：平和，静静地陪着孩子一起长大，看到他的进步，看到他的优点，看到他的努力，我想这些就够了。

当我静下心来时，发现我的孩子还是有优点的。他也知道要强，也知道努力，虽然有时他还是无法完全控制自己的行为，但是经过提醒后，他是知道改正的。每次他犯错误了，我也知道让他解释，能站在孩子的角度去思考，他为什么会有这个表现，然后拿出家长的智慧，有针对性地告诉他、帮助他不要再犯同类的错误。我们俩能够心平气和地约定，制定小小的奋斗目标，然后一点一滴地努力，慢慢地进步，静等花开。

这其中，我也得益于与学校和老师保持着密切的沟通。我不回避孩子的问题，虚心听从老师的意见。其实每次与老师的沟通，都是在有效地帮助孩子。老师会根据孩子在学校的表现给我及时提醒，我也会把孩子在家里的表现如实反映，让老师对孩子的整体性格和特点进行有效把握，同时可以根据实际情况，让教学工作顺利开展，最终受益的还是我的孩子。每天早晨，看见孩子高高兴兴地上学，跟我提到校园的生活有一堆的乐事分享，在不经意间迸发出来的知识点，爱上学习爱上探索，其实就是教育的最大成就了。

老师说，这学期，看见邹昊辰的进步很大，他上课的纪律好了许多，与同学的关系不那么紧张了，也知道认真写字了……我当时的心情万分复杂，既感动于孩子的进步，又惭愧于孩子的不足。我自认为是优秀的人士，希望我的孩子也是时时优秀、事事优秀，但是，教育是一个漫长的过程，需要因材施教。我特别感谢学校、老师让我明白了这个道理。在这里，特别提到一句老师经常说的话：无论什么时候发现问题，无论从什么时候改正，都不晚，只要行动了就好。

教育孩子的过程，也在使我不断地成长，我想，如果每个人都能学会"换位思考"，能多站在孩子的角度，站在学校、老师的角度去想问题，也许教育本身就不会有什么难题。我相信，学校和老师一直是这么做的。我们要做的，就是携起手来，为了孩子，共同努力！也许我的孩子既不是花朵也不是参天大树，他就是一棵普普通通的小树苗，给他修剪枝杈，为他浇水施肥，将来，他也会成为一棵笔直的、能撑起一片荫凉的树木。

68
孩子的进步离不开老师的精心教育

北京市西城区育翔小学家长　王淑红

"光阴似箭催人老，日月如梭赶少年。"转眼间，距离开学已经过去了三个多月了，最近又开了家长会，会后班主任杨老师对我说："孩子自升入三年级以来，各方面都有不断的进步，最初的一些不良行为及生活习惯都有很大的改善，而且，学习状态也很好。作为家长，你们肯定在家也为此做了不少的努力，建议你可以把家校共育过程中遇到的问题和处理方法写一写，以便更好地促进孩子的成长进步。"听到这里，我的心里真是感到无比的惭愧。

因为我和孩子的爸爸工作相对都比较忙，所以，从一年级起，每天放学大多数时间，孩子都是交由托管班接管。对于孩子学习或生活习惯方面的情况，几乎全靠学校老师培养教育，往往是老师电话或见面时跟我们提到，我们才意识到问题的存在。对于教育，我们虽然也很想努力做好，可又都没有太多经验，所以，当问题发生时，我们更多的处理方式是批评说教（比如，你这样做不对，以后不能再这样做……）。直到二年级下半学期，老师专程跟我谈了一次："挺好一孩子，也挺聪明的，就是上课老走神，需要老师盯着提醒，做事慢，表达能力跟同龄孩子相比，有差距，最近还出现了一些不好的卫生习惯，眼看着马上就该步入三年级了，学习任务相比一二年级会更重一些，这种状态可得引起重视。"在感谢老师对孩子关心的同时，我为此倍感焦虑，开始更严厉地要求和督促他，上课必须认真听讲，积极举手发言，做事时给他定时等，然而感觉收效甚微。之后的课外班，我跟着上了几节课，发现孩子的学习状态非常消极，不自信，不喜欢举手回答问题，老师点名要他回答，即便是他自己回答的正确，别的小同学稍有不同意见，他就觉得是自己做错了，而且，我能感觉到他内心的那种不安……孩子的种种问题表现，让我内心深感焦急也开始反思，这个一直憨厚善良，待人真诚大方，有礼貌，很爱笑的阳光男孩是怎么了，为什么会变得这么消极不自信？笑容少了，还时常会有些小焦虑，比如，"妈妈，上次有同学也遇到跟我一样的事情，为什么我按照他的方法去做了，反而会被说成小心眼呢？！什么是小心眼？我是小心眼吗？"……我耐下心来问孩子，"你能告诉妈妈，你为什么不爱举手回答问题？""为什么上课不能好好听讲？"孩子是这样回答我的，他说，"妈妈，我也很想做好，但我觉得，我怎么做好像也做不好……""我不喜欢举手，是因为我怕说错了，别人会笑话我……"此时，我深深地意识到，这种种表现不是孩子的错，孩子急需帮助！作为父母，为孩子提供相对好的物质生活、教育平台很重要，但对孩子的陪伴和内心的了解感知，能和孩子做朋友，对孩子的成长教育来说，则具有更重要更深远的意义和影响。

  作为家长愿意为孩子做很多事情，但说实话，就我们自身而言，对于如何去教育孩子，没有太多经验可言，教育方法也是网上看，身边学，但毕竟每个孩子都有自身的特点，比如，身体素质，发育情况，认知能力，意识倾向，兴趣爱好等，所以在真正付诸行动时，往往会有一种不知道该如何去着手的迷茫。根据这种情况，在三年级一开学，我就跟新班主任杨老师简短地说了下孩子的情况，并且希望杨老师能够给予一些教育上的指教。开学一段时间后，杨老师先后跟孩子爸爸和我分别通了一次电话，就孩子近期在学校表现出来的问题，跟我们做了反映。出乎我们意料的是，杨老师针对这个年龄段孩子的共性特点，再结合目前我家孩子自身的个性特点和目前问题，给出我们一些具体的家庭教育指南。当前重点，教育引导孩子的方法、技巧以及培养过程中应当注意的事项，清晰明了，简单实用。杨老师说，"孩子很实在，待人很真诚，乐于助人，也能感觉出他很想跟其他孩子交朋友，但孩子语言表达能力相对差，跟同学交往过程就容易出现误会，发生矛盾。孩子语言表达能力差跟孩子阅读量少肯定是有关系的，但阅读积累这是个长期坚持的过程，可能读的书多了，在处理和面对问题时理解能力和表达能力都会更好。就目前情况，家长首先要告诉孩子，先从自身出发，改掉原来不恰当的用语，不好的卫生习惯，可以就孩子和同学交往过程中发生的问题，让孩子先跟你复述一下经过，然后跟孩子一起分析，不要追究谁对谁错，重点放在怎么更好地来解决这个问题，应当怎么去说，孩子言语跟不上，您这时可以一句一句去教给孩子怎么说，甚至可以让他像背书一样背下来。这样，下次再遇到类似情况，他就知道自己这时怎么说才能更好地去缓和矛盾，解决问题……"杨老师的一句话点醒梦中人。一直以来，问题发生了，我和他爸爸一般都会跟孩子一起分析问题，让他明白事理，但从来没想过一句句去教给孩子说话。是啊，语言才是开心的钥匙啊！一天放学回来路上，孩子一上车就跟我说起今天在学校里发生的事，说着说着自己就哭了起来，我问他，怎么了？为什么哭？孩子说，妈妈，我觉得我们杨老师比你和爸爸都更了解我……当时看他那种情绪表现，我都受到了感染，就像被压抑很久的委屈一下找到了突破口一样。如此，我便按照老师的指导，跟孩子一起努力改正错误，改进不足。经过一段时间的努力，明显感觉孩子每天放学的精神状态、学习状态都有了很大的改善和进步，也愿意把他在学校遇到的一些情况回家跟我说。跟杨老师交流时，杨老师也说，孩子近期进步很大……但有些不好的习惯一旦养成，改起来是需要一段时间的，我们在及时肯定孩子进步的同时，应当给孩子一个过程，个人自理能力方面，比如收拾东西，做事慢，就在家让他多练习，多参与家务整理，做得多了，他自己就有一定的做事逻辑，速度也就快了。看到孩子的进步，我和孩子的爸爸感到高兴的同时，心里也非常感谢杨老师。能遇到一位能够走进孩子内心世界来帮助孩子，启迪引导孩子的老师，无论是对孩子还是对家长来说都是一种幸运，因为这时期的启迪引导，可能对孩子一生的成长进步都有着不可磨灭的影响。在此衷心地道一声：谢谢您，杨老师！

教育孩子的前提是了解孩子。赏识才能成功，抱怨导致失败。无论是大人还是孩子，被动地去做事，永远没有主动去做事更能取得卓越效果。记得在即将步入三年级的学习生活前，孩子问我，妈妈，我们的新班主任是教什么课的？我告诉他是数学，他松了一口气说，那还好，因为他觉得数学他学得还算好些，也算喜欢的课，语文也可以，但就是好多字总是不会写，不好记也不好写（我想这跟从小阅读积累少，只看画不看字，上学前又没学过认字有很大的关系）。问他英语呢，他说不知道，但英语他觉得肯定学得不好。我跟孩子说，此前我们是有很多方面可能做得都不够好，这不全是你自身的原因，爸爸妈妈也有责任。但也正是这样，所以我们有更多的改进和进步的机会。爸爸妈妈愿意跟你一起来努力，相信我们只要开始努力去做，一切都会慢慢地好起来的。孩子看着我，使劲地点了点头说，好的，妈妈，我一定努力。为帮孩子重新树立学习的信心，我和孩子的爸爸决定从孩子学习的短板着手。三年级一开始，我就认真看了每门功课老师的预习计划和课堂授课的内容，发现每门功课老师给出的计划对孩子来说非常具有引导意义。按老师的要求去做，孩子就应当有一个很大的提升。数学、语文还好些，但对于学习英语，孩子有些抵触，尤其是背诵部分，还没背，就一个劲地说，他肯定背不好。我就带他一起背，发现其实他很快能自己背诵下来。记得第一模块，在他背诵时，我还特意计了时，48秒，应当说，已经很熟练了，但第二天他还是因为觉得自己背不好，不敢起来背给老师听。这时，我觉得他心里就像有一道槛，必须跨过去他才能对自己有一个新的认识，于是，我又带他在家熟练背诵了几遍，并鼓励他说，你现在已经背得很好了，相信妈妈，你明天只要大胆地去背，肯定没问题。我要求他，明天必须完成背的作业。第二天放学，他就很高兴地跟我说，妈妈，我今天把英语背完了，而且，英语课上老师还让我跟同学上前面去给大家表演展示了，老师还给了我奖励，还在班上表扬我的作业做得好！看到他心花怒放的样子，我问他，那你现在觉得学英语很难吗？他说，嗯，原来我也能学好英语。我乘胜追击，说："只要你一直坚持这样做，就一定能学好，每门功课都是这样的。"在此，我很感谢教英语的宋老师，非常及时地给予了孩子表扬与鼓励，给了孩子展示自己、认识自己的机会，激发了孩子对英语学习的兴趣和信心。数学方面，杨老师课堂引导很到位，孩子回家作业基本完全独立完成，不需要额外辅导，而且，在孩子解题思路清晰的情况下，杨老师还会鼓励他去充当小老师给别的同学讲解，这大大激励了孩子主动学习的积极性。教语文的张老师，一手非常漂亮的书写，孩子说每堂新课，张老师都会带着他们在黑板上写字。针对孩子刚接触作文在写作上无头绪的情况，从下笔开始，非常耐心地引导入门，从列提纲、三段文一点点练起，对孩子的每一篇作文都至少要批阅两到三次，画出作文中写得好的部分，不足的地方会指导孩子如何去丰富改写。我家孩子汉字基础差，每次抄到作文本上都会有错字或错词，张老师总会耐心地把所有的错字、错词都在作文本的下面给孩子书写一遍，让孩子来照着更正。孩子的字写得不好，但每次都会照着张老师的字样，去努力地"画"。还有我们的其他各科老师，正是因为有了各位老师对孩子的耐心引导帮助和及时的鼓励与促进，孩子的学习状态才得以改善与进步，在此，衷心地感谢各位老师，也希望孩子的这种学习状态可以更好地保持下来。

当前素质教育提倡要帮助学生学会做人，学会做事，学会学习，学会共处。作为家长，特别是独生子女的家长，我们非常希望能教育好孩子、培养好孩子，但不得法、不得要领，就会感觉心有余而力不足，而且错误的教育方法对孩子来说就是一种伤害。所以学校从某种意义来讲，也是家长学习提高的摇篮，老师是孩子的老师，也是我们家长的老师。再次衷心地感谢辛苦而无私付出的各位老师们，你们辛苦啦！可以说，孩子的每一点进步都饱含着你们辛勤的汗水！

69
家校合作平稳度过三年级有感

北京市西城区育翔小学家长　庞小葵

班主任让我写写关于"家校合作，平稳度过三年级"的感受，经过老师这一提醒，我才突然领悟，时间过得真快！三年级已经学期过半，孩子们从一年级的小豆包和二年级的小辣椒转眼就变成了三年级的"大"学生了。

回顾一下，孩子上一年级，从幼儿园的轻松状态转入相对快节奏的小学生活，进入系统的知识学习，体育训练，融入集体，熟悉规则。这期间，孩子出现了种种不适应，家长也常常焦虑，状况频出。上了二年级，孩子逐步适应小学生活，相对平稳，作业基本可以在学校完成，孩子和家长都很舒心，当然，二年级重在培养学习习惯。

小学生活有六年，三年级可以说是从低年级向高年级过渡的关键时期。记得语文老师在孩子上一年级时就"警告"过我们这些家长，一定要注意培养孩子的学习习惯，要不然等到上了三年级"爬大坡"就费劲了！那时候我就琢磨，三年级是什么情况，得多忙啊？就这样，没有什么心理准备孩子就懵懵懂懂地来到了三年级。

刚开学的时候，孩子还沉浸在假期的喜悦和放松中，第一个月，我感觉这孩子没怎么收心。每天回家孩子都很快地做完作业，我问孩子："功课有什么问题吗？"孩子回答："没什么问题啊"，然后就玩儿去了。不久，老师反映，孩子在学校有点浮躁，比如，有时候老师还没下课，在讲卷子，孩子就已经开始说话了；老师在布置任务，孩子也有走神的状况等，我这才重视起来。老实说，家长的"收心"也有一个过程,这里真得感谢老师的及时提醒。接到老师的信息,我马上向孩子了解学校的情况。孩子也意识到,开学这段时间是有些浮躁、静不下心来,并且已经接受了老师的批评。为了形象地讲解课上如何精神集中听讲,我给孩子打了一个比方:听讲的效果好坏完全在于你在课上处于什么"模式"。学霸听讲,WiFi 全部打开模式,全方位接收老师的信号,不遗漏,并且做好笔记;普通学生听讲,3G 模式,也是全方位接收,但是速度有点慢,偶尔走神儿,回来后补补还勉强追得上;落后生听讲,2G 或 E 模式,接收慢,听一半漏一半,而且听到的一半还有不懂的,那课后再想补回来就很难啦。我讲完后,问孩子:"你要哪个模式?"孩子大声说:"当然是 WiFi 全开啦!"随即孩子用笔在脑门上画了一个 WiFi。从此以后,孩子上课听讲的状况大有改善。

在这以后,我开始注意及时地与孩子在课下的沟通。每天询问孩子在学校情况、学习内容有哪些,检查一下记事本的任务完成与否,是否需要我的帮助。为了避免孩子只是应付作业不思考,有时候我会让她当当小老师,讲讲今天的学习内容,再给我提几个问题。我有时会故意答错几个,让她有机会好好地"鄙视"我一下,然后再掰开了揉碎了给我讲,认真的讲课过程又是一个知识再消化过程。最近网上有一个段子,讲娃妈辅导作业累得快要崩溃,娃爸想了一个"办法",付费让妈妈辅导作业。这下子娃妈心态平复多了,因为这是工作,要耐心,服务态度要好。笑过之后,我也体会到,家校配合的艰巨性和重要性,尤其是小学生的家长,有纠结、有汗水,之后也有收获。

现在学期过半,深有体会,三年级与一、二年级确实有不同之处,比如:

1.各科课后基本都有任务,而且老师比以前更重视"记事"是否记得比较全。老师每天都要抽出宝贵时间专门检查"记事"并打钩,而且需要家长签字,旨在加强孩子的责任感和做事的条理性,为高年级完成更多的任务,更高效率地完成任务做好准备。现在有一种说法,家长应该不签字,不过问,充分相信孩子,培养孩子的独立性,"静待花开"。但是我认为,"家长签字"和孩子独立完成任务并不矛盾。小学阶段的孩子可塑性非常强,他们相对愿意接受老师和家长的建议。这个培养好习惯的黄金时期对于孩子、老师、家长和所有"教育路上的同行者"都非常宝贵。家长应该及时了解孩子的学习情况和思想情况,及时了解老师的教学要求并积极支持配合,以达到事半功倍的效果。

2. 语文增加了阅读、理解的文章,孩子要从形象思维逐步转向逻辑思维了。特别是增加了写作,从读书到自己写作确实是一个质的跨越。因为孩子的生活阅历比较少,观察、总结能力还有待提高;素材、好词好句、修辞积累也有限,所以写的作文经常是干巴巴的大白话。虽然有了老师的写作提纲作为提导,但是如何把一篇文章写得丰满而生动,还是一个非常艰巨的任务。在家里,我有时候会让孩子先口头说一说要写的内容,搜集一些素材,有个构思以后再写。按照老师的建议,多阅读,多积累。不过孩子的想法天马行空,有想象力,但是缺乏条理性和连贯性,所以每次把这匹小"野马"拉回正轨需要花不少力气,所以辅导作文时特别需要娃爸给予一些"激励措施"。

3. 英语除了认、读、背,还增加了书面作业(大本)和卷子目标测试。孩子在背单词、默写单词上投入的时间比以前多了。如果家长配合学校的要求辅导一下,比如总结语法点,听写或做一些补充练习,效果会更好。不能只靠学校的几节课,时间有限,效果也不会太理想。

4. 数学应用题更多了,注重培养孩子的思考理解能力和解决问题的能力。很多题都有两问,孩子一不注意就会漏掉一个。在这方面,培养孩子的细心、踏实最重要。

三年级的孩子都是8、9岁的年龄。最近参加一个9岁小朋友的生日聚会。这个小朋友对他爸爸说:"你们大人都说我们7、8岁,狗不理。我已经9岁了,狗可以理我了,大人们理我吗?哈哈!"他爸爸直接呆住,不知怎么回答。后来我们几个大人琢磨这话说得挺有意思,还真有点黑色幽默的味道啊!"小鬼!"他爸爸不由得扑哧一下笑出声来。9岁真的是孩子从懵懂的儿童向个性张扬的少年成长的过渡期。心理上,孩子们一方面还是会很顽皮,另一方面会显示出自我、独立和理智,把自己当成小大人儿。作为家长来说,以前一吼奏效的事,现在已经不管用了。家长现在需要静下心来,和孩子一起,迎接这个承上启下、富于挑战的阶段;家庭和学校一起、家长和老师一起,家校配合,家校合力;从学习上、思想上、心理上给孩子提供积极的帮助和引导,激发孩子的主动性,让他们在求知的路上勇攀高峰。

70
家校共育的故事

北京市西城区育翔小学家长　李　娜

学校是孩子离开父母，走入社会的第一课堂。怎么能让孩子更好地适应学校生活，家校怎么配合才能让孩子尽早地独立成长，成了现代教育道路上的关键问题。

家校合作是连接校园与父母沟通的纽带，教师是家长的朋友，是学生的知心人。家校共育是希望广大家长能够参与到学校组织的各项活动中，并积极配合老师，指导孩子完成既定目标，达到锻炼孩子的目的。同时，家长也希望多多与各科教师沟通，能够及时掌握孩子在校的表现，定期与孩子沟通交心，让孩子充分表达自己的思想，以便和教师寻找切实可行的解决孩子问题的途径。学校是孩子们充分展示自己的舞台，家长是孩子们的艺术指导，老师是合理化建议的提出者。三者只有共同推进，互相携手，才能顺利走上共赢之路。

孩子犹如一块宝玉，每位家长都想把他雕刻成一件精美绝伦的艺术品，有些经过长期的雕琢得到的是满意的作品，而有些则发现玉石变得越来越小，雕刻也有了局限性。初为人母的我也不例外，在孩子的教育之路上变得如履薄冰。

我的孩子今年上三年级，就读于西城区育翔小学。三年的小学时光，作为家长的我把更多的精力放在了孩子的学习成绩上，给孩子报了各种提高学习成绩的课外班，例如奥数、英语等。今年三月份，为了迎接"学而思"杯年测，我也早早地让孩子加入了考试备战的大军。孩子每天放学回到家就拿出历年杯赛试题，紧锣密鼓地练习起来。狂风暴雨的一天最终在我的营造下还是来临了，一道烧脑的奥数题在我不厌其烦的讲解下，孩子还是没能理解。我按捺不住心中的怒火，在这一刻终于爆发了。没给孩子任何解释的机会，严厉的语言就像银针刺入孩子的内心深处。之后孩子的考试成绩也不是很理想，情绪也很低落，对奥数产生厌烦心理，甚至不能提及"奥数"二字。为了能让孩子更快地度过此段时期，我特意找班主任询问孩子在校学习情况，班主任对孩子课上的表现做了详尽的说明。通过此次的沟通，我发现班主任的工作做到了细致入微，随时关注每一个孩子的心理动向、学习状态，适时为孩子做心理疏导，为家长排忧解难，并给家长提出合理化建议。从那以后，我经常与班主任沟通，做到家校紧密配合，使孩子在一个良性循环的心理轨道上正常成长。

与此同时，我在班主任的建议下也进行了深刻的反思，积极寻找与孩子沟通的渠道。首先，自我反省。对奥数事件给孩子造成的影响向孩子赔礼道歉，询问孩子她心目中的妈妈辅导作业是什么样的。孩子说："妈妈辅导作业能态度友善的话，我也会努力学好奥数。"为了改变自己的火爆脾气，我在辅导孩子奥数时，用手机对全过程进行录像，在长达一个多小时的辅导中，真的没有恼过。孩子也很快地完成了奥数作业，没有拖拉情况，达到了事半功倍的效果。其次，以身作则。孩子就是父母的一面镜子，父母说的每一句话、做的每一件事，都会潜移默化地影响孩子。经常可以从孩子的话语中听到"您也是这样做的，我为什么就不能？"孩子的未来在我身上，家长是孩子前进路上的领航人。再次，学习先进教育理念。教育孩子是一门很深的学问，不像学知识，学会即可。教育理念涵盖了心理学、社会学等多领域。这么多领域的知识在学习之后，要运用到不同的个体上，还要根据不同的特性运用得恰到好处，这就需要多学习、多看书，把知识与实际相结合，并做出调整。最后，陪伴前行。当孩子没有足够的能力为人生把握方向的时候，我们需要做出一些预判，给一些建议。当他意识不到积累对成长意义深远的时候，家长需要引导、鼓励他们，坚持做好每一件看似无用的小事；当他不懂得从时代的飞速变化中摄取必要的能量时，请牵好他们的手，带他们去感受去获取。

没有一种能力，仅仅是天赋使然，孩子所有的成就都是老师和家长细心观察、精心栽培、耐心引导的结果，别一味强调静待花开。开得最美最正、获得均衡营养、花期更长的花，无一不凝聚了园丁的默默耕耘。

最后，我想说：我们必须有勇气准备让孩子来欣赏这个世界，来理解这个世界，并且按照自身特点积极地参与这个世界。这就是家长和学校共同的责任。

71
家校联合，育心飞翔

北京市西城区育翔小学家长　曾　虹

我儿子现在已经五年级了，作为家长，总是小心翼翼地照顾着他，认认真真地培养他。一直以来，也许受西方教育思想的影响，我总是希冀给孩子一个快乐的童年，所以，在别的孩子上各种补习班，上学前班的当口，我依然让孩子在幼儿园大班玩耍。我们上的是公立幼儿园，老师给孩子们自由飞翔的心灵，因此，我的孩子进入小学时，没学过拼音字母，没怎么写过字，除了幼儿园教的一些简单的加减法，什么也不会。毫不夸张地说，完全是一张白纸！因此进入小学后，在学习上有些吃力，学习目的不明确，学习态度不端正，到了四年级，孩子竟然成了问题少年。每次家长会都要被留下，老师说的全是他的不足，上课走神，下课也常出状况。平时家长也常常被请到学校。我们家长真的是心力交瘁。作为妈妈，孩子是我一手带大的，因为小时候体弱，我付出了比别的妈妈更多的精力和心血。在外人看来，他是一个聪明快乐的孩子，可是在学校里，他常常受老师批评、同学欺负。跟老师沟通的时候，得到的也只是一些负面的信息。孩子对于什么都是无所谓的状态，没有荣誉感也没有羞耻感。对此，我看在眼里，急在心里。

进入五年级，各科老师都换了，我觉得要好好地帮助孩子把学习搞上去，为小升初打下坚实的基础。令我感到庆幸的是，五年级的各科老师对孩子们的学习抓得非常紧，孩子的学习劲头和精神面貌焕然一新。每天，孩子在学校里就把作业基本完成，不像以前会拖拖拉拉到半夜；放学接他回家，他也是快快乐乐的，就像一只小鸟，一路上都是叽叽喳喳地跟我说着学校的趣事以及自己一天的学习情况。学习有了很大的进步，从曾经的追着赶着都不学习，到现在的主动学习；从以前的什么都不在乎到现在的争优创优，这不仅仅是一个完全的转变，而且是一个质的飞跃。记得四年级时，他总是不写作文，怕写作文。五年级每次他的作文都是独立完成，而且这次的作文写得不错，只是因为有错别字扣了 0.5 分，令我非常惊喜。惊喜之余，看着孩子的进步，我深深感到，家校配合太重要了！

  俗话说，千里马常有，而伯乐不常有。人的一生，能碰到好老师太不易了。我特别感激孩子的班主任，因为孩子学习态度不端正，总是不能把事记全，我多次批评他都不见效。跟老师沟通后，班主任老师说，会想办法把他这个坏毛病改过来。我当时并没放在心上，觉得老师也就是批评他几次罢了，作用不大。但是，我渐渐地发现，从那以后，孩子不仅从未不抄记事，而且连作业都做得又快又好。问其原因，原来，老师让他的同桌天天监督他，检查他的记事情况。对孩子来说，同龄人的监督有时效果要好于成年人。孩子渐渐地收获了信心，也不再像以前那样无所谓了。只要孩子有一点点进步，各科老师都会在全班同学面前表扬他，还把他的名字写到光荣榜上，令他有了荣誉感和自信心。尤其令我感动的是，数学老师针对每个孩子的特点，让家长们在家里给孩子特殊的训练，给我们孩子的要求是每天一道乘法一道除法。我们认真根据老师的要求去做，应该说，孩子的计算能力是有所提高的。数学老师如此负责任，使我很受感动，因为一个班 40 个孩子，每人的要求不同，老师得花多大的功夫！

  通过各科老师的帮助，孩子的成绩有了大幅提升，从曾经的及格到了现在的优、良，孩子的小脸也常常洋溢着快乐的笑容。他的性格也开朗了很多，这是家校配合，是老师们的爱心，老师的不放弃，让他进步、成长，令他自信。我感到这几位老师为孩子们心中播种下的自信的种子，将陪伴着孩子们以后的成长；在老师们的努力下，这些习惯养成，也将影响孩子们以后的学习和生活，让他们在今后人生路上走得更稳妥。在这里，仅仅用语言，无法表达我对老师们的感激之情。真的希望老师们可以一直陪伴着他们到小学毕业，也希望她们的爱心可以传递到一拨又一拨的孩子们身上。

  再一次感谢孩子的老师，感谢家校配合，给孩子插上一双飞翔的翅膀。

72
教育路上，我与孩子共成长

北京市西城区德胜少年宫家长　付晓静

在很多中国家庭中，自从孩子诞生的那一刻起，父母的心就一直被孩子的一举一动、一颦一笑牵动着。从照顾他（她）吃穿，到扶助他（她）走路，再到教会他（她）说话写字……孩子成长的每个点点滴滴，无不凝结着父母的心血。爱孩子是父母们的本能，但是怎样为人父母，却不是人们天生就会的，这需要我们做父母的像孩子学习走路一样，不断地去摸索、不断地去进步，甚至于在数次跌倒后，才会稳稳地前行。

幸好我们生活在这样一个百鸟争鸣、百花齐放的年代，很多渠道可以输送不同的理论观点，方便大家共同探讨；幸好我们生活在这样一个教育资源丰富的社会中，如果有人想要学习，可以通过各种途径获取到所需要的知识；同时也庆幸在我们身边不远处，有西城区德胜少年宫这样一片不仅培育孩子、同时培育家长的沃土，使得我们在教育路上能够经常补充养分，不断完善自己，可以向着合格家长这个称号努力前行。

在即将过去的这个学期里，德胜少年宫几乎每周六都会举办一场讲座，因为时间关系，我只听了三场，可以说每一场讲座都特别精彩。从张旭玲老师的《青春期孩子的相处之道》，到陈艳老师的《亲子沟通的密码》，再到李依廷老师的《如何与情绪相处》，老师们独到的讲解经常让我有茅塞顿开的感觉，老师们妙语连珠的演讲让我享受到了语言的艺术趣味，讲座结束后往往觉得还没听够……总结成一句话就是如沐春风、收获满满。

我深深地体会到，别看孩子小，可教育孩子的学问大着呢！这几场讲座的专家老师都在心理学方面有所建树，讲到的理论、观点都非常切合现在的教育实际，并且教会了在座家长们很多实用的经验与技巧。所以每次讲座我都听得聚精会神，并且做了详细的笔记，回到家后再当"二传手"，向我爱人和孩子传达。就是我这个"二传手"的讲解，也能让他们听得饶有兴趣、频频称道呢！我爱人听完学习到了不少与孩子相处的知识，孩子听完也能更清醒地分析自己的成长经历，还说"长大后也要学习心理专业"呢。以下我从几个方面具体说说这些讲座给我家人带来的变化吧。

老师们讲到的很多理论观点在我家孩子身上都有体现——比如说，陈艳老师讲了孩子说话往往会有潜台词，家长要学会领会并且有的放矢地回应。这就让我回想起我女儿小的时候经常问我："为什么大人都喜欢别人家的孩子？对别人家的孩子笑呵呵的，对自己的孩子总爱发脾气？"开始我还觉得这小女孩的想法有点怪，后来我意识到了，这一定是我对她的爱表达得不够——小孩子难免会犯错，我女儿又是个拧脾气，犯了错后一般不肯低头认错，我批评她后还经常闹情绪，弄得我们之间很不愉快。这种情况下我很不开心，经常板着脸，时间一长，她就产生了我"喜欢别人家的孩子"的错觉。幸好那时我翻看了一些家庭教育方面的书籍，我醒悟到这个问题后，会在不愉快的事情发生后把她抱在怀里，对她说："宝贝，妈妈非常爱你，刚才我看到你这样做不对，希望我的孩子可以做得更好。"我平时还经常刻意对她说"宝贝，你真是我理想中的孩子！""我太喜欢你了！"等，这样她就逐渐地感受到了我对她的爱。我又告诉她我对"别人家的孩子"微笑是出于礼貌，并非不喜欢自己的女儿。这么一来，她对我的"误会"渐渐消除了，我们又是亲亲热热的母女俩。陈老师说得非常有道理，当小女孩在问爸爸"这个世界上有多少孩子被抛弃"时，她绝不是仅仅关心具体数值，她一定也在担心自己会不会遭到抛弃；当一名小学生在告诉妈妈自己班上的同学犯的错误时，他实际上在观察妈妈对待这类错误的看法……我们一定要学会倾听，挖掘出孩子潜在的思想活动，才能更好地与孩子沟通。

最近，我女儿可能临近青春期，经常喜欢挑我的毛病，还不时地和我顶嘴，若不是听了张旭玲老师说的"孩子和你顶嘴是说明他逻辑思维能力强了，并且说明他很在意你对他的评价"，我还在愁眉不展呢，这下我终于释怀了。回到家我把这一观点讲给女儿，她低头一笑。其实在和我发生不愉快之后，她也意识到了自己的问题，但有时会很冲动。从后来的一次讲座中我也更能理解这种现象的内在原因了，因为李依廷老师从大脑发育过程向大家解释：青春期是一个人大脑发育的第三个高峰期，激素水平迅速变化，情绪脑的变化速度又比新皮质要快80-100倍。所以有时候连他们自己都意想不到自己的举动，很容易产生过激言行。李老师的原话是"其实，青春期的孩子是很累的"。听了这些理论，我就更能包容女儿对我的"顶嘴行为"了。在女儿即将到来的青春期，我有了那么多的教育理论来应对，我的心中不再迷茫。这些讲座就像及时雨，不仅化解了我们家庭中的许多不愉快，而且让我学会更加理性地对待孩子的教育问题。

这些讲座不仅对教育孩子有帮助，对我们成人的进步也帮助不小。在我家里，李依廷老师《如何与情绪相处》那场讲座给我爱人就带来了很大帮助。我爱人平时有些易怒，经常因为一些小事发脾气，事后他自己也因为不能控制好情绪而苦恼，我同样不知道应该怎么帮他改变这种现象，而这场讲座刚好解决了这一难题。讲座结束后，我依然在晚饭时间向家人们传达讲座内容，当我现学现卖地从大脑结构这一生理层面解释了人的情绪如何影响行为时，我爱人听得很用心，并且追问："那老师讲没讲爱发脾气的人怎么能控制情绪呀？"看来时机已经成熟，我趁机把答案告诉他了："老师说了，学会控制情绪是需要经常练习的。比如，经常模拟一些以前令你发怒的场面，让你的大脑逐渐学会做出合理反应。练习次数多了，大脑工作时就会重复它平时熟悉的路线了。"说到这儿，我和女儿相视一笑，说："以后我们就当你的陪练吧！"房间里顿时充满了笑声。我想这次讲座我听得太值了！

这几次讲座中老师们给我们讲解了不少教育学、心理学方面的理论与观点，有些理念需要我们在实践中逐步接受，有些观点需要我们在今后的育儿路上慢慢验证；有些道理可能我们没能马上体会，有些做法也许将来的某一天我们才用得上。十年树木，百年树人，教育是我们一辈子都要学习的事——不仅孩子需要教育，而且我们成人依旧需要。只有不断接受教育，一个人才会逐渐成熟、日趋完善。真心希望有更多的人加入到学习中来，吸收先进的教育理念、学习科学的教育方法。也热切盼望德胜少年宫今后继续举办这种讲座，让我们可以更加深入地学习，这将是一件有利于家庭和谐、有利于社会稳定、有利于国家繁荣的大事。

73
用心去爱

北京市西城区五路通小学家长　范龙梅

中华民族自古以来就重视家庭，重视亲情。家和万事兴、天伦之乐、尊老爱幼、勤俭持家等，都体现了中国人的这种观念。"慈母手中线，游子身上衣。临行密密缝，意恐迟迟归。谁言寸草心，报得三春晖。"唐代诗人孟郊的这首《游子吟》，生动表达了中国人深厚的家庭情结。在现时代习近平总书记也在不同场合多次谈到要"注重家庭、注重家教、注重家风"，强调"家庭的前途命运同国家和民族的前途命运紧密相连"。作为对人的一生影响最深的一种教育，家庭教育被形容为人生整个教育的基础和起点，无论对个人成长发展、家庭和谐幸福，还是对民族素质提升、国家兴衰成败，都具有不可替代的重要作用。

作为一位妈妈，我一直以来都认为孩子是上天赐予我这辈子最好的礼物，同时孩子也是我的好老师。他们的善良、纯真和可爱让我觉得我身上的担子很重很重。我经常跟我的先生一起探讨，我们和孩子不仅是生物学上的父母关系，更应该是生活中最亲密的朋友。我们认为父母这个称呼其实是一种职业，我们需要不断地去学习去探究在生活中怎样把这个特殊的角色扮演得更出色。我们只有把孩子当成我们的挚友，才能真正走进孩子的心灵深处。今天我很愿意和各位分享我陪伴孩子一路走来的一些故事。

记得那是我的儿子在刚刚上一年级的时候，在一次滑冰运动中不慎将左腿摔成骨裂，由于左腿根本无法站立和正常走路，他不得不在家休学两个半月。这两个半月在家休养期间，我每天都按着学校上课作息时间给他讲授一年级的知识。很快孩子好了起来，当他返回学校时却遇到了让我意想不到的问题。由于孩子对新环境的陌生，接受老师的授课似乎出了问题，本来在家里会做的数学题和会写的字到了学校脑子完全是一片空白。同时老师也反映说他的专注力不够。当然还有同学们觉得来了个小混血都觉得很新奇。这些真的都是在我预料之外的事情。孩子回到家后的情绪非常低落，对上学和老师都有深深的抵触情绪。作为妈妈看到孩子这样真是心急如焚，不知暗暗地流了多少眼泪。出于作为妈妈的本能，我告诉自己要尽快帮助儿子走出困境。我安抚儿子的情绪并告诉他："老师其实跟我说是很认可你的，老师是希望你尽快跟上同学们的步伐，但你一定要明白老师不是你妈妈，她要面对的是三十九位同学。你有不明白的地方一定要先稳定你的情绪，妈妈很明白这些东西对你来说百分之一百没有问题。"与此同时，我积极主动地联系他在校的授课老师，老师很耐心地跟我解释孩子的问题是，当老师提问他时，他非常紧张，并支支吾吾地表达不清楚。我明白了问题出在哪里后，对儿子说："妈妈特别能理解你现在的处境，因为你的周围都是新面孔，所以你有些紧张，但这些知识妈妈知道你都是会的，你可以尝试一下把你最好的一面展现给老师。"记得就在我跟儿子深谈的第二天，他从学校回来后做功课的速度就有了明显的提高。又过了几天，当我再一次跟他的数学和语文老师沟通时，两位老师都说他在课堂上的表现有了明显的改善。我想：这好像他刚刚学习走路时摔的第一跤，在那个时候我不是一直都在耐心地鼓励他，陪伴他，给他自信吗？我一定要让我的儿子在他漫漫求学路上走好第一步。很快到了期末测试阶段，我一边照顾好他的起居生活、关注他的情绪变化，一边监督他学习的每一个细节。在接下来的各种小测试中，孩子不断地刷新了我对他的预期值，在期末测试中取得了班里的好成绩并得到老师们的一致好评！作为父母，我们都很在意老师对自己孩子的态度，特别希望孩子能得到老师的特殊关注。但是老师很难像家长一样对待每个孩子——不是由于责任心的缘故，而是由于角色不同，关注的方式也不同。老师像父母那样关注孩子，我认为未必是一件好事。老师可以比家长更有理智地对待孩子。那么当孩子产生失落感时，家长应保持冷静，运用智慧做好"补台"的工作。最简单的方式就是悄悄地与老师进行沟通。家长在孩子面前编一个"善意的谎言"，也不失为一种教育的艺术。如果家长不能保持冷静和理智，当着孩子的面发一通牢骚，使孩子对学校和老师产生了成见，那后果是不堪想象的。在孩子面前，家长要极力维护学校和老师的形象，但绝不是假惺惺地做戏（因为孩子都能察觉出来），而是要真心实意地用换位思考的方式做好孩子的工作。我认为一个善良、宽容、善解人意的孩子是家长和学校紧密配合共同教育出来的。

高尔基讲过：爱护子女，这是母鸡都会做的事情。然而，会教育子女，这就是一件伟大的国家事业了，它需要才能和广泛的生活知识。因此家庭影响、家庭教育对人的精神也有至关重要的作用。特别是儿童时期，一般说孩子在这个阶段他们在各个方面特别是精神层面是很依赖父母的，父母的一言一行是孩子形成世界观的关键所在。怎样对孩子进行良好的启蒙教育，培养孩子的智力和能力，塑造美好的心灵，这些也许是我们每位家长都应深思的一个问题。我们尤其要关注的是孩子的自我情绪管理。我的儿子是个天生的乐天派，灿烂的笑容永远挂在他天真烂漫的脸上。其实他也是会有负面情绪的，他会有挫折，也会有骄傲情绪；会有后悔，也会有孤独的感觉。记得在二年级的一次单元测试中，他的成绩考得不够理想，回到家后哭丧着脸对我说："妈妈我昨天的考试考砸了，今天老师狠狠地批评了我，说我最近太浮躁。"当我看到他的试卷时，我的头真的要被气炸了。他看到我激动的表情，便开始大哭起来。我的内心简直可以用怒火万丈来形容，明明是你自己不够专心，我还没有责备你，你反而跟我大哭。我努力地控制住自己的情绪，问其究竟。我帮他擦干眼泪，给他倒了一杯水让他安静地坐下来，渐渐地他的情绪也稳定了下来。我和他一起分析考砸的原因，后来他自己说是他测试时分神所造成的，才会导致这么一道大题都没有看见。这时，我在孩子的眼中看到泛起的泪光，他蔫蔫地说："妈妈我下次一定改掉这个专注力不够的毛病。"我轻轻摸摸孩子的头说："好了，没事了。妈妈知道这只是一次测试成绩，真的不能代表你的真实水平，妈妈知道你平时有多么的努力。"在这次事件后，我在反思作为父母，我们的自控能力是直接会影响到孩子的情绪。后经由朋友介绍，我去参加了一个关于教育的讲座，真是受益匪浅。在这个讲座中说，父母要努力让自己练习"半小时效应"，并给自己立个规矩，不管有多愤怒，都不马上发作，即便无意中发作了，也要马上守住，告诉自己等半个小时，一切都等半小时后再说。但我认为关键是坚持，一直坚持。经过反复几次有意识地去训练，我渐渐地发现，孩子的情绪也渐渐地平和了许多。尤其让我欣喜的是四年级以来，他的自控力有了明显的提高，不管是平时做作业还是考试中，都会很冷静地处理他遇到的难题，在与同学相处发生矛盾时，他也都能很好地把控自己激动的情绪。

  在家庭教育中，作为家长既是严厉的父母，也是良师益友。我们要有足够的耐心和信心，沉着冷静地去对待孩子，培养孩子积极乐观的进取态度。教育孩子没有一个固定模式，作为家长应当不断探索学习。只有家校联手，才能培养出身心健康、人格健全、适应社会发展的新时代人才。

74 春风化雨

北京师范大学第二附属中学西城实验学校家长　王　婷

转眼间，女儿从小学升到初中，这是人生的一个跨越。面对新的人生阶段，新的环境，新的学习方式，无论对女儿还是我们父母来说都将是一种挑战，也会是一种成长。

每个孩子都是特别的，不同的个性，不同的特点，不同的能力。一直以来女儿是一个内心丰富敏感、又比较害羞的孩子，不是很容易融入新环境，属于慢热型。因为暑假参加夏令营，错过了和老师同学的第一次见面，女儿经常念叨在新学校里会遇到什么样的老师什么样的同学呢，内心既有些忐忑不安，又充满无限期待。而作为父母，我们心里也有一个愿望，希望女儿能够尽快适应初中生活，融入班集体，初中三年可以养成独立自主，自主学习的好习惯。

开学前的一周，为了便于沟通，班主任陈老师跟家长和学生分别建立了微信群。虽未见面，但我们通过微信，跟陈老师沟通了孩子的性格和我们的愿望，希望跟老师一起努力，使孩子尽快适应新环境。陈老师也通过微信跟尚未见面的孩子打招呼，几句温暖的问候之后，孩子对未见过面的班主任一下子有了好感，拉近了距离。

很快开学了，我们惊奇地发现孩子的变化。从入学教育到正式上课，每天回家她都跟我们念叨她喜欢这个新班级，觉得老师特别亲切，同学特别热情。记得第一天回来，她悄悄对我说，陈老师走过去看看她带的什么饭菜，可惜饭盖着没有看到下面的菜，但她心里觉得特别温暖。孩子的心很敏感，老师的温暖、热情一点一滴都印在她的心里。接下来的几天她又说起认识的新同学，和她们之间互相听写英语单词，互相帮助，非常开心，每天都愿意去上学。她还很认真地给我讲这个班级是一个有凝聚力的集体，刚开学时老师问谁愿意值日，同学们都争着举手，于是她也举起手，后来明白这项职责是每天检查地上有没有纸。有一节课间她真的发现了地上有一张纸，她捡起来扔掉了，虽然事情很小，但能为集体做力所能及的事情，她很高兴。看到孩子的变化，我心里很高兴。现在孩子能力有限，可以做些小事，但心里有了集体意识，相信随着能力的提高，就可以为集体做越来越多的事情。

接下来的日子，我们经常看到微信群里陈老师发送的同学为班级做贡献的照片：有的同学为班级带去了绿植美化教室，有的同学带去了字画装点墙壁，还有的同学带去了装饰物装饰板报。同学们的行为也经常受到表扬和鼓励，有的同学饭后主动收饭箱，有的同学主动帮着打理绿植，还有的同学主动帮助其他同学。班级群里我们也会看到老师展示的优秀作业，优秀笔记，既鼓励孩子，也鼓励家长互相学习，共同进步。就这样，每个学生为集体做的事情，还有学习上的努力都不会被忽视，而是被看见，受到肯定和鼓励。渐渐地，班里形成了为集体做贡献、认真学习、团结友爱的好风气，而优良的班风会让整个班级的孩子受益。

正是在这样温暖友爱的环境下，孩子开始发生了变化。她敏感的心慢慢敞开了，每天都高高兴兴地去上学，也能够真正地静下心来做事情，开始主动做各科学习笔记，比以前任何时候都要安心和投入。每次课内课外的作文，只要涉及温暖两个字，她总是忍不住第一个想到这个班集体和班主任老师。孩子的心灵是最灵敏的，我深深地体会到有温度的教育对孩子来说多么重要。它仿佛一缕阳光，也仿佛一把魔杖，点亮了孩子的内心，给了她前进的勇气和力量。就这样，孩子慢慢融入了新的班集体，适应了新的环境，也开始静下心来认真学习。

随着班级建设顺利进行，我们也经常收到老师关于培养初中生好习惯的一些微信文章，这和我们的想法不谋而合。和小学生不同，初中生的能力不断提高，培养自主精神，学会自主学习成为主要目标。有一天女儿回家写作业，我忽然发现一项特别的作业——每周总结。每到周日晚上，女儿都花上三十四分钟时间认真反思，完成一整页的总结，有学习方面的，有习惯方面的，也有行为方面的。

孩子以前从未做过这样的作业，但现在乐在其中，很享受这样的自我审视。我们也感觉到比家长单纯说教的效果和效率高很多倍。每周陈老师都会浏览孩子的总结本，不仅了解孩子心里的想法，也跟孩子互动。每次看到总结本上陈老师给女儿的评语，"分析透彻，希望你越来越好，加油！""继续努力，已经看到了你的进步！"我们的心里也觉得很温暖，很受鼓舞。我们也开始理解为什么孩子会如此认真地对待每周总结。有一次时间比较晚了，我对女儿说："时间短，你就简单写一写吧。"可是女儿坚决不肯应付，每一次的总结都认认真真地完成。孩子的努力被老师看到，她也因此受到很大鼓舞，越来越认真和努力。在这其中，我们家长也渐渐转变了观念，就是慢慢放手，从小学的以家长老师管教为主，转变为鼓励孩子自己去总结反思。在家里，我们也给孩子留出更多自主的空间，引导她自主安排自己的学习，思考如何学习。"吾当每日三省吾身"，独立反思是让孩子终身受益的好习惯，利用总结本去培养孩子这样的好习惯是非常好的一种方式。

　　好习惯的培养并非一朝一夕，当孩子有了好的行为，需要不断地巩固。在学校里，孩子们的好行为经常被陈老师肯定和鼓励。经常地，回家会听到女儿高兴地说，"妈妈，今天陈老师表扬我在学校写完老师布置的任务后，自己主动在整理错题"；"妈妈，我今天的课堂笔记记得好，陈老师表扬我了，因为我用不同颜色笔将重点部分做了标记"；"妈妈，我今天被陈老师表扬了三次，主动背单词，听写全对，错题本写得好被展示了。我觉得成就感满满的，以后更要好好学习了。"就这样，孩子们的每一点好行为，每一点进步，老师都看在眼里，对孩子们来说是莫大的肯定和鼓励，他们也因此越来越努力地去做，越来越自信。

　　在老师的鼓励下，孩子越来越阳光。有一天，女儿居然向我提出了在家里设立记功簿的想法，记录她每天做得好的方面。女儿每天都翻阅一下记功簿，很开心的样子，鼓励和肯定就像温暖的阳光，照在女儿的心里，积蓄力量。女儿也对我们说："我发现你们越来越能看到别人身上的优点了。"其实从小到大，我们这一代人更多是在批评文化中长大的，我们听到的最多的声音其实是要看到自己的不足，看到不足才能进步。正是因为这样的文化，我们足够努力但仍然缺乏自信。所以我更欣赏陈老师的正面鼓励教育，她让我看到了女儿自我力量的成长和发自内心的笑容。记功簿实行两个多月了，女儿的每一点努力和进步我们都看在眼里，也更体会到孩子的不易，我们也变得越来越能理解女儿内心的感受，亲子沟通也越来越顺畅。随着记功簿越来越厚，越记越多，我们真正感受到，不管生活多琐碎，多平淡，有多少烦恼，我们总能从中找到瞬间的美好和闪光。这算是我们额外的收获。

回想女儿开学以来的变化和进步，我觉得主要有三个方面的因素。第一，开学初老师主动跟孩子交流，拉近了师生间的距离，并且做了大量关于班级建设的工作，形成了团结友爱，为班集体做贡献的优良班风。孩子处在一个温暖和谐的环境中，自然身心愉快，更容易融入新的环境。第二，老师利用总结本培养孩子每周总结反思的好习惯，培养孩子的自主反思的能力，并且通过总结本跟学生和家长互动，肯定孩子的努力。孩子受到鼓舞，就越做越好，形成良性循环。第三，在好习惯的培养中，孩子的每一点努力和进步老师都能看到，并加以鼓励，这对于内向敏感的孩子尤为重要。外向开朗的孩子善于表达，更容易受到别人的关注，成为人群中的焦点。对于一个内向敏感的孩子来说，天性使然，这并不容易，但往往内向的孩子内心更丰富，比外向的孩子更渴求关注和肯定，而因为不善于表达，往往容易被忽视。很幸运我们遇到了一位好老师，遇到了一个好集体，所有的孩子都可以被看到，因为被看到，被接纳，被鼓励，所以孩子慢慢有了底气，内在的学习动机被激发出来，就有了前进的力量和勇气。因为有了学校老师的鼓励，孩子建议在家里设立记功簿，这样家校一致，孩子就受益更多。

好的教育好像春风化雨，在润物无声中温暖地滋润着孩子的心田。在这春风下，女儿慢慢适应了初中的学习生活。相信在这样温暖友爱的集体中，在家校的共同努力下，初中三年女儿定能够收获一份健康阳光的心态，培养起独立自主的性格，和自主学习的好习惯。作为家长，我们也配合学校，适当放手，给予孩子更多的自主空间，培养孩子独立自主的品质。这些好品质和好习惯将伴随着她一生的成长，让她终有一天可以展翅高飞！

75 从小小幼儿到少先队员

北京市西城区进步小学家长 王 勤

又是一个艳阳高照的夏日，西城区展览路街道边的大树上，新芽渐渐冒出，布满枝干。这嫩绿的新芽犹如我的女儿王雪晨有着朝气蓬勃的生命力，又亟待呵护和修剪。自2016年9月入学北京进步小学，到如今不满一年时间，入学时的情景还时常浮现在眼前。今天她已成为身穿校服、系着红领巾的阳光小小少先队员，作为家长在不免感慨有苗不愁长的同时，内心五味杂陈。

还记得，在2016年刚开学不到一个月时学校举办的运动会上，一年级的"小豆包们"身穿鲜艳的红色运动服，在明艳的阳光下走过主席台。为孩子们自豪的同时，我发现王雪晨小动作频频、注意力集中时间短、纪律意识差。为此，我深感焦虑，担心她不能适应学校生活，却又毫无经验，不知如何解决。这时，班主任辛怀宇老师"不着急、慢慢来"的话语，让我焦虑的内心得以安定。

从这时起，我们开始深刻地体会到北京进步小学校训的博大精深——"积跬步·至千里"。是学校老师点点滴滴的奉献之情、引导之恩，给了孩子克服困难的信心，给了家长与孩子一起重新认识自己、共同学习、共同进步的引导。

我们不会忘记，辛老师每天叮嘱孩子们带好第二天课堂所需物品，晚上还与我沟通王雪晨的在校情况，还时常解决她和其他孩子发生的小摩擦；我们不会忘记，老师采取奖惩结合等方式，增强孩子的纪律意识和上进心；我们不会忘记，学校利用组织话剧、种植植物等方式，增强孩子的综合素质；我们不会忘记，圣诞节、端午节等日子里，学校精心准备了意大利面、比萨和粽子等颇具节日特色的午餐，让孩子们感受美食的同时体会节日的意义……

在学校丰富多彩的学习安排和老师们的不断鼓励下，我开始调整角色，由幼儿园孩子的妈妈转变为小学生的妈妈，由原先刚入学时的不知所措，开始逐渐陪着孩子适应学校生活。可喜的是，王雪晨有了动力，开始严格要求自己，独立检查作业、收拾书包、清洗内衣内裤；适应学校的作息时间，早睡早起，开始培养起良好的学习生活习惯；家长开放日上，王雪晨站在整齐划一的队伍里，做着标准的体操，课堂上主动回答问题……

如今，伴随着孩子们清脆响亮的队歌声，王雪晨与同学们一同自豪地带上了鲜艳的红领巾。我深知，这是学校老师们的付出迎来的收获。我也深知，对于我和王雪晨而言，未来的学习之路才刚刚开启，积极主动地配合学校，积跬步，从点滴做起，方能走得更远……

76
每个孩子都有不同的花期

北京市西城区育翔小学家长　黄梦媛

按照我国的传统文化，在大多数情况下，父母在家庭里是非常权威的、全能的。我们这一代人也是在这种氛围下长大的。在成为父母以后，虽然能接触到各种各样的新式家庭教育理念，有时还是会本能地把家长的"权威"拿出来。但是，到了孩子们这一代，他们接收到的各方面的信息和自身的经历都与我们小时候有着天壤之别。随着孩子们长大，他们的自我意识很强，想要获得更多认同感，所以会表现出各种抗衡来证明自己。

我和萱萱之间也经历过一段非常糟糕的亲子关系。那段时间，不管我说什么，她的第一反应都是两个字："我不！"当我以家长的身份去压制她的时候，反弹和抵抗会更加强烈。她其实是从自己的角度出发，想证明自己也是有能力来处理问题的。后来，我尝试让自己"弱"下去，给她更大的空间，告诉她方法而不去替她决定，让她自己去判断和执行。比如大家遇到的千古难题——磨蹭，我会告诉她，当很多事情叠加在一起的时候，自己要根据当时的情况去判断哪些事情是"紧急重要"的，哪些是"重要不紧急""紧急不重要"和"不紧急不重要"的。然后让她自己排个序列，再制定个大概完成的时间。只要她有足够的正当理由和时间规划，哪怕她当时把"吃点儿好吃的"或者"画张画儿"列为"紧急重要"的事情，我也支持。她在感受到充分的尊重、理解和信任的时候，也会以信守承诺作为回报。在其他事情上也是如此，我们有智慧地示弱，会让她更重视自己的责任和能力。学习上我会说，你们现在的题目比我上学的时候难多了……她回来就会把她认为的一些难点给我讲一遍，可以感觉得出她的听讲质量不错。如果她不知道某个字该组什么词，我们就一起去查词典。在生活方面也是，我现在经常对她说的一句话就是"这件事就靠你了啊……"。周末，我会让她一起做做饭。出去旅游，我会说我太忙，让她负责去做一部分攻略，给姥姥姥爷当当翻译，学几句当地的语言。她会认同她是家庭的一分子，而不是始终被照顾的人。我也会给她很多的鼓励和肯定。当自我价值得到认可和满足以后，萱萱也越来越自信、很有成就感，愿意和我们讲讲她的想法，听听家长的建议。我们之间也逐渐由紧张的"上下级关系"发展成良好愉快的"合作关系"了。

除了有技巧地示弱以外，从小，我们比较注重培养她的"自律"性，目前看来"自律"也给她目前的学习和生活带来不少好处。首先就是自我控制、自我调节。在她很小的时候，当她有某些要求时我们会和她讲道理，让她学会等待和克制并遵守承诺，当她成功做到之后会给她赞美和鼓励。其次，要求她遵守各种规则。除了基本的游戏规则、社会规则以外，我们还非常重视人际交往的规则。让她学会尊重身边每一个人，多发现和了解每个人身上的优点。最后，让她能够锻炼自己的时间管理能力。她想看电视或者偶尔玩玩儿 iPad 的时候，会给自己设定时限，并严格遵守。这让她逐渐养成重视时间的意识和管理时间的习惯。

我很喜欢前段时间学校发回的一张纸，是关于"每个孩子都有不同的花期"的这段话。其实除了花期不同，每种花的习性也是大不相同的。孩子来到我们身边的时候，是没有带《使用说明书》的。具体针对每个孩子采取什么样的教育方法，真的要靠我们平时的沟通、观察和摸索。这是一个漫长的过程，让我们和孩子一起成长吧。

77

用心培育孩子

北京市西城区育翔小学家长　祁　宁

我是小泽的爸爸，很高兴有机会能分享自己在孩子成长生活中的一些感受。这些感受有的是来自家里人和我的观察，有的是来自孩子自己的讲述，还有一些是和朋友、同事聊起孩子的话题时间接得来的。

很多家长对小泽小朋友大概会有耳闻，用孩子的话讲，"今天又犯事了，我把同学弄哭了；爸爸，我今天又有点事，放学的时候我把同学撞倒了"。小泽回家经常跟我说类似的问题，相信小同学们回家跟家长汇报的时候常常会提到小泽的名字。在这儿我先向各位家长和老师表示诚恳的歉意。

小泽有几个比较显著的特点，一是爱管闲事，班里不管哪儿有点动静他都得抬头看看，说上两句，给人家评评理。二是由此导致的上课听讲极其不认真，二年级学过的除法竖式上个月才刚刚学会。三是由上课不认真引发的一系列后果：上课随便接老师的下茬、写作业马马虎虎、考试卷子和作业本随便乱扔等等。但是他的自尊心很强，还喜欢和同学攀比。在家常常听他说：黄之一今天测试得了高分、优秀；张弛今天得了奖励；高一鸣英语回答问题全对；张容尔、张涵博上课积极举手发言被老师表扬了；郝佳瑶、王聪嘉选上中队长了。每次听他说都感觉有那么一点点醋劲。我平时工作比较忙，晚上常加班，跟孩子聊天的时间不多，所以听到小同学们的优秀表现也不是很多。但是在班微信群，从张老师发的各种信息里，我发现5班确实是个优秀的集体，每个孩子的优点常常出现在微信里，祁昀泽能在5班学习，我觉得是他的幸运，更是我的幸运。

升到三年级以后，我发现小泽慢慢有了一些变化。虽然还是会听他讲今天又犯了什么事，但是他的记事本记得越来越全，语文作业本对钩挺多，数学卷子错题都改了，英语听力有的句子我听不懂，他能告诉我是什么意思。上周六他竟然对着视频练起七彩阳光了。看到这些变化，我是挺高兴的，但这些变化总不会无缘无故出现吧？后来我就有意套他的话，他讲的一些在学校的经历让我了解了其中的奥秘。归结起来大概有三个方面的原因。

其中最主要的原因可以归结为师德教育的结果。师德教育，听起来是个挺大的题目，但从孩子的口中讲出来，可以说是最简单、最普遍的真理，一句话就是"我喜欢这个老师"。我们都有这样的经验，当我们喜欢一个人的时候，他说的话我们基本不会质疑，他要我们做的事我们会愉快地去办。同样的，孩子喜欢他的老师，老师要求做的事孩子不会感觉有压力，哪怕是改半篇卷子全都重抄，他都会高高兴兴地干。那孩子为什么会喜欢他的老师呢？有一次祁昀泽跟我说，他挨张老师批评了，有位同学把水彩补充液扔他头上了，他去洗干净头发以后，张老师问他们这是怎么回事啊？祁昀泽老实交代说自己讥讽了那位同学，人家不高兴了。张老师就说：这件事虽然用水彩扔你是不对，但是原因在你自己先说了不好听的话，造成的结果你得承担责任。孩子听了以后很服气。小泽还说过，班里同学们有事儿，张老师都是先把事情搞清楚，谁对谁错一说，大家都服气，张老师特别公平。公平公正公开正是我们现代社会始终追求和弘扬的社会美德，学校和老师们从娃娃抓起，以身作则，在学校里营造了好的风气，孩子们自然喜欢上学，喜欢这样的老师。

我平时上班的时候最怕的就是接到学校老师的电话。上个月初，我就接到了张老师的电话，我以为祁昀泽又惹事了，心里挺紧张的。电话里是非常和蔼亲切的声音："您好，您是小泽的爸爸吗？不好意思打扰您。刚刚吃饭的时候，祁昀泽把汤洒到裤子上了，祁昀泽觉得洒汤的位置挺丢脸的，让我给他奶奶打电话送一条裤子来。刚刚给奶奶打电话没接，就给您打过来了。"我问："裤子湿透了吗？"老师说："汤洒得不多，裤子没湿多少，就是位置不好看。"紧接着就听张老师跟祁昀泽说："你看，奶奶这会儿没在家，你爸爸在上班，等奶奶拿裤子来，湿的地儿都干了，这么冷的天儿让奶奶再跑过来是不是太辛苦了？要是你能克服就先回班吧。"接完电话，我在办公室想了半天，很有感触。孩子找到老师提出请求，老师不是简单地做出判断处理，而是首先给予了孩子充分的理解和尊重，再婉转地表达出自己的意见，同时还捎带教会孩子学着替别人着想，不以自我为中心。一个电话，几分钟，祁昀泽高高兴兴回班了，回家说起这事儿还挺美的。其实最高兴的是我，能遇到这样高水平的老师是我们家长的幸运。

这事儿后来我跟同事聊起过，我同事的爱人也是小学老师。他说："师德好、有耐心、懂方法的老师孩子肯定喜欢。孩子每天回家的感觉都是高高兴兴的，那种高兴劲发自内心，装不出来。将来孩子大了，谈恋爱的时候，你要是发现他每天都有这样发自内心的喜悦，就是你没见过他的对象，你也让他把人家娶回来，那个女孩子一定非常喜欢他。"大家觉得这话说得有道理吧？师德教育的结果用孩子的话说就是"我喜欢这个老师"。我觉得还有一句话就是"老师是发自内心地喜爱自己的学生，是用'心'在培育孩子"。

小泽现在的学习成绩虽然还不是很理想，但是三年级以来有了许多向好的变化，这背后最直接的原因就是老师们的努力。刚刚我说有三个方面的原因，第一是师德教育的结果，第二就是老师们极其负责的结果。这方面，老师说过的一句话给我的印象最深："今天的课堂作业不写完不许走"。这句话背后老师们付出的辛劳大家都清楚，听到这句话我感到庆幸。第三个原因是同学们帮助的结果。在5班有一个"神奇的光圈"，祁昀泽在其中受益颇多。这个"神奇的光圈"是怎么回事我还不太清楚，但我在这要感谢老师有这么神奇的方法，感谢小同学们无私的帮助！

78
我是如何进行孩子的养成教育的

北京市西城区育翔小学家长　黄　程

教育是一项系统工程,需要老师的传道授业解惑,家长的言传身教、耳濡目染,环境的影响等方面的因素共同作用而发挥育人效果。对未成年人教育来讲,其认知能力尚未发育成熟,更需要老师和家长的密切配合。在老师主导作用前提下,家长要以身作则,积极引导孩子在自我管理、习惯养成、基本认知、能力培养等方面润物细无声地去体验和感知,一点一滴地浸润、一点一滴地转化。

一、加强与老师的沟通和配合是家长找准问题、统一思想、发挥合力的关键。老师作为教育工作者,在长期的实践中对孩子身上存在的问题会有一个客观、理性的评价。当家长在教育孩子的问题上存在差异时,应该把老师的意见作为基本标准进行对照检查,认真查找问题的根源。这一点我感触很深,在与学校的交流沟通中,老师总能一针见血地指出错误的根源,发现问题的实质。同时,老师的意见能够把家长的不同意见统一起来,从而发挥家校合力。

二、从孩子身上发现家长自身的问题是教育好孩子的基本出发点。孩子是一面镜子,从中折射出家庭的影子。孩子身上的问题和不良习惯往往来源于他的原生家庭。因此,教育孩子首先是改变自己、做好表率,从孩子的生活习惯、学习习惯上及时发现和查找家长身上存在的不足,学会同孩子共同成长进步,在改变自身的前提下改变孩子,共同营造良性的生活、学习氛围是家长应具有的一个基本态度。

三、抓实日常养成。促进自我管理是建立孩子内在秩序、形成规则意识的基本方法。自我管理能力包括对事的管理和对时间的管理。在同老师的交流中了解到我的孩子在学校自控能力和自理能力都比较差，进而影响他的学习质量和效率。针对这个问题，我在家里有意识地给他设定时间限制，要求他在规定时间内完成作业、吃饭、玩耍等各项活动，强化他对时间、规则的体验和认识，使他从中体会到效率和效益的意义以及规则的刚性要求，这些需要慢慢来。

四、引导孩子摸索一套行之有效的学习方法是提高学习能力的基本途径。有一个时期，在辅导孩子作业的时候，发现即使家长重新给他讲一遍，他做起题来也很吃力，学习效果事倍功半。在与老师的沟通中了解到，我的孩子存在上课注意力不集中、作业完成质量差、知识掌握不牢固等问题，老师指出根源在于听课质量差。顿时，我找到了答案，孩子上课注意力不集中的原因一是不熟悉，听不懂；二是没兴趣，听不进。后来按照老师的提示，我着重引导孩子在做好预习、盯紧课堂、抓好复习三个环节上养成习惯、下足功夫，有了初步的效果，孩子上课听明白了，学习积极性也有了。

五、从学习中跳出来，有针对性地完善知识结构是提升孩子认知水平的有益补充。不管是课内学习还是课外学习目的都是育人，在于培养孩子健康的人格、独立思考的能力、坚韧的意志力、强健的体魄等等。在完成学校课程的前提下，积极引导孩子学习和参与有益身心的课外兴趣班，提高认知水平、拓展知识面、从不同角度挖掘和发现孩子自身潜能，有针对性地加以引导，使课内、课外学习形成良性互补。这是一个基本初衷。在实践中还需要视具体情况，加强与老师互动，根据情况不断调整。

79
孩子的闪光点需要我们来唤醒

北京市西城区育翔小学家长　由艳春

在这个讲求效率的时代，几乎每个家庭、每一对父母都希望提供给孩子最好的受教育的条件。但是人们往往把孩子教育的重任放在了学校和老师的肩上，而忽视了家庭教育和学校教育有效结合将会对孩子产生重要的影响。

下面我来分享一下我们家是如何配合学校做好家校共育的。

一、陪伴是对孩子最好的爱

闺女从呱呱坠地之时起，我和她爸爸就一直随身"伺候"着，凡事亲力亲为，尽自己的最大努力陪伴着她的成长。

人们都说父母是孩子最早的老师，父母的言行举止会影响孩子一生。父母的陪伴，会让孩子的成长过程充满爱和快乐，会使孩子拥有健康的性格和正确的价值观。陪伴是相互的，爱的给予是相互的，成长也同样是相互的。细心陪伴孩子成长的父母，会发现孩子身上的闪光点，会从孩子那里得到孩子回馈的爱；同时也会从孩子纯净的世界中再次感受和学习到人性的善良，以及对于父母自身言行一致的自律要求，也促进父母作为榜样的力量必须做到知行合一。

客观地讲，当前环境下每位父母其实都很忙，工作压力大，往往容易忽视对孩子的陪伴。作为父母，应该意识到我们其实决定不了孩子的未来，他们有他们未来的人生，孩子一生真正能和父母相处的时间也就十几年，父母才是应该珍惜和孩子们在一起的人。父亲和母亲在孩子成长过程的每个时期都发挥着不同的作用。母亲应在幼儿时期给予孩子更多的陪伴，这样有助于形成孩子的安全感、幸福感和健康的心理。随着孩子长大进入童年，父亲的陪伴对孩子自信心、正确的人生观和价值观的形成起着决定性的作用，父亲的有效陪伴有助于帮助孩子成为胸中有情怀，脑中有格局，手里有方法的人，这其实也是一种潜移默化的思维逻辑的"传染"。我们在孩子婴幼儿时期，是由妈妈作为主要陪伴者，带她玩，和她一起做家务、参加活动，陪她开家长会、上课外课等等。随着她逐渐长大，步入小学后，爸爸承担了主要的陪伴职责，陪学习、陪玩耍、陪着一起写作业、陪着一起练跳绳、陪着一起去爬山。孩子也从婴幼儿时期对妈妈的小依赖而逐渐转变成凡事自己动手、自己动脑筋想办法解决问题、自己做好课余时间安排、自己根据需要安排课外课的内容。孩子的自信心和思维逻辑都有明显的提升；为人处世也能做到包容大气；责任心加强了，对事能够做到勇于担当。

将我们家的经历总结：有效陪伴是父母在育儿过程中不可或缺的一项，是真正意义上纯粹给予孩子爱的营养。在孩子的成长过程中，陪伴不只是一个简单纯朴的词，更是一种强大的力量，一种绵长的、持久的、充满耐心和耐力的爱的力量。

二、坚韧的"小草"也有属于自己的舞台

现在每位父母都抱着"望子成龙、望女成凤"的心理，期待孩子能够长成"参天大树"。其实，每个孩子天生资质都不同。他们就像种子，都带着自己的使命来到这个世界，无论是"参天大树"还是"一棵小草"，都有属于自己的舞台。作为家长，对孩子的成长应该持有坦然和客观的心态，应细心观察、量力而行、因材施教，充分考虑孩子的身心特点和自身条件。父母设定的"目标"不一定是孩子想要努力的方向，随着孩子自我世界的逐步发展和完善，孩子会主动地寻找自己的兴趣和意愿。父母应该尊重孩子的意愿，为他们提供相应的条件，帮助他们实现自己的意愿和理想。如果父母不尊重孩子的意愿，一味地以自己的喜好压抑孩子，就会使孩子产生逆反心理，甚至会影响到良好的亲子关系。如果父母硬要"赶鸭子上架"，只顾自己的想法，对孩子指责、呵斥，孩子会失去对成功的追求和信心，甚至会失去对生活的希望，破罐子破摔。父母应该做个负责任的"有心人"，时刻关注孩子各方面的表现及特点，抓住有利时机，适时引导教育。

我的孩子有很多优点，但她并不是十全十美的，她也有很多比同龄小朋友差的地方：比如她在音乐、绘画方面并不太擅长，比如她的运动能力比她的好朋友要弱很多，比如……但我们不能拿别人的长处比较孩子的短处，处处对孩子"拔苗助长"。我们不能要求我们的孩子什么都会、什么都行，我们应该发挥孩子的优势和特长，时刻鼓励她的任何一点进步，即使她就是一棵小小草，也让她在自己的舞台上信心满满、快乐多多。

三、把孩子当成朋友一样尊重，正确的引导会使孩子受益一生

即使现阶段是我们"他律"孩子，但也不能完全剥夺孩子的发言权。民主的父母有利于孩子责任感的培养，聪明的父母懂得充分尊重他的孩子。

尊重孩子的兴趣和选择，培养孩子在生活中的自主感，协助孩子完成她的责任，没有指责、没有嘲笑、没有禁令。孩子得到的是肯定和尊重，养成的是自信，实现的是自我价值，最终获得的是幸福。我的孩子二年级上学期担任班级学习委员，二年级下学期换任时，选择了班级纪律委员一职。我和爸爸做她的思想工作无果，只能支持她的这个很容易"得罪人"的"工作"选择。在她"履职"期间，我们生怕她幼小的心灵会因为个别男同学的小淘气或恶作剧而受到打击，在家里充分做好思想疏导，帮她分析可能会面临的各种"状况"和正确的"应对预案"。告诉她男孩子淘气是正常现象，要认可他们每一个小小的进步，要充分鼓励他们做得好的地方，要认真和他们做朋友，要真心地帮助他们。引导孩子正确解读学校的规章制度，正确理解老师对学生的殷切教诲，引导她如何和同学们愉快地相处，如何学习看到别人的长处和优点，如何学习大方地欣赏和赞扬别人。学期结束的时候，孩子得到了老师和同学们的肯定，虽然她因此牺牲了很多个人学习和休息的时间，但是她充分体会到了"责任"是什么，体会到了认真履行职责后所获得的那份自信和成就感，以及内心深处洋溢出的快乐和幸福感，这是任何物质无法替代的精神食粮。

四、教育的方向应是以长制胜

按照人类认知能力的发展规律，能做到各方面都很优秀是极为少见的，有长

有短其实是正常现象，符合人类发展均衡定律。俗话有云："三百六十行，行行出状元"，"一把钥匙只能开一把锁"。同样的，对于孩子而言，每个孩子都是独特的，天生的条件都是遗传因素决定的，每个孩子未来智力与才能发展的物质基础都是不同的。作为家长，要认清自己的孩子，了解孩子的长处和短处，挖掘孩子的潜能，因材施教，扬长避短，要相信每个孩子都能成才，要充分了解与掌握孩子这些特点，根据具体情况，制定适合自己孩子特点的教育方法，顺应孩子优势领域的发展，同时尽可能提升孩子的劣势区域。只有发现了孩子的优势所在，才能开发孩子的潜能，引导孩子发挥其优势特长。

人有所长则必有所短。每个人都有自己的优点和长处，但同时每个人都不可避免地存在着这样那样的缺点和不足。一个人有缺点和不足固然需要克服和弥补，但如果让孩子把主要精力都用在克服缺点和弥补不足上，那么孩子就可能因此丧失自己的优势。

对父母而言，在配合学校做好孩子教育的过程中，应注重体现孩子自身价值，充分发挥孩子的自身优势。只有这样，孩子在受教育的过程中才能愉悦地受教和不断地成长。

对孩子来讲，重要的不是老师和父母希望他们成为什么，而是他的优势所在决定了他可能成为什么。让他沿着他优势所在的路去走，孩子才能得以充分地发展，每个孩子也才可能成为最好的自己。

另外，在对孩子"以长制胜"的过程中，父母应该认识到：优势和弱势都是相对的，长和短都可能是暂时的，孩子现在的短处未必不能在将来变成孩子的长处。所以，不要让孩子认定自己什么方面好，什么方面不行，否则会导致孩子弱项更弱，没有一点点长处。每个孩子身上都蕴藏着特殊的才能，每个孩子都有自己的闪光点，那份才能犹如一位熟睡的巨人，等待我们用正确的方式去唤醒它。

以上是我们在家校共育方面的一点心得体会，着实有些班门弄斧，但是作为家长，都是希望能配合好学校、配合好老师，做好孩子的教育工作，使自己生命的延续将来能成为对国家、对社会有用的人，也让我们那份生命的延续在这个美好的世界中能够快乐地生活。

后 记

这一套家庭教育丛书的诞生,凝结了我们做家庭教育者的辛苦,见证了我们走过的路程,也是我们这个团队几年来的坚持才有的成果。在实践与研究中,在探索与记录中,我们得到了很多专家学者的帮助与支持。在此,我们要特别感谢北京师范大学赵忠心教授的专业指导,他严谨的治学态度,对家庭教育全情投入的初心深深感动和影响着我,年近八旬带病为《我家孩子养成记——北京百位中小学家长教育启示录》(上)的每篇文章写点评,刚一出院又倾听我们的工作汇报,还给予很多的建议和指导。在此,还特别感谢北京市西城区教科院林春腾副院长的追踪指导和亲历关注,在每一个节点,她都会引领我走向更高。还特别感谢学苑出版社的任彦霞,她的严谨,她对事业精益求精的态度让我受益匪浅。在此,我还要特别感谢与我共同工作的课题组成员,他们富有成效的工作,不断进取的精神,都是我们继续前行的动力和不断创新的源泉,感谢大家!

荣飞雪